염불하는 이 뭣고?

아미타불 염불선의 깨달음과 정토법문

덕산 편저

비움과소통

서방삼성도(西方三聖圖). 아미타부처님과 관세음보살(우), 대세지보살.

중생을 사바세계에서 극락세계로 인도하고 접인하시는 석가모니불(右)과 아미타불을 형상화한 이하백도도(二河白道圖)

염불하는 이것이 무엇인가?

서문

"염念이란 각 사람마다 일으키는 현재의 한 생각을 말하고, 부처佛란 사람마다 깨달은 참 성품이다. 지금 한 생각으로 불성을 깨달아 간다면, 이는 곧 근기가 수승한 사람의 염불로서, 부처와 하나임을 확인하는 것이고, 본래 부처인 자리를 떠나지 않는 수행이다."
-《대지도론》

우리 인간은 본질적으로 행복 그 자체이며 부처님입니다. 우리가 살고 있는 세계가 그대로 극락이며 천국인데, 인생의 모든 불행과 갈등은 참다운 진리를 깨닫지 못한 어리석은 우리들의 자업자득自業自得이 아닐 수 없습니다. 저마다 지은 바 업에 따라 천차만별인 인간의 고통은 필연적인 인과응보의 죄과罪果입니다. 우리 본래의 참 생명이요 근본 고향인 부처님이 되지 못하는 한 하염없는 인생의 불안과 짖궂은 생사윤회의 굴레는 영구히 벗어날 기약이 없습니다.

싯다르타라고 불리던 한 수행자가 석가모니부처님이 되신 것도 자신의 참 생명이 부처님생명임을 깨달은 것에서 비롯된 것입니다. 다시 말해서, 부처님이 아니었던 사람이 새삼스레 부처님이 된 것이 아닙니다. 본래부터 부처님생명이었던 싯다르타가 자신의 참 생명을 있는 그대로 깨달아 부처님으로 불리게 되었을 따름입니다.

일반 불자님들께 "부처가 무엇입니까?" 하고 질문을 한다면 역사적으로 출현했던 주로 석가모니 부처님을 생각하실 겁니다. 그러나 선禪에서 말씀하시는 부처님은 형상을 초월한 것입니다. 석가모니 부처님께서는 우리 본래마음을 깨달으면 부처라고 했습니다. 마음은 있지만 형상이나 이름을 떠난 자리입니다. 이론적으로 '마음이 부처'라는 것을 이해한다고 해도 우리가 수행을 통해서 체험이 되지 않으면 어려운 부분입니다.

선종에서 '견성성불見性成佛'이라고 말할 때, 성품은 본래마음[本心]을 말합니다. 본래자리에서 마음을 깨닫게 되는 순간, 이 우주가 하나로 열리게 됩니다. 우주의 근본 실상인 하나의 도리에 눈을 뜨게 되는 것입니다. '내 마음'은 나 자신이나 상대를 분별하는 생각이고, 근본 실상인 하나의 자리는 '이 마음[성품]'이라고 해야 됩니다. 하나의 마음자리를 닦고 끊임없는 정진을 통해서 업이 맑아지면 본래 성품을 깨닫게 되는데, 이것을 견성見性이라고 합니다. 부처님께서는 우주와 하나 되어 쓸 수 있는 힘을 얻었거나 육신통六神通을 마음대로 쓸 때 '견성성불'이라고 말씀하셨습니다.

우리 마음은 우주와 같은 큰 마음이기 때문에 제대로 마음을 쓴다면 갠지즈 강과 같이 큰 마음이지만, 작다고 하면 겨자씨보다도 작은 마음밖에 쓰지 못합니다. 우리 마음이 위대한 마음에도 불구하고 물질에 대해서 집착을 한다면 바늘구멍보다도 작은 마음을 쓰게 됩니다. 그래서 정진을 통해 일체가 하나라는 사상차원에서 마음을 쓸 때 위대한 마음을 쓸 수 있게 됩니다.

우리는 수행을 통해 스스로의 생명이 본래 우주를 밝힐 수 있는 대광명이며 부처님생명임을 알아야 합니다. 그것을 알 수 있는 방법이 염불이며 참선입니다. 쉼없는 염불과 참선이야말로 석가모니 부처님이 갖은 난행고행難行苦行의 시련 끝에 깨달은 진리의 세계를 향한 길입니다. 이와 같은 진리의 이정표를 따라 함께 나아가는 불자라면 우리는 모두 세상을 밝히는 촛불이 될 것입니다.

모든 불안과 갈등이 없는 영생永生 안온安穩한 진리의 세계를 향해 더욱 정진하는 불자 여러분이 되시길 간절히 기원합니다. 아울러, 이 책이 나오기까지 애를 써주신 민지혜월 보살님과 도서출판 비움과소통 김성우 대표님과 관계자 여러분들께 진심으로 두 손 모아 감사 드리는 바입니다.

불기 2555년 5월 26일[관음재일]
청원 혜은사에서 덕산 합장

- 운서주굉,『불설아미타경소초』

간청을 기다릴 여유가 없었던 것이다.
오직 힘이 미치지 못할까만 걱정한 까닭에
생사를 가로질러 절단하고 급히 중생을 구원하시니,
부처님이 큰 자비로 이 정토문을 열어
해탈과 선정을 매우 얻기 어려우니,
말세 중생은 근기가 우둔하고 장애가 깊어
세상을 구함이 가장 시급하다(救世最急)는 것은

목 차

제1부. 감산대사 정토법문
  서문: 염불로 생사의 뿌리를 일념마다 잘라나가라   13
  1. 선禪과 정토淨土   20
  2. 부처님 명호를 외어 생사 윤회를 벗어난다   27
  3. 꿈속에서도 염불을 놓지 않고 일심으로 외우라   33
  4. "누가 염불하는가?" 하고 스스로 물어야   37
  5. 정토는 고통의 바다에서 모든 중생을 제도한다   41
  6. 아미타불 염하는 이는 자성을 보려고 할 필요가 없다   44

제2부. 역대 선지식들의 염불선 법문
  도신 대사 _ 염불하는 마음이 부처다   51
  혜능 대사 _ 아미타불은 생사해탈의 일구一句   53
  무상 선사 _ 인성염불로 무념에 들라   55
  영명 선사 _ 염불선은 '뿔 달린 호랑이' 격   57
  보조 국사 _ 밝게 깨달아 온갖 생각이 끊어져야 참 염불   60
  몽산 선사 _ 염불하는 자는 어디로 돌아가는가?   71
  태고 선사 _ 마음이 끊어져야 자성미타가 나타난다   72
  나옹 화상 _ 아미타불 생각생각 잊지 말지니   73
  함허 선사 _ 오직 마음의 정토, 품의 아미타불이시니   76
  서산 대사 _ 염불은 윤회를 벗어나는 지름길   80
  진허 스님 _ 염불삼매는 보살의 아버지   83

전등 대사 _ 자력과 타력이 함께 갖추어진 염불　85
철오 선사 _ 염불 가운데 지관止觀이 함께 갖춰진다　86
허운 대사 _ 듣는 자기의 성품을 돌이켜 들으라　94
경허 선사 _ 일심불난一心不亂에 의지해 해탈한다　96
인광 대사 _ 수행의 과정이자 성품 자체인 염불법　99
담허 대사 _ 모든 것이 유심소현唯心所現이다　102
해안 선사 _ 아미타불에 이르면 자기 화두를 타파한다　106
묘법 스님 _ '누가 염불하는가?' 의심하라　113
청화 스님 _ 바른 성불의 길, 실상관實相觀　116
일타 스님 _ 한숨에 108번 불·보살 명호를 외우라　121

제3부. 정종심요
1. 세존께서는 오직 아미타불 본원의 바다를 설하셨다　125
2. 아미타경 종요宗要　127
3. 대승무량수경 종요　133
4. 허운 노화상 설법의 정업심요淨業心要　152

제4부. 염불선의 깨달음과 법문
1. 덕산 스님의 염불선 수행기
　　발심 출가와 구도기　161
　　우주와 하나 된 공空을 체험하다　165

信願念佛　　　同登極樂

　　　　백척간두百尺竿頭에서 진일보해야 깨닫는다　168
2. 염불하는 이것이 무엇인가?
　　　　'염불하는 그 놈'이 곧 부처님 자리　171
　　　　부처를 찾고 싶으면 성품을 보아야 한다　175
　　　　염불이란 바른 생각을 닦는 것　179
　　　　관세음·지장보살은 근본 당체에서 나온 것　182
　　　　선禪, 우주를 하나로 보는 마음　188
　　　　불생불멸不生不滅의 본래 마음　191
　　　　보고 듣는 마음자리는 생사가 없다　194
　　　　공空, 언어와 생각 이전의 자리　196
　　　　'뜰앞의 잣나무'가 달마대사의 마음이다　198
　　　　우주 그대로 하나의 생명인 반야般若　204
　　　　호흡지간에 팔만 대장경이 들어 있다　206
　　　　일심에 갖춰진 불·보살의 능력　208
　　　　별과 깨달음, 물질과 마음은 하나　211
　　　　본래 부처이기에 부처자리로 돌아간다　213
3. 염불삼매와 부처행
　　　　너와 나, 자연을 하나로 보고 정진하라　221
　　　　우주를 살림하는 큰 마음을 찾아 쓰라　225
　　　　진여眞如 자리를 여읜 순간 업이 된다　229
　　　　진여당체에 마음 두고 염불해야 해탈한다　233
　　　　일념 정진만이 영험과 깨달음을 낳는다　237
　　　　깨달은 자는 법의 자리에서 생각하고 행위한다　238

염불삼매 얻고 무정설법無情說法 깨달은 소동파   240
일상 · 일행삼매로 망념을 항복받으라   243
진여당체에 마음을 두고 보시하라   245
세상을 내 몸처럼 사랑하고 보살피라   248
문자나 형상에 휘둘리지 않는 정진   252
백번 참고 한 번 생각하라   256
고삐 풀린 망아지를 염불과 화두로 묶어라   260
번뇌가 들어가지 않도록 빠르게 염불하라   264
해인삼매에 들어야 우주를 굴린다   268
안심安心을 체험해야 수행의 힘을 얻는다   271
모든 분별을 내려놓는 순간 깨우친다   275
아상我相을 넘어뜨려야 법을 본다   280
마음은 항상 담백하고 고요하게   286

4. 염불선 수행법 1문1답
쉽고 빠르게 삼매에 들어 깨닫는 법   290

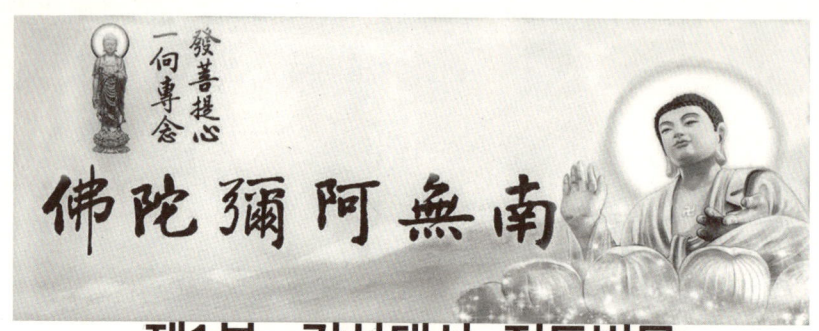

제1부. 감산대사 정토법문

제1부. 감산대사 정토법문

염불로 생사의 뿌리를 일념마다 잘라나가라

감산憨山 대사1)

서언序言

삼장三藏의 모든 가르침이 중생으로 하여금 애착심을 끊게 하는 방편이다. 공空에 집착하는 사람들에게 이를 끊도록 석가모니 부처님은 유有를 가르치셨고, 유에 집착하는 사람들에게 이에서 벗어나도록 공을 가르치셨다. 공과 유에 집착하는 사람들에게, 그 집착을 깨도록 비공비유非空非有를 가르치셨다. 끝으로 비공비유에 집착하는 사람들에게 이를 끊도록 공과 유를 가르치셨다.

요컨대, 그 목적은 모든 중생들을 애착심에서 해방시키는데

---

1) 감산 덕청憨山德淸 대사[1546-1623]는 부패와 폭압, 외적의 침략으로 얼룩진 명明나라 말기에 운서 주굉雲棲株宏 및 우익 지욱藕益智旭과 더불어 3대 용상龍象으로 일컫는 걸출한 고승이다. 원래 선과 교학으로 시작하였으나 다른 분야에서도 뛰어났으며, 화엄경의 주창과 교육으로 큰 명성을 얻었다. 그는 특히 중국에서 선불교를 부활시킨 스님으로 칭송되고 있다. 빈한한 가정에 태어났으나 황태후와 알게 되어 당대의 중요한 정치적 인물들과 교류하였다. 그러나 황태후와의 사제 관계로 황제의 노여움을 사 투옥, 추방, 환속의 고초를 겪기도 했고 말년에 이르러서야 복권되었다. 대사는 유배지에서 선종의 연원지인 조계산의 남화사南華寺를 중수했고, 좌선 자세로 입적하였으며 며칠이 지나도 육신이 썩지 않고 생시의 모습을 유지했을 뿐만 아니라 머리털이 자라고 입술이 붉었다고 전한다.

있다. 이것이 부처님의 중생제도 법문이다. 비록 다른 많은 방편들이 있지만, 이 외에 근원으로 돌아가는 길이 없다. 우리 불자들은 이러한 방법들에 집착해서는 안 된다. 우리 마음속에 선악善惡 시비是非를 가리는 생각이 떠오를 때, 이것이야 말로 부처님의 뜻에 어긋나고, 불자의 길에서 벗어나는 것이다.[2]

예로서, 석가모니 부처님이 공법空法을 가르치셨을 때, 부처님이 뜻하신 바는 유有의 반대로서의 공이 아니라, 진실과 실제였다. 무엇이 진실과 실제인가? 천태 지자天台智者 조사의 말씀을 인용해 보자:

"공空이 존재할 때, 모든 것이 공이고, 공과 분리된 비공非空은 없다. 공과 대비되는 비공이 없을 때, 공 또한 얻을 수 없다."

마찬가지로 석가모니 부처님이 유有를 가르치셨을 때, 이는 공과 대비되는 유가 아니다. 오히려 "유가 존재할 때, 모든 것이 유이고, 유와 분리된 비유非有는 없다. 유와 대비되는 비유가 없을 때, 유 또한 얻을 수 없다"라고 말씀하신 것이

---

[2] 본 감산대사 정토법문은 원래 감산대사몽유록憨山大師夢遊錄에서 정토에 관련된 법문을 록토[Lok To] 법사가 "조사들의 정토[Pure Land of the Patriarchs]"란 제명으로 영어로 번역한 글로 미국-캐나다 경전번역위원회[Sutra Translation Committee of the United States and Canada]에서 출간한 것이다. 무주상의 번역불사로 헌신한 이 글의 한글 번역자께 감사의 말씀을 전한다.

다.

우리들은 공과 유의 참다운 의미를 이해해야 한다. 우리들이 공과 유에 관하여 말하는 어떠한 것도 타당하지 않다. 이러할 진데, 왜 우리가 이들에 집착해야 하는가?

위대한 감산 대사는 모든 부처님이 목적하신 바를 투철하게 이해하셨다. 조사들의 마음과 일치하여, 대사는 공도 유도 취하지 않고, 비공과 비유도 취하지 않고, 그리하여 중도中道의 길을 보이며 불법을 전파하셨다. 이리 함으로서, 그분은 선과 정토를 같이 닦는 것을 권장하셨고, 공과 유가 다르지 않음을 가르치셨다. 이 가르침이 경이로운 깨달음妙覺이다.

선수행의 시작 단계에서 공의 방편이 이용된다. 그러나 선은 공을 의미하지도 않고 그렇다고 유를 의미하지도 않는다. 정토수행을 시작할 때 유의 방편을 이용하지만, 그러나 정토는 유도 무도 의미하지 않는다. 석가모니 부처님이 공과 유를 말씀하셨을 때, 이는 근기가 다른 중생들에 다가가기 위함이었다. 불법 그 자체로서는 공과 유를 초월한다. 석가모니 부처님이 가르치신 모든 법문은 약방문藥方文과 같다. 사람들이 각기 다른 병을 앓고 있기 때문에 다른 약방문이 필요한 것이다. 약이 비싸거나 싸거나 하는 것은 문제가 안 된다. 병만 치료하면 좋은 약인 것이다.

선이나 정토를 수행하는 사람들은 모두 "모든 불법은 평등하여 더 우월하거나 열등함이 없다"는 진리를 이해해야 한다. 불법의 깊은 뜻을 진실로 이해하는 사람은 여러 가지 방법 중에서 우열을 가리는 그러한 완고한 편견을 결코 가질 수 없다. 그러한 완고한 편견을 가진 사람은 불법에서 아무런 혜택도 입을 수 없다.

예로서, 선종의 스승들은 화두話頭를 참구하라고 가르친다. 화두는 "말 이전", 즉 마음속에 한 생각이 떠오르기 이전을 의미한다. 한 생각이 떠오르기 전 거기에 무엇이 있는가? 그것은 무심無心이다. 무심이야 말로 우리의 청정한 마음이고, 불성이고, 본래면목本來面目이다. 화두를 참구하는 것은 그것을 외우는 것과는 다르다. 왜냐하면 화두를 외우는 것은 또한 커다란 망상이기 때문이다. 오히려 우리의 본래 면목을 인식하는 것이야 말로 화두의 목적이다.

정토종에서는 염불, 즉 부처님 명호를 반복해 외우도록 가르친다. 그러나 마치 앵무새가 아무 생각 없이 지껄이듯이 단지 입으로만 외우도록 가르치지 않는다. 마음에 초점을 맞춘 염불이야 말로 참된 염불이다. 왜냐하면 마음이 부처이고, 부처가 마음이기 때문이다. 경에 말씀하셨듯이, "마음과 부처와 중생은 차이가 없고 평등하다." 마음 밖에 부처 없고, 부처 밖에 마음 없다. 부처가 마음이고 마음이 부처이다. 만일 수행자가 부처님 명호를 이와 같이 외어나가면, 점차 주체로서의 마음과 객체로서의 부처가 사라지는 경계에 이르게 된다. 이리하여 외우는 주체도 대상도 없다. 이것이 바로 한 생각이 일어나기 전의 경계이다. 이것이 곧 화두요 우리의 본래면목이다. 만일 수행자가 불법이 주체와 객체를 초월하게 함을 이해한다면, 선과 정토에 어떠한 차별을 두겠는가?

석가모니 부처님이 꽃을 들어 올리자 가섭 장로가 웃은 후, 선종에서는 "문자에 의지하지 않고 가르침[삼장三藏] 밖에서[不立文字 敎外別傳]" 마음으로 마음을 전하는 방법이 조사에서 조사로 승계하는 전통이 되어왔다. 보리달마가 서쪽에서 온 이후로 육조 혜능까지 끊임없이 승계되었다. 그 후의 세대에서는 각 조사가 자기 고유의 방법으로 제자들과 신도들을 지도했다. 마음으로 마음을 인가印可하거나 화두를 참구하는 등 여러 가지 방법들이 있다. 사람들은 또한 본래면목을 찾아, 염불하는 자가 누구인가를 깊이 생각하거나, 아니면 "무無" 자 한 글자나 1700 공안公案 중 어느 하나를 택하여 참구한다. 그러나 이러한 가르침들의 유일한 목적은 수행자로 하여금 몸부터 마음까지 모든 것을 놓아 버리고, 모든 망상들을 없애 집착으로부터 자유롭게 하는 데에 있다. 만일 수행자가 이러한 뜻을 모르고 단지 화두를 외우거나 공안을 참구한다면, 시간과 정력을 낭비하고 있을 뿐이다.

석가모니께서 질문을 받지 않고 설하신 정토법은 그 분의 위대한 자비심을 나타낸다. 극락세계의 장엄한 경계와 아름다움은 아미타경에 잘 설해져 있다. 시방 세계의 모든 부처님들이 정토법을 칭찬하셨고, 많은 보살과 조사들이 이 법을 수행했다. 위대한 보살들인 관세음보살, 대세지보살, 문수보살과 보현보살이 모두 정토법을 옹호하고 수행했다. 옛날 인도에서도 여러 사람들이 있지만 그중 조사들인 아스바고사[Asvaghosa 마명馬鳴], 나가르주나[Nagarjuna 용수龍樹] 및 바수반두[Vasubandhu 세친世親] 등이 모두 정토의 가르침들을 장려하였다. 불법이 중국에 전파된 이래, 수많은 선승과 위대한 조사들이 정토를 권장하였다. 석가모니 부처님이 가르치고 시방의 모든 부처님들이 칭찬하신 경이로운 정토법이 얼마나 완벽하고 숭고한 법인가! 반면에 우리는 단지 미망과 번뇌에서 벗어나지 못한 범부에 불과하다. 이러함에도, 이 법을 내려보는 거만하고 건방진 사람들이 있는 것은 놀라운 일이다.

화엄경에 53 선지식들을 찾아 여행길에 오른 선재동자에 관한 잘 알려진 이야기가 있다.
선재동자가 처음 만난 덕운 비구가 이 귀중한 정토법을 소개했다. 그로부터 선재동자는 마지막으로 53번째 선지식인 위대한 보현보살을 만날 때까지 여행을 계속했다. 이 보현보살도 또한 경이로운 정토법을 가르쳤다. 따라서 이 말세의 수행자들에게 정토법이 절대적으로 중요함을 우리는 알아야 한다. 부처님의 제자로서, 우리는 이 법의 수행을 될 수록 빨리 시작해야 한다.

제1부. 감산대사 정토법문

요컨대, 선과 정토는 서로 보완한다. 과거에 시방의 모든 부처님들이 이 법들에 의지하고, 수행하여 성불하셨다. 현재의 모든 부처님들도 마찬가지로 이 법들에 의지하여 수행하고 성불한다. 미래의 모든 부처님들도 마찬가지다. 이 두 법은 다른 많은 경들도 있지만, 특히 화엄경, 법화경 그리고 능엄경에서 사람들에게 공부하고 수행하도록 간곡히 설해져 있다.

Master Lok To
New York: May 1993

염불하는 이 뭣고

1. 선禪과 정토淨土
   [대각 연화회 법문]

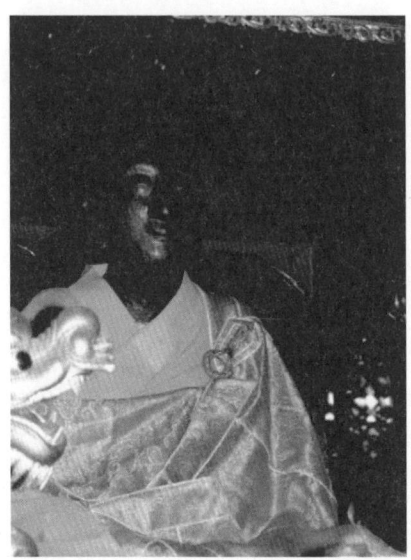
중국 남화사 조전 내부에 모셔진 감산대사 진신상

석가모니 부처님이 대각大覺을 성취하신 후, 불법을 전파하시고 중생들을 제도하셨다. 전 4부 대중은 불법의 혜택을 입었다. 그분은 모든 사람이 행복과 지혜를 얻을 수 있도록, 그 근기에 따라 다른 방편을 이용하셨다. 때 맞춰 비가 내려 모든 초목이 수분을 얻어 무성하듯, 모든 중생들이 이익을 얻고 스스로 성장하였다. 여러 가지 다른 방편들이 있지만, 그 근원은 같다. 중생들이 모두 같은 불성을 지녔기에 가르침을 받을 수 있고 바뀔 수 있다. 각자는 자기의 역량에 따라 수행해야 한다. 그러나 중생들은 그들을 바르게 인도할 스승을 만나지 못하면 혼란에 빠진다. 바른 인도를 못 받으면, 중생들은 고통의 바다에 빠진다.

육조 혜능 대사가 오조를 뵈러 왔을 때, "어디서 왔느냐?"는 질문을 받았다. 혜능이 "영남嶺南에서 왔습니다"라고 대답하였다. 오조께서 물었다. "남쪽의 야만인들도 불성이 있느냐?" 혜능이 대답하였다. "사람들은 남북을 가리지만 불성에는 남북이 없습니다."

이러한 대화는 마치 겨울잠을 자던 모든 생물을 깨우는 천둥처럼 전 세계로 울려 퍼졌다. 그러나 많은 사람들이 이를 이해하지 못했고, 극소수 만이 깨우침을 얻었다. 선불교가 육조에 의해 남부 중국에서 온 나라로 전파 된지 천년의 세월이 넘었지만, 아직도 많은 사람들이 그 가르침을 이해하지 못하고 있다. 이런 이유로, 염불삼매念佛三昧 즉 아미타불 명호에 대한 일심칭명一心稱名과 관법觀法이 또한 가르쳐지고 있다.

정토를 수행하려면 사바세계의 고통스런 상황을 혐오하고 서방 정토에 태어나기를 갈망해야 한다. 매일 부처님의 이름을 부르고, 아미타 부처님께 예배하고, 참회의 경전을 독송해야 한다. 수행자는 굳은 믿음을 갖고, 매일 매일 악업을 줄이고, 서방 정토에 왕생하려는 서원을 발해야 한다. 누구나 진실하게 이러한 방법으로 수행할 수 있다면, 비록 생사의 이 사바세계에 살고 있어도 매우 뜻 깊은 수행의 목표를 갖게 될 것이다.

부처란 깨달은 사람을 말한다. 모든 중생이 똑같은 불성을 갖고 있으므로 누구나 다 깨달음을 이룰 수 있다. 불성을 깨닫지 못한 사람이 중생이고, 불성을 깨달은 사람을 부처라 부른다. 우리가 부처님의 이름을 부를 때, 아미타 부처님이 우리의 자성自性이고, 정토는 우리의 마음이다. 누구라도 생각 생각 일심으로 부처님의 이름을 부르며 깊이깊이 집중할 수 있다면, 아미타 부처님이 항상 그의 마음속에 나타남을 알 수 있다. 아미타 부처님을 십만억 불토 밖에서 찾을 필요가 없다. 따라서 마음이 청정하면, 국토가 청정하다. 만일 마음이 청정하지 않으면 국토가 청정하지 않다. 만일 사악한 생각이 마음에 떠오르면, 온갖 장애障碍가 나타난다. 만일 착한 생각이 떠오르면, 모든 곳에 평화가 있다. 그럼으로, 천국과 지옥은 모두 마음속에 있다.

모든 선남자 선여인들은 자신의 장래와 생사의 큰 문제를 생각해야 한다. 시간은 빠르게 흐르고, 한번 사람의 몸을 잃으면 만 겁이 지나도 다시 얻을 수 없다. 그것은 마치 베틀 위의 베짜는 사람의 손가락처럼 해와 달이 창공을 빨리 움직이는 것과 같다. 시간은 여러분을 기다리지 않는다. 만일 사람 몸을 잃으면, 오랫동안 그것을 되 얻을 수 없다. 마지막 순간이 오면, 후회하기에는 너무 늦다. 모든 것들이 여러분에게 아무 소용없다. 따라서 여러분 모두는 이 불행한 상황을 면하기 위하여 노력해야 한다.

경에 이르기를 보통 사람이나, 현명한 사람 그리고 성스러운 사람들이 모두 똑같다고 한다. 이들의 불성에는 차이가 없다. 오직 마음이 청정하느냐 않느냐에 차이가 있을 뿐이다. 이러한 이유로, "마음과 부처 그리고 중생이 서로 다르지 않다"라고 한다. 청정한 마음이 부처이고, 청정하지 않은 마음이 중생이다. 부처와 중생은 오직 바르거나 미혹한 마음들이 일어나느냐 안 나느냐에서 차이가 난다.

마음은 본래 깨끗하고 순수하나, 탐욕, 진애, 어리석음, 오만, 다섯 가지 욕망과 여러 가지 미혹으로 오염되어 있다. 따라서 이렇게 오염된 마음을 가진 사람들을 중생이라 부른다.
만일 이러한 마음의 때들이 씻겨지고, 마음이 청정해진다면 이를 부처라 한다. 다른 사람들에 의지할 필요가 없다.

그러나 모든 중생들은 무시겁無始劫 이래로 무거운 악업을 지어 왔으므로 오염된 마음을 청정하게 하는 것이 매우 어려웠다. 이 오염된 마음을 청정하게 하기 위하여는 대부분 화두 참구나 일심염불 등의 수행이 요구되었다. 따라서 여러분들이 많은 수행법들을 보지만, 이들은 모두 마음의 병들을 고치기 위한 약방문이다. 예로서, 거울이 본래 밝지만, 만일 먼지로 덮여 있으면 아무것도 비추지 못한다. 그것을 깨끗하게 하자면 세제洗劑가 필요하다. 그러나 그 세제가 비록 다른 먼지를 씻어내어도, 역시 일종의 또 하나의 먼지에 불과하다. 거울이 한번 밝아지면, 다시는 다른 세제가 필요 없게 된다. 이것은 마치 흙, 모래 가루와 돌맹이로 더렵혀진 금광과 같다. 그것이 일단 제련되어 순수한 금이 나타나면, 더 이상 제련할 필요가 없다.

중생의 특성인 오염된 마음을 청정하게 하는 것은 쉬운 일이 아니다. 그러나 열심히만 수행하면 이 일을 이룰 수 있다. 이 일이 성취되면 밝고 청정한 마음이 나타난다. 이런 까닭에 모든 중생이 본래 부처라 한다. 오염된 마음으로 가득 찬 사람을 부처라 부르는 것은 옳지 않다.

선 수행과 화두 참구는 깨달음을 얻기 위한 중요한 방법들이나, 불행이도 오늘날 참으로 열심히 수행하는 사람들은 매우 드물다. 이 이유는 그들의 선근이 얕고, 수행에 집중할 수 없기 때문이다. 더욱이나, 그들을 지도할 훌륭한 스승을 만나지 못 하면, 쉽게 바른 길에서 벗어나게 된다.

따라서 우리는 선과 정토를 같이 닦아야 한다. 이것이 바르고 안전한 법이다. 부처님 이름을 부르면서, 부처님이 어디에서 와서 어디로 가는가를 오랫동안 관찰한다면, 불성을 깨닫게 된다. 이렇게 되면 마음이 열리고, 자신의 마음바탕에서 밝은 지혜가 흘러나온다. 이것은 화두 참구와 다르지 않다. 그러나 진실한 수행과 끊임없는 정진이 필요하다.

만일 어떤 사람이 그릇된 마음으로 열심히 정진하지 않으면서, 수행을 경시하고 나날이 개으름만 피운다면 당나귀의 해까지 미혹에서 깨어나지 못할 것이다. 게으름과 그릇된 생각을 즐거운 것이라고 생각하는 사람은 금생을 그릇 되게 보낼 뿐만 아니라, 수 겁이 지난 후에도 아직 미혹에서 깨어나지 못할지 모른다.

만일 여러분이 염불하기에 좋은 상황에 있다면, 시작하라. 비록 여러분이 이 혼탁한 시대의 괴로운 세계에 살고 있더라도, 일단 염불을 시작하면 많은 번뇌에서 벗어날 수 있다. 경에 이르듯이 만일 여러분이 맑은 물이 드러나도록 모래와 흙이 바닥에 가라앉도록 놔두면, 이것이 객진 번뇌를 극복하는 첫걸음이 된다. 모든 모래와 흙이 제거되면, 오직 맑은 물만 남겨지고, 이것이 바로 모든 번뇌와 미망을 깨뜨리는 것과 같다. 그러면 여러분은 티끌만한 실수의 두려움도 없이 조용히 홀로 염불할 수 있다.

만일 여러분이 미망에서 벗어날 수만 있다면, 또는 경에 이르듯이 마음이 청정하고 밝아져서 객진번뇌가 장애가 되지 않은 경계에 이른다면, 아미타 부처님이 오셔서 여러분을 극락정토로 이끄실 뿐만 아니라, 시방의 모든 부처님이 여러분을 칭찬하실 것이다.

염불하는 이 뭣고

'누가 염불하는가?(念佛者是誰)' 하고 스스로 물어야 한다.
만일 여러분이 묻고 또 묻고를 지속해 나가면,
모든 망상이 갑자기 끊어지는 때가 온다.
망상들이 생기지도 않고, 또 생겨도 곧 없어진다.
마음속에 과거 현재 미래에 관한 단 하나의 생각도
일어나지 않을 때까지 마음의 부침浮沈을 놓아 버리면,
갑자기 칠흑 같은 어둠이 깨어지면서,
여러분의 본래면목本來面目을 보게 된다.
몸과 마음과 온 세상이 즉시 평화로워진다.
이때 허공의 꽃들(환영의 이 세상)이 사라지고,
거대한 광명이 도처에 빛나 시방의 모든 것들이 밝아진다.
_등신불 감산대사의 몽유록夢遊錄

2. 부처님 명호를 외어 생사 윤회를 벗어난다

염불법은 정토에 왕생하여, 끝없는 생사의 윤회에서 벗어나는 것을 목표로 한다. 이 일이 가장 중요한 일이다. 그러므로 중생에게 염불수행을 권한다. 불행이도, 오늘날 사람들은 염불이 생사를 해탈하는 것으로만 알 뿐이지 생사의 뿌리가 어디에 있는 줄 모른다.

생사의 윤회를 벗어나기 위하여 여러분들은 어떻게 염불해야 하는가? 만일 여러분들이 생사의 뿌리를 자르지 못하면, 어떻게 윤회를 끝낼 수 있겠는가?

무엇이 생사의 뿌리인가? 옛날 스님께서 말씀하셨다.

만일 여러분의 죄업이 무겁지 않았다면 이 사바세계에 태어나지 않았다. 만일 여러분이 애착의 생각을 끊지 못하면 정토에 태어나지 못한다.

그러므로 우리는 **애착이 생사의 뿌리임**을 알아야 한다. 모든 중생은 애착의 번뇌 때문에 생사의 고통에서 벗어나지 못한다. 이 애착의 뿌리는 비단 금생에서만 오는 것이 아니라, 전생이나 3생 전 또는 4생 전에서 유래한다. 아니 그 뿌리는 무시이래로 나고 나고, 죽고 죽고하며 이어왔다. 한 생을 버리면 또 다른 생에 나면서, 우리는 금생까지 이 애착에 휘둘려왔다. 돌이켜 보건대, 여러분들의 단 한 생각이라도 이 애

염불하는 이 뭇고

착의 뿌리에서 벗어난 적이 있는가?

이 애착의 씨는 오랜 세월을 두고 쌓여서, 깊이 뿌리내리고 있다. 그러므로 나고 나고, 죽고 죽고 하면서 이 순환은 결코 멈추지 않는다. 이제부터라도 여러분은 마음을 오롯이 염불에 두고, 오직 정토에 왕생하기만을 바라야 한다. 만일 여러분 마음 한 쪽이 염불에 있고, 다른 쪽이 생사에 있다면, 비록 마지막 순간까지 이러한 염불을 계속해도, 여러분은 아직 애착의 뿌리에 얽매어 생사의 윤회에서 벗어나지 못한다. 그때에 여러분은 그러한 염불이 아무 소용없음을 알게 된다. 그러면 여러분들은 염불이 어떠한 효과도 없다고 불평할지 모르나, 후회하기에는 너무 늦었다.

나는 염불수행을 하는 여러분들이 먼저 애착이 생사의 뿌리임을 알아야 한다고 강조한다.
염불하는 여러분들은 생각생각 애착을 끊어야 한다. 집에서 염불할 때, 여러분들이 아들이나 딸, 손자들 또는 물질적 소유물을 보게 되면, 이들에게 애착심을 내게 된다. 그러나 바로 이것이 생사의 뿌리이다. 여러분 몸 주변의 모든 것이 마음을 굽힌다. 여러분이 입으로는 부처님 명호를 외울지 모르나, 만일 애착의 뿌리가 마음에 남아있어 이를 한시라도 잊지 못 한다면 염불에 집중하지 못하는 것은 당연하다.

마음이 사바세계에 대한 애착으로 가득 차 있으면, 염불은 피상적인 것이 된다. 마음 한 쪽이 염불할 때 다른 쪽은 애착심으로 더욱 채워진다. 만일 자식이나 손자 생각이 여러분 마음 앞에 나타나면, 부처님의 명호를 외우려는 마음이 사랑하는 마음에 굴복하여 결국 애착심을 끊지 못하게 된다. 상황이 이러할 진데, 어떻게 여러분이 생사의 윤회에서 벗어날 수 있겠는가?

이 애착의 원인이 수많은 전생에서 비롯하기 때문에, 염불이 실효를 거두기 위해서는 비록 여러분에게 그 방법이 다소 생소하고 또 절실한 마음이 없더라도, 지금 당장 염불을 시작해야 한다. 만일 여러분이 지금 스스로를 다스릴 수 없다면, 여러분 인생의 마지막 순간에도 마찬가지다.

그러므로 나는 여러분이 모두 만일 **진실로 부처님 명호를 외어 생사의 윤회를 벗어나고 싶다면, 생각생각 생사의 뿌리를 자를 것을 당부하고 싶다.** 이 일을 여러분 인생의 마지막으로 미루는 것은 바람직하지 않다. 나는 여러분들이 최선을 다해주길 당부한다. **모든 것이 생사임을 마음에 새겨야 한다. 금생에 생사의 윤회에서 벗어나기 위해서는 생각생각 부처님 명호를 외우는 일에 집중해야 한다.** 만일 여러분이 순간순간 이렇게 하고도 생사의 윤회를 벗어나지 못한다면 모든 부처님이 거짓말을 하신 셈이 된다. 그러므로 당신들이 스님이거나 재가 불자이거나 오로지 생사를 마음 맨 앞에 두어야 한다. 이것이 바로 생사를 해탈하는 방법이고 이보다 더 수승한 법은 없다.

온 마음을 다하여 염불해야 한다. 부처님 명호를 외우는 일은 여러분 마음을 생각생각 끊임없이 외우는 일이다. **부처님과 마음은 같다. 주체와 객체가 없을 때 마음은 비워지고, 주체와 객체는 함께 고요해진다.** 이것을 자기 마음을 외우고, 자기 부처님을 외우는 것이라 말한다. 만일 여러분이 한 생각을 놓치면, 곧 마귀의 업 속으로 떨어진다.

지금 선수행의 유행을 따르는 많은 사람들이 선을 최상의 법이라 생각한다. 이들은 정토법을 내려보고 이를 수행하지 않는다. 이들은 명예를 즐기기 때문에, 제법 유식하게 말하고 또 서로를 칭찬하기 위하여 옛 성인들의 법문이나 저술을 배운다. 이것은 진실한 수행이 아니다. 불법의 문에 들어가려는 진실한 바램이 쇠퇴하고 있다. 이들은 또한 대승 경전을 폄하貶下하고, 단지 말 뿐이기 때문에 독송할 필요가 없다고 한다. 이러한 사람들은 다소의 공덕을 이루었을지는 몰라도, 자기 자신들도 제도하지 못한다. 이것은 진실로 개탄할 만한 일이다. 이들 대부분은 대승 경전도 이해하지 못하고, 중생을 제도하는 여러 가지 방편이 있는 것도 이해하지 못하고, "**만법이 하나의 법으로 돌아가지만, 불법을 깨닫게 하는 수많은 방편이 있다**"는 말씀도 이해하지 못한다. 이들은 단지 깨달음만이 최상의 법이라는 조사들의 가르침만을 알고 있다. 그러나 **깨달음의 본래 뜻은 생사를 해탈하는 것이다.** 바로 이것이 염불의 참 목적이 아니고 무엇이란 말인가?

많은 선수행자들이 생사 해탈에 실패하는 반면에, 정토법을 따르는 사람들은 쉽게 생사를 해탈한다. 이 이유가 무엇일까? 이것은 선에서는 생각을 끊어야 하지만, **염불에서는 생각에 집중해야 하기 때문이다**. 중생은 무량한 세월에 걸쳐 허망한 생각에 골몰하여 왔으므로, 이들 생각에서 벗어나기가 매우 어렵다. 염불은 청정하지 않은 생각을 청정한 생각으로 **바꾸고, 독을 독으로 다스려 여러분의 생각을 청정하게 한다**. 따라서 선수행에서 깨달음을 얻기가 어려운 반면에, 염불에서는 목적을 이루기가 쉽다. 만일 여러분들이 진실로 생사를 해탈하기 위하여 염불에 전력을 다한다면, 더 이상 걱정할 필요가 없다.

오늘날 사람들은 정토법을 하나의 방편 법문으로만 생각한다. 이들은 정토법이 또한 매우 수승한 법임을 깨닫지 못하고 있다. 온 법계에 그 법신을 나타내고 있는 보현보살을 예로 들어보자. 이 분은 정토로 향하는 열 가지 대원을 발하셨다. 마명馬鳴 조사는 대승경전의 천 개 부문에 의지하여 기신론起信論을 쓰고 중생에게 정토로 가는 길을 보여주셨다. 동방의 모든 조사들은 마음에서 마음으로 법을 전하셨다. 비록 이분들이 항상 정토를 말씀하지 않으셨을지 모르지만, 깨달음을 얻으신 후 생사의 윤회를 넘어 정토에 왕생하시지 않으셨다면, 이것은 허무가 아니고 무엇이겠는가?

선의 큰 스승이신 영명永明 대사는 모든 삼부의 대장경에서 마음을 가리키는 것이 곧 정토로 왕생하는 것임을 보여주는 구절들을 모았다. 말세의 시대에 많은 선수행자들이 정토를 찬양하셨다. 뿐만 아니라, **정토법은 석가모니께서 질문을 받지 않고 스스로 설하셨고, 시방의 모든 부처님이 이를 칭찬하셨다.** 부처님과 보살 그리고 조사들이 무식하고 번뇌에 덮인 몇몇 중생보다 못하단 말인가?

진실로 정토를 수행하고 싶은 사람이 있다면, 이 사람은 다른 사람의 의견을 들을 필요가 없다. 만일 진실로 생사의 윤회를 벗어나고 싶다면, 단지 자기 마음에만 의지해야 한다. 마치 머리 위에서 불이 탈 때처럼, 더 이상 염불수행을 늦추어서는 안 된다.

예를 들어, 어떤 사람이 불치병에 들어 큰 고통을 당하고 있을 때, 다른 사람이 이 병을 고칠 수 있는 만병통치약을 구해왔다고 하자. 만일 이 사람이 제 정신이라면 이 약을 믿고 즉시 먹어, 모든 병을 온 몸에 땀으로 흘려 내버리고 곧 회복된다. 그리고 자연스레 이 약이 매우 훌륭한 약이라고 믿게 된다. 마찬가지로, 어떤 사람이 정토법을 진실하게 믿고 마지막 순간까지 염불한다면, 이 법이 참되고 훌륭함을 알게 될 것이다. 굳이 다른 사람에게 물어볼 필요가 없는 것이다. 나는 여러분 모두 정진하시길 바란다.

3. 꿈속에서도 염불을 놓지 않고 일심으로 외우라

석가모니 부처님이 말씀하셨다: "많은 수행법이 있고, 이들 모두가 생사의 윤회를 끊을 수 있다." 정토에 왕생을 원하면서 부처님 명호를 외우는 것은 지름길이다. 경이롭고 완전한 화엄경과 법화경의 가르침과 보현보살의 장엄한 행은 모두 정토를 가리키고 정토로 이끈다. 마찬가지로 마명, 용수조사로부터 위대한 스님인 영명, 중본선사까지 모두 정토를 선호하셨다.

정토법은 상근기, 중근기, 하근기 3계급의 모든 사람들을 제도할 수 있다. 영리하거나 우둔하거나 모든 사람들이 이 법을 수행하여 좋은 결과를 얻을 수 있다. 이 법은 선근이 얕은 사람에게만 제한된 것이 아니다. 경에 불국토를 청정히 하려면 먼저 마음을 청정히 하라고 말씀하셨다. 청정한 업을 지으려 하면 먼저 자신의 마음을 청정히 해야 한다. 자신의 마음을 청정히 하려면 먼저 청정한 계를 지켜야 한다. 몸으로 짓는 3악, 입으로 짓는 4악, 마음으로 짓는 3악, 모두 10악업이 있다. 이것들이 3계에서 받는 모든 고통의 원인이 된다.

이제부터 여러분은 계를 지키고, 몸과 입과 마음으로 짓는 업들을 청정하고 깨끗하게 해야 한다. 그러면 마음이 자연스레 청정해진다. 만일 여러분들이 살생하지 않고, 도둑질하지 않고, 사음하지 않으면, 몸으로 짓는 업이 청정해진다. 만일 여러분들이 거짓말을 하지 않고, 비단결같이 꾸며 말하지 않고, 두 가지 다른 말을 하지 않고, 악담의 욕을 하지 않으면, 입으로 짓는 업이 청정해진다. 만일 여러분들이 욕심내지 않고, 화내지 않고, 어리석은 생각하지 않으면 마음으로 짓는 업이 청정해진다. 만일 여러분들이 열 가지 악업을 영원히 끊을 수 있다면, 3계는 깨끗하고 청정해진다. 여러분들의 마음을 청정히 하려면 이 점을 중요하게 생각해야 한다.

일단 여러분의 마음이 청정하고 깨끗해지고, 사바세계의 모든 고통에 대한 혐오감을 일으켰으면, 극락세계에 왕생하려는 원을 세워야 한다. 그리고 생사의 윤회를 끊기 위해 염불의 바른 수행을 해야 한다. 밖에서 오는 모든 어수선한 일들에 마음을 닫아버리고, 24시간 하루 종일 쉬지 않고 생각생각 일심으로 부처님 명호를 외어야 한다. 걸을 때나, 서있을 때나, 앉아있을 때나, 누워있을 때나, 움직이거나 조용히 있거나, 바쁘거나 한가하거나, 여러분들은 어지러운 생각 없이 항상 맑은 마음을 지녀야 하고, 외부의 상황들에 영향을 받아서는 안 된다. 만일 **여러분들이** 오랜 기간, 꿈속에서도 **염불을 놓지 않고, 잘 때나 깨어 있을 때나 어지러운 마음 없이 조용히 염불할 수 있다면, 그리고 만일 여러분들이 일생의 마지막 순간까지 이렇게 부처님 명호를 외울 수 있다면, 정토의 경계가 여러분 앞에 나타날 것이다.** 그때는 여러분들은 당연히 생사의 윤회에 속박되지 않을 것이다. 아미타 부처님은 광명을 발하시고 여러분들을 극락으로 인도하실 것이다.

부처님의 명호를 일심으로 외우는 것이 바른 수행이다. 그러나 보다 깊은 이해를 위해서는 관법이 또한 필요하다. 관무량수경에서 말씀하셨다:

석가모니 부처님이 단 한번의 일생에서 정토에 왕생을 이룰 수 있도록 위제희 왕비에게 16개의 경이로운 관법을 가르치셨다.

혼자 수행하거나 또는 도반들과 함께 있을 때, 여러분들의 목표와 서원에 따라 16관법 중의 하나를 택하라. 여러분은 오직 아미타 부처님과 보살들을 관하거나, 아니면 황금의 땅과 아름다운 연꽃으로 장엄된 정토의 경계를 관해도 좋다. 만일 여러분이 관하는 대상을 걸을 때나, 앉아 있을 때나, 서 있을 때나, 누워있을 때나, 눈을 뜨나 감으나, 24시간 분명하게 마음에 지니면, 정토의 경계는 항상 여러분 앞에 나타날 것이다.

만일 여러분이 이러한 관법을 오랫동안 수행할 수 있다면, 갑자기 깨달음을 얻게 된다. 그러면 정토는 모든 곳에 있다.

예로부터 "정토에 태어나는 것은 결정적으로 태어나는 것이나, 정토로 돌아가는 것은 실제로 돌아가는 것이 아니다"라고 말해졌다. 이것이 유심정토唯心淨土의 경이로운 가르침이다. 만일 어떤 사람이 앞에서 이른 데로 계를 지킬 수 있다면, 6근이 청정하고 깨끗해져 악업과 번뇌를 영원히 끊어 버릴 수 있다. 만일 생각생각 관법을 수행하여 마음의 땅이 깨끗해지면, 이 경이로운 수행은 쉽게 이루어진다. 이것이 정토에 왕생하는 바른 원인이다.

반대로, 석가모니 부처님이 말씀하셨지만, 어떤 사람이 염불과 정토왕생을 말로만 하고 끊임없이 청정하지 않은 생각과 악업을 지어가며, 계를 지키지도 않고 번뇌를 끊지도 않으면 이 사람은 결코 도를 이룰 수 없다. 이러한 까닭으로 모든 수행자들은 계를 지키는 것을 바른 관법과 염불수행을 위한 토대로 삼아야 한다. 누구라도 이렇게 수행하는 사람은 정토왕생이 확실히 보장된다.

4. "누가 염불하는가?" 하고 스스로 물어야

염불과 선을 같이 수행하는 사람은 아미타불의 명호를 화두로 삼아야 한다. 부처님의 명호를 외울 때, "누가 염불하는가?" 하고 스스로 물어야 한다. 만일 여러분이 묻고 묻고를 지속해 나가면, 모든 망상이 갑자기 끊어지는 때가 온다. 망상들이 생기지도 않고, 또 생겨도 곧 없어진다. 여러분은 하늘에 빛나는 태양처럼 단 하나의 분명한 생각을 갖게 되고, 다시는 망상이 일어나지 않는다. 더 이상 마음이 어지러워지지 않는다. 여러분은 단지 고요함과 깨어있음만을 경험하게 된다. 영-치아 큰스님은 다음과 같이 말씀하셨다.

"깨어있음과 함께 하는 고요함은 옳으나, 깨어있음이 없는 고요함은 옳지 않다. 고요함과 함께하는 깨어있음은 옳으나, 어지러운 생각으로 깨어있음은 옳지 않다."

만일 고요함이 어지러움과 깨어있음이 없는 상태로 이어지지 않고, 깨어있음이 어지러운 생각으로 이어지지 않으면, 깨어있음과 고요함은 함께 흘러간다. 여러분이 마음속에 과거나 현재나 미래에 관한 단 하나의 생각도 일어나지 않을 때 까지 마음의 부침浮沈을 놓아 버리면, 갑자기 칠흑 같은 어둠이 깨어지면서, 여러분의 본래 면목을 보게 된다. 몸과 마음과 온 세상이 즉시 평화로워진다. 이때 허공의 꽃들[환영의 이 세상]이 사라지고, 거대한 광명이 도처에 빛나 시방의 모든 것들이 밝아진다.

만일 여러분이 이 경지에 이르면, 이 완벽한 밝음이 일상생활에서 항상 여러분과 함께 있어 더 이상 어떠한 의심도 갖지 않게 된다. 여러분은 본래로 여여如如한 스스로의 마음을 믿게 된다. 그러면 여러분이 부처님과 조사님들과 다르지 않다. 여러분이 이 경지에 이르면, 더 이상 공을 취하지도 않는다. 만일 여러분들이 공을 취하게 되면, 삿된 외도外道의 견해에 떨어지게 된다. 또한 유有나 경이로움[妙, Wonderfull]을 취하지도 않는다. 만일 여러분들이 유를 취하게 되면 또한 삿된 길에 떨어진다.

만일 수행 중에 어떤 경계가 마음속에 나타나면, 이를 취하지 않고 놓아 버려야 한다. 그러면 그 경계는 사라진다. 나쁜 경계가 나타나도 두려워 말고, 좋은 경계가 나타나도 기뻐하지 않아야 한다, 왜냐하면 이것들이 마귀의 장난이기 때문이다. 만일 걱정이나 즐거움이 생겨도, 이들 또한 마귀의 생각들이다. 수행자는 이러한 경계들이 밖에서 오는 것이 아니라 자기 마음속에서 나옴을 알아야 한다. 여러분들은 우리 마음이 본래 깨끗하고 청정하여, 단 하나의 어지럽거나 깨달은 생각도 없음을 알아야 한다. 우리들은 이 세상에도, 성스러운 경계나, 또 어떤 다른 경계에도 속하지 않는다. 그러나 현재 우리가 미혹되어 있으므로 미망과 악업을 줄이기 위해 수행해야 한다.

제1부. 감산대사 정토법문

만일 어떤 사람이 본래 밝고, 모든 것을 다 에워싸고, 깨끗하고, 청정한 자신의 마음을 열 수만 있다면, 경이로운 여여如如가 될 것이고, 더 이상 수행할 필요가 없다. 그러나 오늘의 수행자들이 자신의 본성을 보지 못 하였음으로, 최상의 지위에 이르러 생사의 윤회를 끊기 위하여 부지런히 정진해야 한다.

석가모니 부처님은 마음의 법을 가르치셨다. 수많은 수행법이 있으나, 이들은 모두 마음을 깨우치기 위함이다. 매우 중요한 선의 방법은 조사들에 의하여 성립되었으나, 마음을 깨우치고 염불하는 법은 부처님들과 10지十地의 수많은 보살들에 의하여 가르쳐 졌다. 요컨대, 여러분들은 부처님이 되기 위해 염불해야 한다. 진여眞如와 깨달음의 경지에 이른 보살들도 결코 염불, 염법, 염승에서 떠나지 않는다.

화엄경에서 선재 동자는 53 선지식을 찾아갔다. 처음 만난 사람이 덕운 스님이었고, 염불에 의한 제도법을 가르쳐 주었다. 마지막으로 만난 사람이 보현보살이었고, 경이로운 깨달음妙覺을 얻기 위하여는 오직 서방 정토를 향해서 무량광 여래 아미타불을 바라보고 깨달음의 수기受記만 받으면 된다고 가르쳤다. 이 점을 주목해야 한다. 전 법계를 에워싸는 최상승 화엄도 또한 염불을 권유하고 있다. 10지의 보살들과 이미 깨달음을 얻은 분들도 여전히 염불을 수행하고 있다.

이 말법의 시대에 염불을 열등한 수행법이라고 감히 비방하는 사람들이 있다. 그러나 왜 이 사람들이 선과 정토의 차이에 대하여 의심하는가? 이런 사람들은 식견이 부족하여 부처님들의 의도를 이해하지 못 하고 있다. 그들은 허망한 이분법二分法을 만들고 있다.

유심정토唯心淨土에 의하면, 마음이 청정하면 국토가 청정하다. 그러므로 선수행을 하면서 마음을 진정시킬 수 없는 사람은 그 마음을 고요하게 하기 위하여 부처님 명호를 외워야 한다. 청정한 마음이 바로 깨달은 마음이다.

이미 깨달은 보살들도 여전히 염불수행을 하고 있다. 왜냐하면 부처님 명호를 외우지 않고서는 완전한 깨달음을 얻을 수 없기 때문이다. 우리들은 모든 조사들이 염불을 수행하여 깨달음을 얻었음을 알고 있다. 누구나 마음의 어지러움 없이 일심으로 염불하면 모든 번뇌가 사라짐을 알게 된다. 이들의 마음이 이렇게 청정하여지면, 이들은 깨달았다고 일컬어진다. 이 점을 이렇게 보자: **부처님 명호를 외우는 것이 선이다.** 어떤 보살도 깨달은 후 염불을 버리지 않는다. 모든 조사들도 정토에 왕생하였다. 그러므로 부처님 명호를 외우는 것이 선이요, 선이 부처님 명호를 외우는 것이다.

예로부터 이 의문이 해결되지 않은 채 오늘에 이르렀다. **나는 지금 분명히 말하건데, 정토와 선이 다르다는 견해를 산산이 부순다.** 만일 모든 부처님이 이 세상에 오신다 해도 똑

같은 말씀을 하실 것이다. 이 법을 버리고 허망한 말을 취하는 것은 마귀의 장난이고 진실한 법이 아니다.

5. 정토는 고통의 바다에서 모든 중생을 제도한다

석가모니 부처님은 사바세계에 있는 모든 중생들을 제도하기 위하여 정토법을 설하셨다. 그분은 사람들로 하여금 정토에 왕생하는 원을 세우고 아미타불 명호를 외우도록 당부하셨다. 이 경이로운 법문은 아미타경에 설해졌고, 시방의 모든 부처님들이 칭찬하셨다. 정토는 이 말세의 모든 중생들에게 적합한 특별한 법문이다.

정토수행에도 여러 가지 다른 방법들이 있다. 만일 사람들이 절에 모여서 함께 수행하는 경우에는 이를 위한 절차가 정토수행에 관한 논저論著에 설명되어 있다. 혼자 정토법을 수행하는 사람은 부처님에게 절하고 아미타경이나 금강경을 읽는다. 다음에 아미타불 명호를 5천 번에서 만 번 외운 후, 극락세계에 왕생을 발원하면서 다음과 같이 말해야 한다.
 "9품 연대蓮臺를 부모로 삼아 서방 극락세계에 왕생하기 발원합니다. 연꽃이 활짝 필 때 불퇴전不退轉 보살들을 도반으로 아미타 부처님을 뵙고 절대적 진리를 깨달으렵니다." 아침 저녁으로 이와 같이 수행해야 한다.
이러한 시간 외에도, 하루 종일 수행자는 생각생각 끊임없이 부처님 명호를 외우고, 아미타 부처님의 명호를 마치 자기 생명처럼 항상 마음에 지녀야 한다. 걸을 때나, 서있을 때나, 앉아있을 때나, 누워있을 때나 항상 아미타 부처님의 명호를 외워야 한다.
어려운 일이나 또는 좋은 일이 생겨 화가 나거나 즐거울 때에도, 화나 번뇌를 그치려면 단지 아미타불의 명호만 외우면 된다.

이러한 번뇌가 생사의 뿌리임으로, 우리는 번뇌를 떠나고 생사의 고통을 면하기 위하여 부처님의 명호를 외워야 한다. 번뇌를 떠나기 위하여 부처님의 명호를 외우는 사람은 생사의 윤회를 끝낼 수 있다. 만일 부처님의 명호를 외우면서 번뇌를 극복할 수 있다면, 그 사람은 꿈속에서도 번뇌를 극복할 수 있다. 만일 꿈속에서도 번뇌를 극복할 수 있다면, 병들었을 때에도 번뇌를 극복할 수 있다. 그리고 병들었을 때에도 번뇌를 극복할 수 있다면, 마지막 임종의 순간에도 번뇌를 극복할 수 있다. 이 일이 이처럼 분명하여, 이 사람은 정토에 왕생할 수 있다.

이 일은 어렵지 않다. 다만 생사의 윤회를 끝내기 위하여는 진실하고 간절한 마음이 필요하다. 다른 어떤 것도 생각하지 않고, 오랜 기간 아미타 부처님의 명호만 외우면, 여러분은 커다란 지복至福을 얻게 된다. 모든 수행자들은 이 법을 이해해야 한다. 누구라도 부처님 명호를 외우고 이 법을 수행할 수 있는 사람이 진실한 수행자이다. 이 법을 버리는 사람은 이러한 목적을 달성하기 위한 더 좋은 길을 찾을 수 없다.

외도外道의 말을 듣고 삿된 견해를 내어서는 안 된다. 내가 여러분에게 가르쳐 주고 싶은 경이로운 방법이 있으니, 바퀴 모양의 푸른 색, 노란 색, 빨간 색, 또는 흰 색의 큰 연꽃을 마음속에 그리라. 부처님을 생각할 때나 그 명호를 외울 때, 항상 이 연꽃을 분명히 관觀하라. 그리고 여러분이 이 큰 연꽃 위에 앉아있다고 생각하라. 아미타 부처님이 광명을 발해서 여러분의 몸을 비춘다고 생각하라. 걸을 때나, 서 있을 때나, 앉아 있을 때나, 누워있을 때나 항상 이렇게 관하라. 그리고 시간에 구애받지 말라. 단지 정토를 분명히 관하기만 하라. 눈을 뜨거나 감거나, 이 이미지를 분명히 지니라. 꿈속에서 조차도 아미타 부처님과 관세음보살, 대세지보살, 그리고 모든 다른 보살들이 연꽃에 앉아 빛을 발하는 모습을 분명히 보아야 한다.

만일 수행자가 임종의 순간까지 온전한 집중으로 연꽃을 관할 수만 있다면, 생사의 윤회를 끝낼 수 있다. 임종할 때, 연꽃이 앞에 나타나고 이 사람은 그 위에 앉아 있는 자신의 모습을 볼 수 있을 것이다. 이 사람은 또한 아미타 부처님과 관세음보살, 대세지보살이 모두 오셔서 서방 극락정토로 인도하여, 사바세계를 영원히 떠나 태어나고 죽는 고통을 다시는 받지 않게 될 것이다.

정토법을 수행하는 사람은 단 한 번의 생애에 정토왕생을 성취할 수 있다. 여러 경에서 이 법이야 말로 정토로 직행하는 가장 빠른 지름길이라고 누차 설해져 있다. 단지 부처님 명호를 외우는 이 지름길을 택하기만 하면 된다. 이 경이로운 법을 버리고 따로 택할 더 좋은 길이 없다.

6. 아미타불 외우는 사람은 자성自性을 보려고 할 필요가 없다

불법에 사람들이 공부하고 수행하는 3승三乘이 있다. 그러나 내가 걱정하는 바는, 만일 이 모든 수행들을 통하여 한 생애에 성취하지 못하면 다시 삶과 죽음의 바다에 빠져 이로부터 영원히 헤어나지 못하는 것이다.

선 수행자는 한번의 생애에 생사의 윤회를 끝낼지 모른다. 그러나 너무나 많은 망상과 깊이 뿌리박힌 습관이 선수행을 어렵게 만든다. 만일 금생今生에 깨달음을 얻지 못하면, 선 수행자는 끊임없이 생사의 윤회를 거듭해야 한다. 이런 까닭에, 석가모니 부처님이 정토법을 가르치셨다. 이 법은 사람이 상근기이거나 중근기이거나 하근기이거나를 가리지 않는다. 이 법은 부자이거나, 가난하거나, 신분이 높거나 낮거나를 가리지 않는다. 단지 이 법을 수행만 하면, 한 생애에 정토왕생을 성취할 수 있다. 부처님의 이름을 외우는 이 지름길 보다 더 쉽고 경이로운 법은 없다. 왜냐하면, 우리가 살고 있는 이 사바세계는 괴로움으로 가득 차 있기 때문이다. 태어나는 괴로움, 늙어가는 괴로움, 병드는 괴로움, 죽는 괴로움, 원하는 바를 이루지 못하는 괴로움, 싫은 사람을 만나는 괴로움 등 실로 수많은 종류의 괴로움이 있다. 요컨대, 형언할 수 없는 괴로움들이 있다. 비록 신분이 높고 부유한 사람이 여러 가지 삶의 기쁨을 누리는 듯 하여도, 이 모든 것들이 미래에 다가올 괴로움의 원인이 된다.

사바세계의 이 모든 괴로움들에서 벗어나기가 매우 어렵기 때문에, 석가모니 부처님이 정토법을 가르치셨다. 그 국토에서는 모든 존재가 괴로움 없이 여러 가지 즐거움을 누리며 산다. 이러한 이유로 극락세계라 부른다. 이 세계에는 번뇌가 없기 때문에 정토라 부른다.

모든 존재는 연꽃에서 태어난다. 그러므로 태어나는 괴로움이 없다. 모든 존재는 영원한 생명을 갖는다. 따라서 늙고 병들어 죽는 괴로움이 없다. 음식과 의복들은 자연스레 제공된다. 따라서 소원을 이루지 못하는 괴로움이 없다. 훌륭한 존재들과 한 곳에서 함께 살 수 있기 때문에, 싫은 존재들을 만나는 괴로움이 없다. 그 국토는 7보로 장엄되어 있으므로, 자갈이나 가시들로 더럽혀져 있지 않다. 이러한 모든 것들이 경에 설해져 있다. 정토에 왕생을 원하는 사람은 단지 일심으로 부처님의 명호를 외우기만 하면 된다.

올바른 수행을 위해서는, 염불할 때 연꽃 위에 앉아있는 자신의 모습을 마음속에 그려야 한다. 그러면 임종의 순간에 아미타 부처님과 커다란 연꽃이 여러분 앞에 나타나 빛을 발하며 극락세계로 인도함을 보게 될 것이다. 여러분은 결코 다시 물러나거나 생사의 바다에 빠지지 않을 것이다. 이것이 정토법을 수행하여 부처님 명호를 외워서 이루는 공덕의 결과이다.

진실로 부처님 명호를 외우는 사람은 깨달음을 구하거나 또는 자성自性을 보려고 할 필요가 없다. 단지 아미타 부처님을 관하고, 그 명호를 외우기만 하면 된다. 삼보에 공양 올리고 불사佛事에 기부하고, 또 다른 방법으로 불토를 장엄하는 일들이 보조적인 공덕을 이룬다.

그러나 비록 여러분이 정토왕생의 원을 발하고 부처님 명호를 외운다 할지라도, 왕생을 보장받기 위하여는 생사의 뿌리를 끊어야 한다. **무엇이 생사의 뿌리인가? 세상에 있는 모든 것에 욕심을 내어 집착하는 것이다.** 아름다운 빛깔이나 유쾌한 소리, 맛, 몸에 닿는 촉감 등 즐거움을 가져오는 모든 것들이 괴로움의 원인이 된다. 괴로움의 다른 원인들로는 분노, 증오, 집착 그리고 외도外道의 삿된 견해에 빠지는 것이다. 이 모든 것들을 믿어서는 안 된다. 여러분은 오직 염불에 집중하여, 하루에 아미타경을 두 번, 그리고 부처님의 명호를 수 천 번 또는 만 번 이상 생각생각 끊임없이 외우기만 하면 된다. 이것이 바로 화두요 여러분의 본래면목이다.

여러분은 죽은 후에 무슨 일이 생기는지, 어떤 생生이 오는지 궁금할 것이다. 이 생에서 악한 원인을 만든 사람은 죽은 후 악한 경계가 나타남을 볼 것이다. 그러나 정토에 왕생을 원하면서 부처님 명호를 외운 사람은 임종의 순간에 아미타 부처님의 국토인 정토가 그 앞에 나타남을 보게 될 것이다. 능엄경에 설해 있다. "생각하는 과정이 대륙大陸을 만들었다."

선을 수행하기 위해서는 모든 망상을 끊어야 하나, 이 일은 지극히 어렵다. 정토수행에서는 청정하지 않은 생각을 청정한 생각으로 바꾼다. 연꽃이 나타날 때, 여러분의 정토수행은 완성된 것이다.

수많은 방편들이 있으나 부처님과 조사들에 의하면, 정토법이 특히 중요하다. 여러분의 본 마음을 알거나, 자성을 볼 필요가 없다. 단지 부처님의 명호를 외우는 것만이 필요하다. "부처"란 단어는 깨달은 사람을 의미한다. 만일 여러분이 생각생각 단 한 순간도 부처님을 잊지 않고 그 명호를 외운다면, 생각마다 깨달은 생각이 된다. 만일 여러분이 마음속에 부처님을 잊어버리면, 그것은 깨달음이 아니다. 만일 여러분이 꿈속에서도 낮과 같이 부처님 명호를 외울 수가 있다면, 이것이 항상 염불하는 것이다. 만일 여러분의 마음이 지금도 어지럽지 않고, 임종의 마지막 순간에도 때에도 어지럽지 않

염불하는 이 뭣고

으면, 틀림없이 정토에 왕생할 것이다.

제1부. 감산대사 정토법문

정토종 제 육조, 아미타불의 화신 영명 연수선사

淨土宗六祖 永明延壽大師

永明 延壽禪師
영명 연수선사
萬善同歸 中道頌
만선동귀 중도송

메아리와 같은 육바라밀을 행하고, (施爲谷響度門)
허공 꽃과 같은 만 가지 덕목을 닦으라. (修習空華萬行)
인연으로 생기는 성품 바다에 깊이 들어가, (深入緣生性海)
환상과 같은 법문에서 항상 노닐라. (常遊如幻法門)
본래 물들지 않는 번뇌를 맹서코 끊고, (誓斷無染塵勞)
유심정토에 태어나기를 발원하라. (願生惟心淨土)
실제적인 이치의 땅을 밟고, (履踐實際理地)
얻을 것이 없는 관법의 문에 출입하라. (出入無得觀門)
거울에 비친 그림자의 마군을 항복받으며, (降伏鏡像魔軍)
꿈속의 불사를 크게 지으라. (大作夢中佛事)
환상과 같은 중생들을 널리 제도하여, (廣度如化含識)
적멸한 보리를 다 함께 증득하라. (同證寂滅菩提)

49

제2부. 역대 선지식들의 염불선 법문

제2부. 역대 선지식들의 염불선 법문

염불하는 마음이 부처다

4조 도신[四祖道信, 580-651] 대사

염불이란 바로 자기 마음을 생각하는 것이며, 마음을 구하는 것은 바로 부처를 구하는 것이다. 어째서 그런고 하면 식識이란 형체가 없고 부처란 무슨 모양이나 상이 있는 것이 아니다. 이와 같은 도리를 안다면 바로 안심安心이라.

항시 부처를 깊이 사무치게 생각하고 반연攀緣이 일어나지 않으면 모든 상相이 소멸되어 상이 없고 평등하여 둘이 아니다. 이런 자리에 들어간다면 부처님을 생각하고 마음으로 모든 상을 다 버리게 되는데, 새삼스럽게 애쓰고 구할 필요가 없다. 이와 같이 본다면 이것이 바로 부처님의 진실한 법성신法性身이요, 또한 정법이고, 불성, 제법실상諸法實相, 실제實際, 보리, 금강삼매金剛三昧, 본각本覺, 열반계涅槃界, 또는 반야라고 한다. 이름은 비록 헤아릴 수 없이 많으나 모두가 다 하나의 몸이니라.

나의 이 법요를 말하자면, 《능가경》을 의지하고 제불심諸佛心을 으뜸으로 한다. 또한 《문수설반야경》의 일행삼매, 즉 염불심시불[念佛心是佛: 염불심이 부처요], 망념시범부[妄念是凡夫: 망념이 범부다]에 의거하고 있다.

그 반야바라밀에서 말씀하신 것 같이 배운 연후에야 능히 일행삼매에 들 수가 있다. 그래야 후퇴도 물러남도 없고 또는 파괴함도 없고 거리낌도 없고 또는 상이 없다. 선남자, 선여인이들이 일행삼매를 정작 공부하려고 할 때는 잡요한 시끄러운 인연이 없는 한가한 곳에서 모든 산란스러운 생각을 다 버리고 상을 취하지 않고 마음을 부처의 경계에 매어 두어야 한다.
부처님이 계신 방소方所에 따라서 단정히 바로 향해서 앉고 한 부처님에 대해서 생각생각에 생각이 끊어지지 않을 때에는 즉시 그 생각 가운데 능히 과거나 현재나 미래의 제불을 다 본다. 한 부처의 무량무변한 공덕을 생각하면 바로 무량한 부처님 공덕을 다 감견感見하여 제불공덕과 둘이 아닌 부사의한 공덕을 성취한다.
-《입도안심요방편법문入道安心要方便法門》

* 선종의 4조인 도신 선사는 우선 참회하고 단좌端坐하여 움직이지 않으며, 제법의 실상을 생각하고 장애·망상을 제거한 후에 염불을 진행하고, 더 나아가 집착하는 마음을 없애서 생각생각이 끊어지지 않으면 최후에 홀연히 맑고 밝은 해탈을 얻는다고 하였습니다.
이러한 염불은 서방정토에 왕생하기 위해 아미타불을 염하는 것이 아니라, 자심自心의 부처를 염하는 것입니다. 이것은 부처가 자심 중에 있으므로 중생의 자심을 떠나서는 다른 부처가 없는 까닭입니다. 도신 선사는 마음의 본성은 청정하고 오염污染이 없으며 부처와 같다는 법문을 설하며, 염불을 '안심安心'이라 칭하였던 것입니다.

제2부. 역대 선지식들의 염불선 법문

아미타불은 생사해탈의 일구一句

6조 혜능[六祖慧能, 638-713] 대사

어느 날 한 사람이 육조 대사에게 묻기를,
"염불에 무슨 이익이 있습니까?"
하니, 육조 대사께서 답하셨다.
"일구一句 나무 아미타불을 염불하는 것이 만세萬歲의 괴로움을 뛰어나는 묘도妙道요, 부처를 이루고 조사가 되는 정인正因이요, 삼계三界 인천人天의 안목眼目이요, 마음을 밝히고 성性을 보는 '지혜의 등불慧燈'이요, 지옥을 깨뜨리는 맹장猛將이요, 많은 올바르지 못한 것을 베는 보검이요, 오천대장五千大藏의 골수요, 팔만총지八萬總持의 중요한 길이요, 어둠을 여의는 밝은 등이요. 생사를 벗어나는 올바른 방법이요, 고해를 건너는 타고 가는 배요, 삼계를 뛰어나는 지름길이요, 최존最尊 최상最上의 묘문妙門이며 무량무변無量無邊의 공덕이니라.
이 일구一句를 기억하여 염념念念이 항상 나타나고 시시로 마음에 떠나지 아니하며, 일이 없어도 이와같이 염불하고 일이 있어도 이와 같이 염불하며, 안락할 때도 이와 같이 염불하고 병고病苦가 있을 때도 이와 같이 염불하며, 살았을 때에도 이렇게 염불하고 죽에서도 이렇게 염불하여 이와 같이 일념一念이 분명하면 또 무엇을 다시 남에게 물어서 갈길을 찾으랴.
이른 바 일구미타무별념 불로탄지도서방[一句彌陀無別念 不勞彈指到西方: 아미타불 염하는 일구에 망상이 없으면 구지 서방정토를 손가락으로

53

염불하는 이 뭣고

가리킬 필요가 없느니래]이니라."
-《선정쌍수집요禪淨雙修集要》

나무아미타불 여섯 자를 부르는 이것이야말로
만세萬世토록 세간出世을 벗어나는 묘도妙道요
부처를 이루고 조사祖師가 되는 정인正因이요
삼계三界 인천人天의 안목眼目이요
마음을 밝히고 자성自性을 보는 혜등慧燈이요
지옥을 깨부수는 맹장猛將이요
사악한 것들을 베는 보검寶劍이요
오천대장五千大藏의 골수骨髓요
팔만총지八萬總持의 중요한 관문이로다
(육조혜능 대사)
- 〈생사해탈의 오직 한 길〉 중에서

제2부. 역대 선지식들의 염불선 법문

인성염불로 무념에 들라

무상[無相, 684-762] 선사

김화상[무상 선사]은 매년 12월과 정월에 사부대중 백천 만 인을 위하여 수계하였다. 엄숙하게 도량을 시설하여 스스로 단상에 올라가서 설법하며, 먼저 인성염불을 하며 일성一聲의 숨을 다 내뱉게 하고, 염불 소리가 없어졌을 때 다음과 같이 설한다. '무억[無憶: 과거를 기억하지 말라], 무념[無念: 현재의 시비분별을 떠나라], 막망[莫忘: 미래에 대해 망상하지 말라]하라. 무억은 계戒요, 무념은 정定이며, 막망은 혜慧이니라.' 이러한 삼구는 바로 총지문이다.
-《역대법보기歷代法寶記》

* 신라 왕자 출신으로서, 중국 선종의 조사이자 염불선의 개창자로 알려진 무상 선사는 '인성염불引聲念佛'을 주창하였습니다. 인성염불이란 것이 과연 어떤 염불법인가를 살펴볼 수 있는 단서는 '일성一聲의 숨을 다 내뱉게 하고, 염불 소리가 없어졌을 때' 라는 대목입니다. 계속해서 염불 소리를 내다보면 자연스럽게 숨이 다 내뱉어지게 되는데, 여기서의 행법은 부처님을 염한다거나, 그 글자가 지니는 뜻에 집중하는 염불이 아닙니다. 인성염불이 목표로 하는 최종 도달처가 '무억, 무념, 막망'이란 점에서 한 생각 일어나기 이전의 자리로 돌아가는 선禪의 한 방편임을 알 수 있

습니다.

종밀 스님은 《원각경대소초》에서 무상 선사의 인성염불을 '남산염불문선종南山念佛門禪宗'의 범주에 포함시켰습니다. 내용적으로 염불선임을 명백히 한 것입니다. 현대 일본의 세키구치마사히로關口眞大는 그의 대표작 《선종사상사》에서 무상 선사의 인성염불을 '염불과 선을 일체로 되게 하는 염불선'이라고 주장했습니다. 이후로 무상 선사는 선학계에서 염불선의 비조鼻祖로 일컬어지게 된 것입니다.

명심견성을 한 사람이 염불로 정토왕생을 구하면,
임종 때 구품연화 가온데
최상품(最上品)으로 화생한다오.
눈 깜빡할 사이에 연꽃이 피면서
아미타불을 친견하고
금방 무생법인(無生法忍)을 증득하거나,
최소한 원고(圓敎)의 초주(初住) 지위에 올라,
일백 부처 세계에 부처의 분신(分身)을 나투어,
인연과 근기에 따라 중생을 교화 제도하게 되나니,
이것이 바로 장래에 부처나 조사가 된다는 뜻이오.
- 인광 대사

제2부. 역대 선지식들의 염불선 법문

염불선은 '뿔 달린 호랑이' 격

영명연수[永明延壽, 904-975] 선사

유선유정토有禪有淨土
유여대각호猶如戴角虎
현세위인사現世爲人師
장래작불조將來作佛祖

참선수행도 있고 염불공덕도 있으면
마치 뿔 달린 호랑이 같아,
현세에 뭇 사람들의 스승이 되고
장래에 부처나 조사가 될 것이다.

무선유정토無禪有淨土
만수만인거萬修萬人去
단득견미타但得見彌陀
하수불개오何愁不開悟

참선 수행은 없더라도 염불 공덕이 있으면
만 사람이 닦아 만 사람 모두 가나니,
단지 아미타불을 가서 뵙기만 한다면
어찌 깨닫지 못할까 근심걱정 하리요?

유선무정토有禪無淨土
십인구차로十人九蹉路
음경약현전陰境若現前
별이수타거瞥爾隨他去

참선 수행만 있고 염불공덕이 없으면
열 사람 중 아홉은 길에서 자빠지나니,
저승中陰 경지가 눈 앞에 나타나면
눈 깜짝할 사이 그만 휩쓸려 가버리리.

무선무정토無禪無淨土
철상병동주鐵牀倂銅柱
만겁여천생萬劫與千生
몰개인의호沒個人依怙

참선 수행도 없고 염불 공덕마저 없으면
지옥의 쇠 침대 위에서 불 구리 기둥 껴안는 격이니,
억만 겁이 지나고 천만 생을 거치도록
믿고 의지할 사람 몸 하나 얻지 못하리.
-영명연수永明延壽 대사의 「사료간四料簡」

* 자력自力과 타력他力 수행의 관계를 밝히고 참선과 염불의 난이
도를 비교한 것 중에 가장 뚜렷하고 가장 알기 쉽게 이야기한

설법은 영명연수永明延壽 대사의 사료간[四料簡: 네 수의 게송]이 으뜸입니다.

이 사료간에 비추어 본다면, 참선과 교리에 밝지 못한 보통 사람들은 염불하는 것이 당연하지만, 참선과 교리에 통달한 사람들도 더욱 열심히 염불해야 함을 알 수 있습니다. 제아무리 통달했더라도 아직 증득하지 못했으면 결국 염불을 해야 생사윤회를 해탈할 수 있는 것입니다.

아미타불의 화신化身으로 알려진 연수 대사는 《만선동귀집》에서도 유심정토唯心淨土를 다음과 같이 설하고 있습니다.

"유심불토唯心佛土는 마음을 깨달아야 비로소 날 수 있는 곳이다. 삼세의 모든 부처님이 따로 있는 바가 없고 오직 자심自心에 의지한다. 이 마음을 알면 바야흐로 유심정토에 나지만, 경계에 집착하면 반연을 따라 경계 가운데 떨어지게 된다."

밝게 깨달아 온갖 생각이 끊어져야 참 염불

보조지눌[普照知訥, 1158-1210] 국사

요즘 사람들은 그 마음이 흐리고 어두워서 욕망에 물든 삶의 버릇이 짙고 두텁기만 합니다. 그래서 오래도록 어둠에 막히고 길이 애욕에 빠져 온갖 괴로움에서 벗어나지 못하고 있습니다. 만약 저들이 벗과 같은 스승이나 스승과 같은 벗의 깨우쳐 줌을 따르지 않는다면 끝내 괴로움을 벗어나는 참 행복을 얻기란 참으로 어렵고 어려운 일입니다.

나는 여러분들이 지난 날 저지른 잘못들을 잘 일깨워 주는 좋은 벗이 되고 싶습니다. 그래서 여러분이 다섯 가지 잘못된 마음의 흐름을 편히 쉬고 행복한 삶을 가로막고 있는 다섯 가지 장애들을 밝게 안 뒤 다섯 가지 어둡고 흐린 삶을 훌쩍 뛰어넘어, 극락정토에 있는 아홉 층의 연꽃 좌대座臺 위로 둥근 보름달처럼 밝게 떠오르게 하고 싶습니다.

여러분들은 부디 뜻을 모아 내 말에 귀를 기울여 주십시오.

다섯 갈래 잘못된 마음의 흐름을 편히 쉬게 하는 길인 오정심五停心이란 무엇입니까?

첫째는 탐심이 많은 중생들로 하여금 사랑하는 나의 몸이 깨끗하지 않음을 보게 함이요, 두 번째는 화 잘 내는 중생들로 하여금 들이쉬고 내쉬는 숨길을 보게 함이요, 세 번째는 마음이 어지러운 중생들로 하여금 들이쉬고 내쉬는 숨길을 보게 함이요, 네 번째는 어리석은 중생들로 하여금 끝없는 인연의 바다를 보게 함이요, 다섯 번째는 살아가는데 장애가 많은 중생들로 하여금 부처님의 이름과 모습이 끊임없이 피어나고 있음을 밝게 보게 함이 그것들입니다.

그러나 이 다섯 가지 잘못된 마음의 흐름이 멈춘다 해도 세상의 인연을 여의지 못하는 이는 다시 다섯 가지 장애에 걸리고 맙니다. 다섯 가지 장애란 무엇입니까?
첫째는 애욕이 끊임없이 흐르는 번뇌의 장애인 번뇌장煩腦障이요,
두 번째는 진리라는 것에 덥석 집착하는 앎의 장애인 소지장所知障이요,
세 번째는 몸뚱이를 아끼고 사랑해서 갖가지 업을 지어 만든 과보의 장애인 보장報障이요,
네 번째는 아무 생각 없이 고요함만을 지키는 이치의 장애인 이장理障요,
다섯 번째는 이런 저런 사물들을 헤아려 따지는 사물의 장애인 사장事障이 그것들입니다.

그리고 이 다섯 가지 장애들을 밝게 깨닫지 못하면 다섯 가지 어둡고 흐린 삶에 걸려들어 헤어나지 못하게 됩니다. 다섯 가지 어둡고 흐린 삶인 오탁五濁이란 무엇입니까?
첫 번째는 한 생각이 일어나자마자 공과 색의 참 모습을 알지 못하게 되는, 시간의 어두움인 겁탁劫濁을 어지럽히는, 생

각의 어두움인 견탁見濁입니다. 세 번째는 어지럽게 그릇된 생각을 일으켜, 앎을 내서 바깥 세계를 지어내는, 번뇌의 어두움인 번뇌탁煩惱濁입니다. 네 번째는 일어나고 사라짐이 쉬지 않고 생각생각에 흐르는, 중생의 어두움인 중생탁衆生濁입니다. 다섯 번째는 저마다 의식의 시킴을 받으면서도 그 근원을 돌아보지 않는, 목숨의 어두움인 명탁命濁입니다.

이 다섯 가지 잘못된 마음의 흐름을 쉬지 않으면 어떻게 다섯 가지 장애를 밝게 알겠습니까. 또 다섯 가지 장애를 밝게 알지 못한다면 다섯 가지 어둡고 흐린 삶을 어찌 맑게 할 수 있겠습니까? 다섯 가지 잘못된 마음의 흐름을 쉬지 않는 이는 장애도 많고 어둡고 흐림 또한 클 것입니다.

그러므로 이런 이들은 반드시 열 가지 염불삼매의 힘으로 점차 청정한 계율의 문에 들어가야 티 없이 깨끗한 삶을 생각생각마다 이루게 됩니다. 이렇게 된 뒤에야 잘못된 마음의 흐름을 편히 쉬어서 저 다섯 가지 장애와 다섯 가지 어둡고 흐린 삶을 훌쩍 뛰어넘어 곧바로 극락세계에 이룰 수 있습니다. 그리고는 세 가지 새어나감이 없는 배움인 삼무루학三無漏學을 맑게 닦아서 저 아미타부처님의 위없는 큰 깨달음을 함께 증득할 수 있는 것입니다.

이와 같은 아미타불의 큰 깨달음을 증득하려면 마땅히 열 가지 염불을 수행修行해야 합니다. 열 가지 염불이란 어떤 것입니까.

몸가짐의 염불인 계신염불戒身念佛,
말가짐의 염불인 계구염불戒口念佛,
마음가짐의 염불인 계의염불戒意念佛,
움직이면서 하는 동억염불動憶念佛,
움직이지 않고 하는 정억염불靜憶念佛,
말하면서 하는 어지염불語持念佛,
말하지 않고 하는 묵지염불默持念佛,
부처님 모습을 그리면서 하는 관상염불觀想念佛,
무심하게 하는 무심염불無心念佛,
부처님이 부처님을 염송하는 진여염불眞如念佛이 그것들입니다.

이 열 가지 염불은 모두 한결같은 참 깨달음의 자리에서 피어나 부처님과 하나를 이루게 하는, 더할 수 없이 지극한 수행법입니다.
그러므로 염불에서 말하는 염念이란 바로 지킴守을 뜻합니다. 참 성품을 늘 드러나게 하고 끝없이 기르려면 그것을 지키어 잃어버리지 않아야 합니다.
그리고 염불에서 말하는 불佛이란 깨달음이라는 뜻입니다. 깨달음이란 참 마음을 밝게 비춰서, 늘 깨어 있어 어둡지 않음을 말합니다.
그러므로 한결같은 무념無念으로 밝고 뚜렷하게 깨닫고 이렇듯 밝고 뚜렷하게 깨달으면 온갖 생각이 끊어지니 이것을 일러 참 염불念佛이라 합니다.

열 가지 염불이란 어떤 것들입니까?

첫 번째는 몸가짐의 염불인 계신염불戒身念佛입니다. 죽이고, 훔치고, 삿된 음행하는 짓들을 말끔히 없애어 몸을 청정하게 해서 계율의 거울이 밝고 뚜렷해지게 합니다. 그런 뒤 몸을 단정히 하고 바르게 앉아서 합장하고 서쪽을 향해 마음 다해 공경히 '나무 아미타불'을 염念하되, 그 수가 끝이 없도록 합니다. 그리하여 생각생각에 끊어짐이 없어 마침내 앉아 있음마저 없어져서, 앉아 있지 않을 때도 염하는 일이 한결같이 밝고 분명합니다. 이를 계신염불이라고 합니다.

두 번째는 입을 경계하는 염불인 계구염불戒口念佛입니다. 실없는 말, 속이는 말, 두 말, 험한 말들을 말끔히 없애고 입을 굳게 지켜 마음을 거둡니다. 몸을 청정하게 입을 깨끗이 한 뒤에 마음을 다해 공경히 '나무 아미타불'을 염하되 그 수가 끝이 없도록 합니다. 그리하여 생각생각에 끊어짐이 없어 마침내 입마저 없어져 입으로 부르지 않을 때에도 스스로 염하는 일이 밝고 분명합니다. 이를 계의염불戒意念佛입니다.

세 번째 뜻을 경계하면서 하는 계의염불戒意念佛입니다. 사람이 욕심부리고, 화내고, 어리석은 마음을 말끔히 없애고 뜻을 거두고 마음을 맑게 하는 것입니다. 마음 거울에 번뇌의 때가 사라진 뒤에 마음을 다해 깊게 '나무 아미타불'을 염하되 그 수가 끝이 없도록 합니다. 그리하여 생각생각에 끊어짐이 없어 마침내 마음마저 없어져 마음을 내지 않을 때에도 스스로 염하는 일이 밝고 분명합니다. 이를 계의염불이라 합니다.

네 번째는 행동하고 기억하면서 하는 동억염불動憶念佛입니다. 열 가지 모질고 나쁜 짓거리를 말끔히 없애고 열 가지 계를 올바로 지닙니다. 움직이고 오고 감에 한 틈에도 염불하고 찰라에 염불하여 마음 다해 늘 '나무 아미타불'을 염하되 그 수가 끝이 없도록 합니다. 그리하여 생각생각에 끊어짐이 없어 마침내 움직임이 다해서, 움직임이 없을 때에도 스스로 염하는 일이 밝고 분명합니다. 이를 동억염불이라 합니다.

다섯 번째는 행위를 정지한 가운데 기억하는 정억염불靜憶念佛입니다. 저 열 가지 계율이 이미 깨끗해져서, 고요할 때나 일 없을 때나 깊은 밤 홀로 있을 때나 염불하는 마음이 한결같아 마음을 다해 '나무 아미타불'을 염하는 일이 밝고 분명합니다. 이를 정억염불이라 합니다.

여섯 번째는 말을 유지하면서 하는 어지염불語持念佛입니다. 사람을 맞이해 말을 나누고, 아이를 부르며, 함께 일하고, 일을 시킴에 밖으로는 그런 일들을 따르되 안으로는 염불하는 마음이 흔들림이 없습니다. 한마음으로 '나무 아미타불'을 고요히 염하되 그 수가 끝이 없도록 합니다. 그리하여 생각생각에 끊어짐이 없어 마침내 말이 없어져서 말을 하지 않을 때도 스스로 염하는 일이 밝고 분명합니다. 이를 어지염불이라 합니다.

일곱 번째는 말이 없이 유지하면서 하는 묵지염불默持念佛입니다. 입으로 부르면서 하는 염이 다하고 다해 생각의 때가 없이 염하되 그 수가 끝이 없도록 합니다. 그리하여 생각생각에 끊어짐이 없어 끝에 말없음마저 없어져 염하지 않을 때에도 스스로 염하는 일이 밝고 분명합니다. 이를 묵지염불이라 합니다.

여덟 번째는 부처님의 거룩한 덕[32상, 18불공법]을 생각하면서 하는 관상염불觀想念佛입니다. 저 부처님의 몸이 법계에 가득하며 묘한 광명 눈부신 금빛이 모든 중생들 앞에 두루 나타남을 관합니다. 또 부처님의 맑고 밝은 자비의 광명이 나의 몸과 마음을 비추고 계심을 깨닫습니다. 눈을 감아도 눈을 떠도 보이는 것 들리는 것들이 모두 부처님의 빛임을 밝게 깨달아서, 뜻을 다하고 정성을 다해 한결같은 마음으로 '나무아미타불'을 끝까지 염하되 그 수가 끝이 없도록 합니다. 그리하여 생각생각에 끊어짐이 없어 하루 내내 다니고 머물고 앉고 누움에 늘 삼가고 늘 깨어서 찰나도 어둡지가 않습니다. 이를 관상염불이라 합니다.

아홉 번째는 무심히 하는 무심염불無心念佛입니다. 염불하는 마음이 오래 되어 공을 이루면 차차로 무심삼매無心三昧를 얻게 됩니다. 생각의 때가 없는 진실한 염이 애쓰지 않아도 저절로 뚜렷해집니다. 받음이 없이 받아들이고 함이 없이 다 이룹니다. 이를 무심염불이라 합니다.

열 번째는 부처님이 부처님을 염하는 진여염불眞如念佛입니다. 염불하는 마음이 이미 끝머리에 이르러 깨달음이 없이 깨닫습니다. 스스로 심心, 의意, 식識이 본래 텅 빈 것임을 알아서, 한 가지 밝은 성품이 움직이지 않습니다. 모자람 없는 깨달음의 큰 지혜가 밝고 뚜렷하게 드러납니다. 이를 진여염불이라 합니다.

염불하는 이치가 이와 같으니, 만약 먼저 열 가지 악惡과 저 여덟 가지 행복한 삶의 길인 팔정도八正道에 맞서는 여덟 가지 그릇됨을 끊어 버리지 않는다면 어떻게 저 열 가지 계율의 맑고 깨끗함을 따를 수 있겠습니까? 또 몸이 맑고 깨끗하고 계율의 거울이 환히 밝지 않으면 어떻게 저 열 가지 염불법과 한 몸이 되겠습니까?
그러니 몸을 맑고 깨끗하게 한 뒤에야 진리의 온갖 보배들을 쌓고 모을 수 있으며, 계율의 거울을 환히 밝게 한 뒤에야 부처님께서 자비의 빛을 드리워 주실 것입니다.

부처님께서는 이렇게 말씀하셨습니다.
"가장 뛰어난 맛을 지닌 제호[醍醐: 우유에 갈분葛粉을 타서 쑨 귀한 죽]를 얻더라도 보배 그릇이 아니면 그것을 담아 두기 어렵다."

그러니 염불하는 수행자가 몸이 청정하고 계율의 거울이 밝고 뚜렷하면 어떻게 진리의 오묘한 맛을 부처님만이 담아 지닐 수 있다고 하겠습니까?

요즈음 욕심이 많은 옳지 못한 무리들이 열 가지 악惡과 여덟 가지 그릇됨을 끊지 않고, 또 다섯 가지 계율과 열 가지 선행을 닦지 않고도 그릇된 앎과 혼자만의 생각으로 헛되이 염불수행법을 찾아 그릇된 바람들을 드러내 놓고 극락세계에 태어나고자 합니다. 이것은 모난 나무로 둥근 구멍을 막으려는 것과 같습니다.

이런 사람들은 스스로는 염불수행을 한다고 생각할지 몰라도 부처님의 뜻이야 어찌 그런 삿된 생각과 함께 하시겠습니까. 쉼 없이 파계破戒하는 몸으로 순간순간 부처님을 비방하면서도 되려 실없이 참되고 깨끗한 세계를 구하는 죄는 참으로 풀어 줄 수 없고 무겁기 그지없는 죄인 것입니다. 죽어 지옥에 떨어져 스스로 몸과 마음을 해치는 것이 이 누구의 허물이겠습니까?

여러분은 계율로 벗을 삼고 이제까지 밝힌 이치를 거울삼아 비춰 보고, 먼저 열 가지 악惡과 여덟 가지 그릇됨을 끊고 이어서 다섯 가지 계율과 열 가지 착함을 굳게 지녀서 앞서 저지른 잘못들을 참회하고 깨달음의 열매 얻기를 굳게 다짐해야 합니다.

그리고 그런 다짐과 더불어 힘쓰고 애쓰며, 나고 죽음을 벗어나겠다는 뜻을 굳게 다져야 합니다. 해마다 선악의 업이 드러난다니 정월, 오월, 구월에 하는 수행을 닦듯이 염불수행을 놓지 않아야 합니다. 또 날씨가 엇바뀌는 여덟 절기마다 염불수행을 새롭고 새롭게 힘써 닦아야 합니다. 그리고 달마다 여섯 재일齋日의 가르침을 본받아 저 열 가지 염불로 참 살림살이를 삼아야 합니다.

오래 공들이고, 있는 힘을 다 모아 저 진여염불眞如念佛과 하나를 이루면 날마다 시간마다 가고 오고 앉고 누움에 아미타불의 참 모습이 그윽이 앞에 나타나셔서 그대 머리 위에 향기로운 손을 얹으시고 길이 길이 피어나는 큰 기쁨을 주실 것입니다.

또 목숨을 마칠 때에 이르러서는 아미타부처님께서 몸소 극락세계의 아홉 층 연꽃 좌대座臺로 맞아들이시어 반드시 가장 뛰어난 저 아홉 번째 연꽃 좌대座臺에서 여러분을 맡으시고 길이길이 그 곳에 머물게 하실 것이니, 아, 부디 애쓰고 또 애쓰십시오.
-《염불요문念佛要門》

염불하는 이 뭣고

— 보적경寶積經

무생법인無生法忍(나고 죽음이 없는 법을 알게 됨)을 깨달으셨다.
그 법을 연설하심을 듣고 이해하고 기뻐하여
그때에 부왕이 칠만 명의 석종釋種(석가 종족)과 함께
항상 부지런히 정진하여 불도佛道를 얻으실 것이라"고 하시니,
지금에 마땅히 서방극락세계의 아미타부처님을 생각하시어
석가여래께서 말씀하시기를 "부왕父王(정반왕)이시여!

제2부. 역대 선지식들의 염불선 법문

염불하는 자는 어디로 돌아가는가?

몽산[蒙山, 1231-1308?] 화상

나무아미타불을 염송하는 24시 행주좌와 가운데에서 혀를 움직이지 말고 또한 마음을 어둡게 하지 말라. 이 때 '염불하는 이는 누구인가?'를 때때로 점검하여 스스로 반조[返照: 자심에 돌이켜 비추어봄]하여 보라. 이 몸은 헛되고 임시로 빌린 것이라 오래지 않아 죽고 결국은 흩어지고 만다. 이 때 '염불하는 자는 어디로 돌아가는가?' 이와 같이 공력을 사용하여 날이 가고 달이 깊어지면, 자연히 색신色身을 여의기 전에 서방에 이르러 아미타불을 친견할 것이다.
-《몽산화상 법어록蒙山和尙法語錄》

* '염불 화두선'은 원나라 때 휴휴암에 은거하였던 몽산덕이[蒙山德異, 1231-1308] 선사가 구체적으로 제시한 바 있습니다. 몽산 선사는 위와 같은 구체적인 '염불 화두법'을 제시하여, 고려의 태고보우[太古普愚, 1301-1382] 선사에게 영향을 끼쳤습니다.

염불하는 이 뭣고

마음이 끊어져야 자성미타가 나타난다

태고보우[太古普愚, 1301-1382] 선사

아미타불의 이름을 마음속에 두어 언제나 잊지 않고, 생각생각에 틈이 없도록 간절히 참구하고 간절히 참구하라. 그리하여 생각과 뜻이 다하거든 '염念하는 이놈이 누구인가?' 하고 관찰하라. 이렇게 자세히 참구하고 또 참구하여, 이 마음이 홀연히 끊어지면, 자성미타自性彌陀가 앞에 우뚝 나타날 것이니 힘쓰고 힘쓰라.

마음이 청정한 것은 이 불토佛土가 청정한 것이요, 내 본성이 나타나는 것을 불신佛身이 나타난다고 하는 것이다. 이것이 바른 해석이다. 아미타불의 청정미묘한 법신이 두루 일체중생의 마음자리에 본래 갖추어 있기 때문에 '심불급중생心佛及衆生이 시삼무차별是三無差別이라'. 마음이나 부처나 중생이나 세 가지가 차별이 본래 없는 것이다. 따라서 마음이 곧 부처요, 부처가 바로 마음이라. 마음 밖에 부처가 없고, 부처 밖에 마음이 없도다. 이와 같이 진실한 염불을 할 때는 밤낮으로 행주좌와에 아미타불의 명호를 마음이나 눈 앞에 붙여 두어라.
-《태고어록》

아미타불 생각생각 잊지 말지니

나옹[懶翁, 1320-1376] 화상

깊고 고요해 말이 없으매 뜻이 더욱 깊었나니
묘한 그 이치를 누가 감히 헤아릴 수 있겠는가
앉고 눕고 가고 옴에 다른 일 없고
마음 가운데 생각 지니는 것 가장 당당하여라.

자성自性인 아미타불 어느 곳에 있는가
언제나 생각생각 부디 잊지 말지니
갑자기 하루 아침에 생각조차 잊으면
물건마다 일마다 감출 것이 없어라.

아미타불 생각할 때 부디 사이 떼지 말고
하루 종일 언제나 자세히 보라
하루 아침에 갑자기 저절로 생각이 붙으면
동쪽 서쪽이 털끝만큼도 간격 없으리.

사람들 잘못 걸어 고향에 돌아가지 않기에
이 산승은 간절히 또 격려하나니
문득 생각의 실마리마저 뜨거운 곳에 두면
하늘 땅을 뒤엎고 꽃 향기 맡으리.

염불하는 이 뭣고

생각생각 잊지 말고 스스로 지녀 생각하되
부디 늙은 아미타불을 보려고 하지 말라
하루 아침에 문득 정情의 티끌 떨어지면
세워 쓰거나 가로 들거나 항상 떠나지 않으리라

아미타불 어느 곳에 있는가
마음에 붙들어 두고 부디 잊지 말지니
생각이 다하여 생각 없는 곳에 이르면
여섯 문에서는 언제나 자금광紫金光을 뿜으리라.

몇 겁이나 괴로이 6도六途를 돌았던가
금생에 인간으로 난 것 가장 희귀하여라
권하노니 그대들 어서 빨리 아미타불 생각하고
부디 한가히 놀면서 좋은 기회 놓치지 말라.

6도에 윤회하기 언제나 그칠 것인가
떨어질 곳 생각하면 실로 근심스러워라
오직 염불에 기대어 부지런히 정진하여
세상 번뇌 떨어버리고 그곳에 돌아가자.
-《나옹록》

제2부. 역대 선지식들의 염불선 법문

우리도 이럴망정 세상에 장부로세
천지로 장막삼고 일월로 벗을삼아
천하강산 구경하고 만고풍상 겪은후에
고향으로 돌아오니 산천은 불변이나
인심이 크게변해 악한사람 수없으며
선한사람 하나없다 저근듯 생각하니
꿈속같은 이세상에 염불않고 무엇하리
세간재미 좋다하나 열반락에 당할소냐
왕후장상 영웅호걸 금세상에 장부로서
삼도윤회 못면하니 그도역시 몽환이요
금은칠보 좋아하나 생로병사 못면하니
그도역시 몽환이요
만승천자 전륜왕도 육도윤회 못면하니
그도역시 몽환이라
- 나옹선사

오직 마음의 정토, 자기 성품의 아미타불이시니
함허득통[涵虛得通, 1376-1433] 선사

1. 종진기화[從眞起化: 진여로부터 교화를 일으키신다]
두루 밝은 공空의 참되고 청정한 세계에는 본래 몸[佛身]과 땅[淨土]이 없습니다. 중생을 위하여 자비의 원을 일으켜서 방편으로 숨고 출현하심이 있습니다. 우리 중생들이 오랫동안 미혹의 길에 있으면서 귀의할 곳이 없으므로, 장엄한 국토에 모습을 나투시니 매우 희유하십니다. 이것은 곧 환주장엄[幻住莊嚴: 실제가 아닌 방편의 장엄]이라 이름 하시니, 방편으로 섭수하여 인도하소서. 방편으로 섭수하여 인도하소서.

2. 수기현상[隨機現相: 근기에 따라 모습을 보이신다]
자수용신[自受用身: 깨달음의 법락을 자신만 누림], 타수용신[他受用身: 깨달음의 법락을 회향함], 자타수용신[自他受用身: 깨달음의 법락을 자타가 함께 누림]이 있습니다.
크게 교화하시는 몸과 작게 교화하시는 세 가지 화신이 있으니, 이 몸은 구름과 같아서 그윽하게 출현함이 자유자재합니다. 구경은 원만하여 널리 응하시니 미치지 않는 곳이 없으니 참으로 희유하십니다. 이것은 곧 대자비의 아버지라 이름 하시니, 근기 따라 섭수하여 교화하소서. 근기 따라 섭수하여 교화하소서.

3. 도상생신[覩相生信: 상호를 보고 믿음을 일으킨다]

대비의 왕 대자의 아버지이신 아미타 부처님, 정수리 모습의 육계상[수미산 같은 모습], 다함없는 모습, 하나하나 상호에 무량한 광명 비추시고 무량한 부처님으로 화현하시어 중생의 마음을 열어 깨닫게 하시니 역시 희유하십니다. 원만한 화장세계[十華藏海] 대인의 상호[大人相好]이시니, 바라보며 모두가 우러러 사모합니다. 바라보며 모두가 우러러 사모합니다.

4. 문명감화[聞名感化: 명호를 듣고 감화된다]

아미타 부처님은 48대원 광대한 서원의 왕이시니, 그 원력 하나하나 중생을 제도하기 위해 진실로 시방세계에 감응하고자 하셨습니다. 이와 같은 발원을 씨앗으로 이미 정각을 이루시고, 지금 이미 정토에 계십니다. 저 중생들을 제도하시려는 서원 역시 희유하십니다. 광대한 원력으로 평등하게 중생을 이익 되게[平等饒益]하시니, 명호를 듣고 모두가 감화됩니다. 명호를 듣고 모두가 감화됩니다.

5. 잠칭개익[暫稱皆益: 잠깐의 칭명으로 모두가 이익 된다]

열 가지 선업을 받들고 오계를 지녀도 오히려 고통을 면하지 못하니, 십악과 오역죄를 범하면 응당 무간지옥에 떨어집니다. 한순간 부처님의 명호를 부르면 죄가 가볍거나 무겁거나 가릴 것 없이 모두 여의게 하여 영원히 삼계를 벗어나도록 하시니, 역시 희유하십니다.

아미타 부처님의 대비원력大悲願力으로, 모두가 생사해탈을 얻습니다. 모두가 생사해탈을 얻습니다.

6. 공소익대[功小益大: 공덕이 적어도 이익은 크다]
부처님의 광명, 부처님의 수명, 부처님의 공덕 바다는 삼 아승지겁을 지나도록 만행萬行을 닦아서 비로소 궁극에 이른 것입니다. 단지 부처님의 명호를 생각하면 공덕의 얕고 깊음을 따라서 모두가 정토에 오르게 하여 수기를 받고 부처를 이루니 희유합니다. 아미타 부처님은 서원의 왕[誓願王]이시니, 십념十念으로도 왕생합니다. 십념으로도 왕생합니다.

7. 수기보접[隨機普接: 근기 따라 널리 맞이하신다]
저 아미타 부처님은 구품연대九品蓮臺에 계시는데, 화신化身으로 출현함이 무량하여 염불인의 높고 낮음에 따라 그 가운데로 맞이하여 향하게 합니다. 이와 같은 방편으로 이와 같이 맞이하고 인도하여 성불하도록 하시며 중생을 제도하시되 거리낌이 없으시니 희유합니다.
아미타 부처님은 대방편력大方便力으로 구품연대에 태어나게 하십니다. 구품연대에 태어나게 하십니다.

8. 초방독존[超方獨尊: 시방을 뛰어넘어 홀로 존귀하시다]
과거 부처님, 현재 부처님이 한량 없고 끝이 없으며, 사방四方과 더불어 상·하에도 부처님이 역시 헤아릴 수 없이 많습니다. 여기에 모든 부처님은 특별히 아미타 부처님을 칭찬하시고 제일이라 하셨습니다. 이와 같이 높고 수승하시니 역시 희유합니다. 아미타 부처님의 큰 위신력과 공덕의 힘은 높고도 수승하여 비할 데 없습니다. 높고도 수승하여 비할 데 없습니다.

9. 권염공고[勸念功高: 염불을 권하면 공덕이 크다]
삼천대천세계에 가득하도록 칠보를 보시하면 그 공덕은 이미 무량하며, 또 교화로써 사과四果를 증득하게 하면 그 공덕 역시 끝이 없습니다. 그러나 사람들에게 염불을 권하면 그 공덕은 그보다 더 수승하다고 부처님께서는 분명히 말씀하셨습니다. 이와 같은 공덕으로 교화하시니 역시 희유합니다. 사람들에게 권하고 스스로 염불하면 공덕과 행이 구족하니, 곧바로 상품에 오릅니다. 곧 바로 상품에 오릅니다.

10. 고초원증[高超圓證: 높고 뛰어나며 원만히 증득하시다]
위대한 영웅이시고 용맹하시며, 큰 힘의 대왕이신 아미타 부처님은 무량한 광명이요, 무량한 수명이요, 무량한 공덕입니다. 자세히 살펴보니 사람 사람마다 그 분상에 각자가 스스로 구족하였으나, 부처님께서 먼저 원만히 증득하셨으니 역시 희유합니다.
오직 마음의 정토[唯心淨土], 자기 성품의 아미타불이시니, 부처님처럼 다 함께 증득하게 하소서. 부처님처럼 다 함께 증득하게 하소서.
-《미타찬彌陀讚》[정목 스님 번역]

염불은 윤회를 벗어나는 지름길

서산[西山, 1520-1604] 대사

육조혜능 스님께서는 "부처는 자기 성품 속에서 이룰 것이지 자기 밖에서 구하지 말라."고 가르치신 바가 있다.
그러나 이 말씀은 본심本心을 바로 가르친 것이다. 이치대로만 말한다면 참으로 그렇지만, 현상으로는 아미타불의 사십팔원四十八願이 분명히 있고, 극락세계가 확실히 있는 것이다.
그러므로 누구나 일심으로 열 번만 염불하는 이도 그 원의 힘으로 연꽃 태胎속에 가서 나고 쉽사리 윤회에서 벗어난다는 것을 삼세의 부처님들이 다같이 말씀하시고, 시방세계의 보살들도 모두 그 곳에 태어나기를 발원했던 것이다.
더구나 옛날이나 지금이나 극락세계에 왕생한 사람들의 행적이 분명하게 전해오고 있으니, 공부하는 이들이 잘못 알아서는 아니된다.
아미타阿彌陀란 우리말로 '무한한 목숨無量壽' 또는 '무한한 광명無量光'이란 뜻으로, 시방삼세에 첫째가는 부처님의 명호이다. 수행시의 이름은 법장 비구였다. 세자재왕世自在王 부처님 앞에서 마흔여덟 가지 원을 세우고 이렇게 말하였다.

"제가 성불할 때에는 시방세계의 무수한 하늘과 인간들은 더 말할 것도 없고, 작은 벌레까지도 일심으로 제 이름을 열 번만 부를지라도 반드시 저의 세계에 와서 나게 하여지이다.

제2부. 역대 선지식들의 염불선 법문

만약 이 원顯이 이루어지지 못한다면 저는 성불하지 않겠습니다."

옛 어른이 말씀하기를 "염불 한 소리에 악마들은 간담이 서늘해지고, 그 이름이 저승의 문서에서 지워지며 연꽃이 금못에 나온다." 하였으며, 또한 "어린애가 물이나 불에 쫓기어 큰 소리로 부르짖게 되면 부모들이 듣고 급히 달려와 구원하는 것과 같이, 사람이 임종할 때에 큰 소리로 염불하면, 부처님은 신통神通을 갖추었으므로 반드시 오셔서 맞아갈 것이다. 부처님의 자비는 부모보다 더 지극하고, 중생의 나고 죽는 고통은 물이나 불의 피해보다도 더 심하다." 라고 하였다.
만일 누가 말하기를 "자기 마음이 정토淨土인데, 새삼스레 정토에 가서 날 것이 무엇이며, 자기 성품이 아미타불인데 따로 아미타불을 보려고 애쓸 것이 무엇인가?" 라고 한다면, 이 말이 옳은 것 같지만 사실은 그렇지 않다.
저 부처님은 탐하거나 성내는 일이 없는데, 그럼 나도 탐하거나 성내는 마음이 일지 않는가? 저 부처님은 지옥을 연화세계로 바꾸기를 손바닥 젖히듯 하신다는데, 나는 죄업으로 지옥에 떨어질까 오히려 겁을 내면서 어찌 그걸 바꾸어 연화세계가 되게 한단 말인가? 저 부처님께서는 한량없는 세계를 눈앞에 놓인 듯 보시는데, 우리는 담벼락 너머의 일도 모르면서 어떻게 시방세계를 눈 앞에 본단 말인가.
그러므로 사람마다 성품은 비록 부처이지만 실제 행동은 중생이다. 그 이치와 현실을 말한다면 하늘과 땅 사이처럼 아득하다. 규봉 선사가 말하기를 "가령 단박 깨쳤다 할지라도 결국은 점차로 닦아가야 한다." 고 하였으니 참으로 옳은 말씀이다.

그러면 다시 자기 성품이 아미타불이라는 사람에게 물어보자. 어찌 천생으로 된 석가여래와 자연히 생긴 아미타불이 있는가? 스스로 헤아려 보면 그냥 저절로 알게 될 것이다.

임종을 당해 숨이 끊어지는 마지막 큰 고통이 일어날 때에 자유자재할 수 있겠는가? 만약 그렇지 못하다면 한 때에 만용을 부리다가 길이 악도惡道에 떨어지는 후회막급의 누를 범하지 말아야 할 것이다.

또한 "마명보살이나 용수보살이 이미 다 조사이면서도 분명히 말씀하여 왕생하는 길을 간절히 권했거늘, 나는 어떤 사람이라고 왕생을 부정하겠는가?"

'나무 아미타불' 여섯 자 법문은 윤회를 벗어나는 지름길이다. 마음으로는 부처님의 세계를 생각하여 잊지 말고, 입으로는 부처님의 명호를 똑똑히 불러 산란하지 않아야 한다. 이와같이 마음과 입이 서로 합치되는 것이 염불念佛이다.

-《선가귀감》

제2부. 역대 선지식들의 염불선 법문

염불삼매는 보살의 아버지

진허振虛 스님

저 음양이 없는 땅에 가람이 있으니, 대원각大圓覺이라 부르며 뿌리 없는 나무로써 자연히 번성합니다. 그러한 곳에 들어가는 문이 셋 있는데, 경절문徑截門과 원돈문圓頓門과 염불문念佛門입니다. 이 문으로써 정토에 왕생하고, 법계에 증득하여 들어가며, 성품을 바로 볼 수 있습니다. 이러한 세 가지 문은 같은 것인가, 다른 것인가? 성곽의 문은 비록 다르지만 요체를 알면 같은 것입니다.

이러한 까닭에 우리 부처님이 설산에 들어가 별을 보고 진리를 깨달아 문득 정각을 이룬 자리에 올라서, 선禪을 가섭에게 전하니 곳곳에 아름다운 꽃을 피웠고, 교敎를 아난에게 전하니 세계에 넓은 바다를 이루었습니다. 넓고 넓은 대도는 방장산方丈山처럼 넓음으로 바탕으로 하지만 오히려 깊이가 그윽하고, 경절의 오묘한 문은 경산徑山처럼 바르고 높은 곳을 향하지만 오히려 넓고 넓음을 볼 수 있습니다. 신라에서 멀리 계족산 가섭의 법을 받아들이고 해인삼매의 가르침이 이 땅에 들어와 흐르게 되었습니다.

《화엄경》《법화경》《간화결의론》《기신론》 등 수십 여 권의 경과 논에서 부처님과 조사가 한결같이 염불을 권하여 빈부귀천을 막론하고 모두를 이익되게 하였습니다. 그러하니 곧 만리에 동일한 청풍이 불어 문은 셋이나 방은 하나인 셈입니다. 오직 그 가는 사람이 서쪽을 향하고자 하는 것이며, 만약에 서쪽에서 동쪽으로 가고자 한다면 동쪽을 정문으로 할 거입니다. 정면은 말을 달려 똑바로 가는 방향과 함께 결정되기 때문입니다.

염불문에는 10종염불, 2종염불, 4종염불, 5종염불, 승행염불, 임종염불이 있습니다. 원돈문에는 《원돈성불론》과 의상 대사의 《사법계도송》이 들어 있습니다. 경절문에는 《간화결의문》 《휴휴암주 좌선문》《시示 각오선사법어》《정진도설》《간당규》《행선축원규가》가 있습니다.

염불에는 두 종류가 있습니다. 첫째는 평생平生염불이요, 둘째는 임종臨終염불입니다. 평생염불에는 여러 가지가 있으나 황금과 백옥을 각기 지극한 보배로 삼습니다. 초목과 사람이 근본적으로 좋아하는 바가 다르기 때문에 자라는데도 여러 가지 모양을 갖추고 있는 것과 같습니다.

묻기를, "염불이 열등한 것이기 때문에 세 가지 수행문 중에서 맨 처음 둔 것인가?"

답하기를, 《비로품소》에서 염불삼매는 보살의 아버지라 하였습니다. 그렇기 때문에 맨 처음 밝힌 거이며, 십지보살에 이르기까지 염불을 떠나서는 안됩니다. 그래서 삼문三門에 서로 선후가 있는 것이지, 수승하고 여등한 것을 말함으로써 차례를 삼은 것은 아닙니다."

-《삼문직지三門直指》[정목 스님 번역]

제2부. 역대 선지식들의 염불선 법문

자력과 타력이 함께 갖추어진 염불

전등傳燈 대사

불·보살님께서 말씀말씀마다 유심정토唯心淨土의 핵심 종지를 밝히셨고, 구절구절마다 본성미타本性彌陀의 미묘微妙법문을 연설하셨습니다.

이 법문을 깨닫는 자는, 중생의 마음과 부처님 마음이 평등하며, 마음의 정토와 부처님 정토가 조금도 다르지 않음을 통달하게 됩니다. 또 이 법문을 수행하는 자는, 미묘한 관조觀照와 미묘한 경계가 서로 딱 들어맞고, 자력과 타력이 함께 나란히 갖추어짐을 체득하게 됩니다.

하물며 본래 지닌 공덕력까지 어우러져, 시작도 없는 본래 성품이 갖춘 공덕이 이 염불수행으로 말미암아 온전히 드러나고, 영겁토록 쌓아온 공덕이 이를 계기로 단박에 펼쳐지면 오죽하겠습니까?

그런 까닭에 사바세계의 과보가 다 차면, 정토가 눈앞에 나타나 연꽃 봉오리에 홀연히 생겨나고, 더 이상 생사 윤회의 음계에 미혹되지 않습니다.

-《정토법어淨土法語》

염불하는 이 뭣고

염불 가운데 지관止觀이 함께 갖춰진다
철오[徹悟, 1741-1810] 선사

중생과 부처님이 조금도 다름없이 평등하게 공유하는 것은 오직 지금 당장 생각을 떠난 신령스런 지각[現前離念靈知]일 뿐입니다. 모든 부처님께서는 청정한 깨달음의 인연을 따라 깨닫고 또 깨달으시며, 정화시키고 또 정화시키시어, 지극히 청정한 깨달음의 경지에 이르신 것입니다.

그래서 그 신령스런 지각[靈知]이 가로로 시방세계에 두루하며 세로로 삼세에 관통하여 광대무변합니다. 반면 우리 중생은 미혹되고 오염된 인연을 따라 미혹되고 또 미혹되며, 오염되고 또 오염되기만 되풀이하고 있습니다. 그래서 그 신령스런 지각이 좁게 갇히고 짧게 끊어지며, 미천하고 열악하기 짝이 없습니다.

그렇지만 이러한 중생의 좁게 갇힌 신령스런 지각도 모든 부처님의 광대무변한 신령스런 지각과 본바탕은 서로 다르지 않고 터럭 끝만큼의 차이도 없습니다. 그래서 중생의 지각도 청정한 깨달음의 인연을 따라 업장이 다 녹아 없어지고 감정이 텅 비게 된다면, 이 좁게 갇힌 지각도 그 자리에서 광대무변한 신령스런 지각으로 단박에 탈바꿈하게 됩니다. 마치 별빛만한 불씨가 수만 평의 산과 들을 불태울 수 있듯이.

그러나 지금 당장의 한 생각 신령스런 지각은, 아는 대상인 경계로 말할 것 같으면, 사실은 넓고 비좁고, 훌륭하고 보잘 것 없는 차이가 분명히 있습니다. 물론 아는 주체인 지각으로 보면 전체가 조금도 다르지 않습니다. 마치 똑같은 불이지만, 전단을 사르면 향기롭고 똥을 태우면 구린내가 나는데, 태우는 물건은 비록 다르지만, 태울 수 있는 불은 둘이 아닌 것과 같습니다.

또한 같은 물이지만 맑고 흐림은 같지 않으며, 같은 거울이지만 어두침침하고 선명함은 다른 것과도 같습니다. 물이 맑고 흐림은 비록 다를지라도 축축한 성질은 둘이 아니며, 거울이 어두침침하고 선명함은 비록 다를지라도 비추는 본질은 같습니다.

물은 축축한 성질이 한 가지이므로 흐린 물도 정화시켜 맑게 할 수 있으며, 거울은 비추는 본질이 한 가지이므로, 어두침침한 거울도 갈고 닦아 선명하게 할 수 있습니다. 거울의 빛이 어두침침한 것은 때가 끼었기 때문일 따름입니다. 때는 비추는 게 아니고, 비춤은 거울의 본질입니다. 마찬가지로 물이 흐린 것은 먼지가 섞였기 때문일 따름입니다. 먼지는 축축한 게 아니고, 축축함은 물의 본성입니다.

이 한 생각의 신령스런 지각은 물의 축축함처럼, 거울의 비춤처럼, 불의 타는 속성처럼, 본체로 말하자면 조금도 서로 다름이 없습니다. 오직 본체상 다름없음으로 말미암아, 수도修道의 방편 법문 가운데 여러 가지의 서로 다른 문門이 있게 됩니다. 단지 뭇 성인들을 우러러 흠모하는 방법, 단지 자기의 심령을 존중하는 방법, 밖으로는 뭇 성인을 흠모하고 안으로는 자기의 심령을 존중하는 방법, 뭇 성인을 흠모하지도 않고 자기 심령을 존중하지도 않는 방법 등이 있습니다.
첫째, 단지 뭇 성인을 우러러 흠모하는 방법이란, 바로 우리 정토법문으로 염불하는 사람과 같습니다. 뭇 성인들이 모두 우리보다 앞서 자아의 심령을 이미 증명하여, 말하거나 침묵하거나 움직이거나 고요하거나[語默動靜] 어느 때나 모두 모범이 될 만함을 우리는 알기 때문에, 만약 우리가 뭇 성인을 우러러 흠모하지 않는다면, 닦아 나아갈 길이 없게 됩니다.
그래서 더러는 오로지 부처님 명호를 지송하고, 더러는 부처님의 법음과 상호相好를 관상觀想하면서, 몸·입·뜻의 세 가지를 경건하게 가다듬고 하루 여섯 때에 정성스레 예경하되, 마음을 다 기울여 귀명歸命하며 금생에 타고난 몸이 다하도록 받들어 지킵니다. 때가 되고 인연이 무르익으면 감응[感應: 感은 우리가 부처님을 감동시킴. 應은 부처님이 우리 정성에 호응함]의 길이 서로 교차하면서, 마음자리가 크게 열리고 심령의 빛이 저절로 쏟아져 나오게 됩니다. 그러면 나의 자아 심령도 원래 뭇 성인과 조금도 다름없이 평등함을 알게 되니, 이 또한 자신을 스스로 존중하지 않을 수 없게 되는 것입니다.
둘째, 단지 자기 심령만 존중하는 방법이란, 선종의 참선처럼 사람 마음을 곧장 가리켜[直指人心] 성품을 보고 부처가 되는 [見性成佛] 것입니다. 그래서 오직 하루 12시[子-亥時] 내내 가거나 머물거나 앉거나 눕거나[行住坐臥] 모든 행위에서, 오로지 그 사람의 본래면목만을 드러내고 본 바탕자리 기풍과 광채만을 받아쓰면서, 마음과 성품 이외에는 터럭 끝만큼도 집착함이 없습니다. 이른바 "남들이야 천 분 성인이 나투든 말든,

나한테는 자연 그대로의 진짜 부처님이 계시다[任他千聖現 我有天眞佛]."는 심경입니다. 조예가 깊어지고 공부가 무르익어 깨달아 증명함이 지극한 경지에 이르면, 이윽고 일체의 모든 성현들도 이미 오래 전에 바로 자아의 심령을 먼저 증명하셨음을 알게 될 터이니, 또한 그런 성인들을 우러러 흠모하지 않을 수 없게 됩니다.

셋째, 밖으로 뭇 성인을 흠모하고 안으로 자기 심령을 존중하는 방법이란 이렇습니다. 무릇 자기 심령을 존중하고자 하면, 반드시 뭇 성인을 우러러 흠모해야 합니다. 오직 뭇 성인을 우러러 흠모하는 것이 바로 자기 심령을 존중하는 것이기 때문입니다. 또 뭇 성인을 우러러 흠모하고자 하면, 반드시 자기 심령을 존중해야 합니다.

만약 자기 심령을 존중하지 않는다면, 어떻게 뭇 성인을 우러러 흠모할 수 있겠습니까? 이 방법은 안과 밖을 교차로 닦으면서 마음과 부처님을 똑같이 존중하므로, 어느 한쪽에 치우치거나 집착함이 없고 진리[道]에 나아감이 더욱 빨라집니다.

공부의 힘이 지극히 무르익어 전체가 고스란히 상응해 나타나면, '뭇 성인도 단지 나보다 앞서 자아의 심령을 증명한 것일 따름이니 굳이 우러러 흠모할 필요가 없고, 또 나 자신의 심령도 또한 뭇 성인과 가지런히 평등할 따름이니 어찌 힘들여 존중할 필요가 있겠는가'라는 진리를 마침내 깨닫게 됩니다.

넷째, 뭇 성인을 흠모하지도 않고 자기 심령도 존중하지 않는 방법이란, 이른바 실오라기 하나 걸치지 아니하고 마음과 부처를 모두 잊어버려, 철저히 내팽개치고 조금도 기대거나 의지함이 없는 것입니다.

밖으로는 세상을 잊어버리고, 안으로는 몸과 마음을 벗어나서, 한 생각 일어나지 않고, 온갖 인연을 앉은 채로 끊어버립니다. 오래오래 공부가 무르익어 원만하게 증명해 들어가면, 본래의 심령이 홀로 우뚝 드러나고, 뭇 성인이 문득 가지런히 나타나시어, 비록 뭇 성인을 애써 우러러 흠모하지 않더라도 바로 최선의 흠모가 되고, 비록 자기 심령을 존중하지 않더라도 도리어 진실한 존중이 됩니다.

이 네 가지 방법길은, 공부하는 사람이 스스로 자기 근기와 성품을 잘 헤아려, 각자 기호와 적성에 맞게 선택하면 됩니다.

단지 한 법문으로 깊숙이 들어가[一門深入] 오래 지속하면, 어느 길이나 모두 반드시 상통하는 감응이 있을 것입니다. 혹시라도 허망한 집착심을 내어 함부로 경박한 논란을 일으키고, 나가서는 찍소리도 못하면서 들어와서는 큰소리치며, 하나만 옳고 나머지는 모두 틀리다고 비난하는 따위는 절대로 해서는 안됩니다. 이러한 짓들은 단지 미묘한 진리[妙道]에 어긋나고 장애가 될 뿐만 아니라, 아마도 위대한 법을 비방하여 커다란 죄업을 초래하게 될까 두렵습니다.

염불은 마땅히 네 가지 마음으로 해야 합니다.

첫째, 시작도 없는 아득한 옛날부터 지금까지 죄업만 지어왔으니, 마땅히 참괴한 마음[慙愧心]을 내야 합니다.

둘째, 이 염불법문을 들었으니, 마땅히 기뻐하는 마음[誤慶心]을 내야 합니다.
셋째, 시작도 없는 오랜 업장으로 이 법문을 만나기가 지극히 어려우니, 마땅히 비통한 마음[悲痛心]을 내야 합니다.
넷째, 부처님께서 이처럼 자비로우시니, 마땅히 감격스런 마음[感激心]을 내야 합니다. 이 네 가지 마음 중 하나만 있어도 정토수행청정한 도업은 곧 성취할 수 있습니다.
그러나 염불은 중단함이 없이 오래 지속해야 합니다. 자꾸 중단하면 정토수행 또한 성취할 수 없습니다. 그리고 오래 지속함에 피로와 권태를 모르고 용맹스럽게 정진해야 합니다. 피로와 권태를 느끼면 정토수행 또한 성취할 수 없습니다. 오래 지속은 하면서 용맹스럽지 못하면 퇴보하기 마련이며, 용맹스럽기는 한데 오래 지속하지 못하면 진보가 없게 됩니다.
염불할 때는 다른 생각[別想]을 해서는 안됩니다. 다른 생각이 없으면, 이것이 바로 정지[止: 停止, 사마타]입니다. 그리고 염불할 때는 모름지기 또렷또렷 분명해야 합니다. 또렷또렷 분명하면, 이것이 바로 관조[觀: 觀達, 위빠사나]입니다.
한 생각[一念: 念佛] 가운데 지관止觀이 함께 갖춰지는 것이지, 따로 지관이 있는 것은 아닙니다. 지止는 선정定의 원인이며, 선정定은 지止의 결과입니다. 또한 관觀은 지혜慧의 원인이며, 지혜慧는 관觀의 결과입니다. 한 생각 일지 않으면서 또렷또렷 분명함이 바로 고요하면서 비춤[卽寂而照]이고, 또렷또렷 분명하면서 한 생각도 일지 않음이 바로 비추면서 고요함[卽寂而

照입니다.
이와 같이만 할 수 있다면, 청정한 도업정토수행이 틀림없이 이루어지고 말며, 이처럼 이루어지면 모두 상품上品 연화에 왕생합니다. 한 사람부터 백천만억 사람에 이르기까지, 이와 같이 수행하기만 하면 모두 이와 같이 성취하게 됩니다. 그러니 염불하는 수행인이 삼가 조심하지 않을 수 있겠습니까?
 -《철오선사 어록》[보적 김지수 번역]

제2부. 역대 선지식들의 염불선 법문

吾卽心之果佛 無緣大慈
同體大悲 本自不可思議

원인과 결과가 원래부터 서로 하나로 연결되어 있으며
마음과 부처님은 본래부터 한 몸입니다(心佛法爾一如).
우리들 마음속에 늘 함께하고 있는 부처님은,
조건 없이 베푸는 사랑과 서로 나누고 배려하는 마음 등
불가사의한 공덕을 가지고 계십니다. 또 부처님의 씨앗을
품고 있는 우리의 염불하는 이 마음도 역시 깊은 믿음과
절실한 발원으로 오로지 간절하게 부처님의 이름을 지송
하기 때문에 또한 불가사의한 것입니다.
-철오선사

염불하는 이 뭣고

듣는 자기의 성품을 돌이켜 들으라

허운[虛雲, 1840-1959] 대사

화두가 아직 잘 들리지 않고 망상과 혼침이 많은 사람은, '염불하는 것은 누구인가[念佛是誰]?' 할 때의 그 '누구인가[誰]?'를 보라[看]. 망상과 혼침이 적어질 때까지 보다가 '누구인가'가 사라지지 아니할 때, 곧 그 한 생각이 일어나는 곳을 보라. 한 생각도 일어나지 않을 때가 되면 무생無生이니, 능히 일념무생을 보게 될 것이다. 이를 이름하여 참으로 화두를 본다[看話頭]고 하는 것이다.

어떤 이는 관세음보살의 '반문문자성[反聞聞自性: 듣는 자기의 성품을 돌이켜 듣는다]' 하는 것이 어떻게 참선이 되느냐고 묻는다. 내가 이제 말하겠다. '조고화두[照顧話頭: 화두를 비춘다]'라는 것은 바로 그대로 하여금 시시각각 밝고도 또렷한 일념으로 마음빛을 돌이켜[回光] 이 한 생각이 나지도 않고 없어지지도 않는 그 자리[不生不滅]를 반조返照하라는 것이다. 그리고 '반문문자성'이라는 것은 바로 그대로 하여금 시시각각 밝고도 또렷한 일념으로 듣는 자기의 성품을 돌이켜 들으라는 것이다. 회回는 곧 반反이오, 나지도 아니하고 없어지지도 아니하는 것은 곧 자성이다.

들음[聞]과 비춤[照]은 바로 흐를[順流] 때에는 소리[聲]를 따르고 빛[色: 형상]을 좇아가지만, 들음[聽]은 소리를 넘어서지 못하고 봄[見]은 빛을 넘어서지 못하며 분별이 뚜렷하다. 그러나

거꾸로 흐를[逆流] 때에는 듣는 자기의 성품을 돌이키게 되어 소리와 빛을 좇지 아니하여, 원래 하나인 정명精明한 들음과 비춤이며 별개의 두 가지가 아니다.

그러므로 우리는 이른바 '화두를 비춘다'거나 '듣는 자기의 성품을 돌이켜 듣는다'거나 하는 것이 절대로 눈으로 보거나 귀로 듣는 것이 아님을 알아야 한다. 만약에 눈으로 본다거나 귀로 듣는다면 이는 소리와 빛을 좇아 사물에게 부림을 당하는 것이어서 순류順流라 부른다. 만약에 밝고 또렷하게 빛나는 한 생각이 '나지도 않고 없어지지도 않는 것' 가운데서 소리와 빛을 좇지 아니하면 이를 역류逆流라 하며, 화두를 비춘다고도 하고, 돌이켜 자성을 듣는다고도 한다.

-《참선 요지》[대성 스님 역]

일심불난一心不亂에 의지해 해탈한다

경허[鏡虛, 1849-1912] 대사

만약 일심불란[一心不亂: 마음에 흐트러짐 없이 오로지 한 가지 일에만 마음을 기울임]이 남의 힘이라고 한다면 깨어 살피고 고요함을 균등히 지님이 어찌 남의 힘이 아니며, 만약 깨어 살피고 고요함을 균등히 지님이 자기의 힘이라면 일심불란이 어찌 자기의 힘이 아니겠는가. 그러한즉 일심불란과 깨어 살피고 고요함을 균등히 지님에 과연 어떤 것이 더디고 빠르며 무엇이 어려우며 쉬운 것인가.

대개 십지十地 이상 보살도 오히려 보신불報身佛의 정토를 전부 보지 못하는데 번뇌에 얽힌 범부가 능히 생사를 해탈함은 그 공덕이 온전히 일심불란을 의지함이다. 만약 일심불란이 되지 않으면 어찌 단번에 벗어버리겠는가.

대개 모양이 곧으면 그림자도 단정하고 소리가 크면 메아리도 웅장하고 착하게 살면 천상에 나고 악하게 살면 지옥에 들어가며, 청정하여 어지럽지 않은 마음으로 살면 생사에 해탈하며 불국정토에 나나니 이것이 필연의 이치이다. 만일 그렇지 않다고 하면 어찌 모양은 굽은데 그림자는 곧을 수 있으며, 소리는 작은데 메아리는 클 수 있겠는가. 뿌리를 북돋아 주지 않고 가지와 잎이 무성하기를 바라며 기초를 단단히 쌓지 않고 건축물이 기울어지지 않기를 바라는 자는 어리석지 않으면 미혹한 사람이다.

청허 화상[서산 대사]도 자기의 힘과 남의 힘 이야기를 인용하여 왕생하기를 깊이 권하였지만은 산란심으로 생사를 해탈한다는 글은 보지 못하였다. 경에 이르기를 "부처님께서 중생들이 생사고해에 빠진 것을 보기를 마치 사랑하는 어머니가 어린 자식이 물불을 모르고 뛰어드는 것을 보는 것과 같다." 하였다. 그러니 명호를 부르는 이는 구제하여 주고 명호를 부르지 않는 이는 구제하여 주지 않는다면 이것이 말이나 되겠느냐.

가석하다. 근래의 수행인들을 보니 능히 참되고 바른 스승과 도반을 찾아 도道의 안목眼目을 결택決擇하지 못하고 온전히 남의 힘만 의지하며 그저 부처님 명호만 외우고 부처님이 구제해 주기만을 바라다가, 그 공력이 궁극에 가서는 모두 마구니에게 포섭되는 것을 내가 보고 듣고 허물을 증거할 수 있는 것이 그 수가 매우 많도다. 대개 발심해서 수행을 하고저 하면은 그릇 삿된 마구니에게 떨어지니 슬프지 아니한가. 조사가 이르기를 "생각한다는 것은 마음에 지녀 잊지 않는다는 것이다." 하였으며, 또 이르기를 "염불하면서 만약 생각하지 않는다면, 그 염불은 참된 염불이 아니다." 하였고, 또 이르기를 "돌이켜 비추어서 어둡지 않음이 바름이다." 하였으며, 또 이르기를 "본래의 참 마음을 지키는 것이 시방세계의 모든 부처님을 생각하는 것보다 낫다. 내가 만일 너를 속인 다면 십팔지옥에 떨어질 것이요, 네가 나를 믿지 않을 것 같으면 세상에 태어날 때마다 호랑이에게 잡혀 먹히리라." 하였으니, 이와 같은 이야기가 어찌 황당한 말씀이랴.
-《경허집》

인광印光대사의 십념十念 염불법

염불할 때에는 '나무아미타불' 여섯 글자를
입안에서 또렷또렷하게 염송하면서,
마음속으로도 또렷또렷 염송하고,
그 염송 소리를 귓속에서도 또렷또렷 들어야 하오.
그리고 '나무아미타불'하고 염불하면서
첫 번째부터 열 번째까지 횟수를 세시오.
열 번째까지 횟수를 속으로 기억하여 센 다음에는,
다시 첫 번째부터 열 번째까지 세는 일을 되풀이 하시오.
이리 하면 일심불란一心不亂의 경지를 저절로 얻을 것이오.
염불의 횟수를 기억하면서 하는 염불법이
가장 미묘한 방편임을 비로소 알 수 있소.
- 인광대사, 〈염불수행대전〉

수행의 과정이자 성품 자체인 염불법

인광[印光, 1861-1940] 대사

정토법문은 석가모니불과 아미타불께서 세우시고, 문수보살과 보현보살이 중생들을 귀의하도록 지도했다. 또 마명보살과 용수보살이 크게 떨치고, 광려·천태·청량·영명·연지·우익 등의 대사들이 힘써 수행하고 전파하셨다.
이는 지혜로운 성현이나 어리석은 범부 할 것 없이 모든 중생에게 두루 권장하기 위함이다.
미혹과 업장을 끊지 못함에도 부처의 후보자리에 함께 참여할 수 있고, 금생 한번의 수행으로 사바 윤회의 울타리를 틀림없이 벗어날 수 있다.
참으로 단박에 이루면서도 지극히 원만하고 지극히 간단하며 쉬운 길이다. 선종, 교종, 율종을 두루 하나로 포괄하면서 그들을 훨씬 초월하고 얕으면서도 깊고 권權의 방편이면서 실상實相자체라오. 이렇듯 아주 특수한 천연의 미묘법문이기 때문에 정토 법문을 전하신 것이다.

염불할 때 마음이 하나로 잘 집중되지 않으면 마땅히 마음을 추스리고 생각을 절실하게 하라. 그러면 마음이 저절로 통일될 것이다.
마음을 추스리는 방법은 지성과 간절보다 더 나은 게 없다. 마음이 지성스럽지 않으면 추스리려 해도 별 도리가 없다.

염불하는 이 뭣고

지성을 다하는데도 마음이 순수히 통일되지 않으면 귀를 기울여 잘 듣도록 하라. 소리를 내든 내지 않든 염불은 모두 모름지기 생각이 마음에서 일어나 소리가 입으로 나오고 그 소리가 다시 귀로 들어가야 한다.

묵송의 경우 비록 입을 움직이지는 않지만 생각의 차원에서는 이미 그 소리의 모습이 있기 마련이다. 마음과 입으로 또렷또렷하게 염송하고 귀로 또렷또렷하게 듣는다면 마음이 오롯이 추스려지면서 잡념 망상이 저절로 사라지게 된다.

그런데 더러 망상의 물결이 용솟음쳐 오르거든 십념법[十念法: 아미타불을 열 번 염하는 것]으로 횟수를 세어 보라. 이렇게 온 마음의 힘을 고스란히 부처님 명호 염송하는 소리 하나에 갖다 바치면 비록 망상을 일으키고 싶어도 여력이 없을 것이다. 이것이 마음을 추스려 염불하는 궁극의 미묘법문이오. 여러번 시험하여 여러 번 효험을 확인한 결과 드리는 말씀이니, 근거없이 가볍게 지껄이는 추측으로 여기지 말라.

염불하면서도 염불함이 없고 염불함이 없으면서도 염불하는 이는 염불이 상호 감응하는 때에 이름이라. 비록 항상 염불하면서도 마음을 움직이거나 생각을 일으키는 모습이 전혀 없다. 이것은 염송과 염송이 끊이지 않고 이어지는 때인 것으로, 이러한 경지는 얻기가 결코 쉽지 않으므로 함부로 망상이나 오해를 해서는 안된다.

반드시 생각이 마음에서 일어나 소리가 자기 귀로 들어가면서 한 글자 한글자가 또렷또렷 살아있고, 한 구절 한 구절이 흐트러지지 않도록 염송해야 한다.

이렇게 염불을 오래 계속하다 보면 저절로 한덩어리가 되어, 염불삼매를 몸소 증험하고 서방 정토의 풍취를 스스로 알게 될 것이다.

철오徹悟 선사께서 일찍이 "정말로 생사를 위해 보리심을 내고 깊은 믿음과 발원으로 부처님 명호를 지송하라."고 가르치셨다. 이 16글자는 정말로 염불법문의 큰 강령綱領이요, 종지宗旨이다. 대보리심을 발하고 진실한 믿음과 서원을 내어, 평생토록 오직 나무 아미타불 명호만 굳게 지니고 염송하기 바란다.

염송이 지극해지면 모든 감정을 잊어버리고 염송 그 자체가 무념無念이 되어 선종과 교종의 미묘한 의리義理가 저절로 철저하게 나타나게 될 것이다. 그러다가 임종에 이르면 부처님과 보살님이 몸소 오시어 직접 맞이해 갈 것이니, 곧장 최상의 품위品位에 올라 앉아 무생법인[無生法忍: 불생불멸의 진리를 깨닫는 것]을 증득하게 된다.

오직 한 가지 비결이 있을 따름이니 정말 간절히 일러 주노라. 정성을 다하고 공경을 다하면, 미묘하고 또 미묘하고 미묘하리로다[竭誠盡敬 妙妙妙妙].

-《인광대사 가언록印光大師嘉言錄》[보적 김지수 역]

모든 것이 유심소현唯心所現이다

담허[倓虛, 1875-1963] 대사

이른바 '자성미타 유심정토自性彌陀 唯心淨土'이다. 중생이 바로 부처이고 부처가 중생이다. 모든 것이 이 성품 속에 갖춰져 있다. 심즉토 토즉심心卽土 土卽心 모든 것이 유심소현[唯心所現: 오직 마음에서 나타난 것]이다.

다만 염불의 공부가 어느 정도인지 봐야 한다. 만약 신信, 원願, 행行이 견고하여 확고부동하면 자성과 불성이 타성일편[打成一片: 하나로 똘똘 뭉쳐]하여 그 자리가 자성이 불성이고, 불성이 자성인 것이다. 부처님은 무량수고 중생 또한 무량수다. 부처님은 무량광이며 중생도 무량광인 것이다.

아미타불은 극락세계의 '의정이보 상호장엄依正二報 相好莊嚴'이 있고, 중생에게도 의정이보 상호장엄이 있다. 《아미타경》에 이르기를 "모두가 아미타부처님이 법의 소식을 널리 펴기 위해 변화하여 만들어진 것이다." 하셨다. 이 경문 속에서 서방극락세계의 갖가지 경계는 모두 아미타부처님의 복덕福德과

업상業相에 따라 유심소현唯心所現임을 증명할 수 있다. 부처님이 이렇게 나타낼 수 있다면, 중생의 성품과 불성 또한 다르지 않는데 중생은 어찌 나타낼 수 없단 말인가.

그러므로 자성에는 미타이고 유심에는 정토이다. 성품 속에는 어느 것이 중생의 변두리고 어느 것이 부처님의 변두리인지 분별할 수 없으며, 정토에도 무엇이 유심적이고 무엇이 비심적인지 가려지지 않는다. 서방미타와 자성미타, 서방정토와 유심정토는 분리할 수 없는 하나의 전체이기 때문이다.

하지만 반드시 알아야 할 것은, 유심이란 사람들이 말하는 가슴속의 그 육진녹영[六塵綠影: 육진의 그림자]의 망심妄心이 아니라 법법유심法法唯心을 일컫는다. 또 자성自性이란 사대四大가 잠시 모여 이루어진 이 몸의 습성을 말하는 것이 아니라 중생들이 본래 갖고 있는 자성을 말하는 것이다.
염불하는 사람은 매일 아미타경을 읽는데 이 점을 확실히 알아둬야 하며 자신의 믿음을 견고하게 해야 한다.

한마디 아미타불을 불러 상응相應하면 육근청정을 얻을 수 있다.

지금 염불하는 동안에 눈은 항상 부처님을 바라보니 안근眼根이 청정이요, 귀는 자신과 대중의 염불소리를 들으니 이근耳根이 청정이요, 코는 향로속의 향기를 맡으니 비근鼻根이 청정이요, 혀는 염불만 하니 설근舌根이 청정이요, 이 몸은 청정한 도량에서 매일 부처님께 절을 올리니 신근身根이 청정이요, 염불하고 절하고 마음속으로 부처님을 생각하니 이것은 의근意根이 청정이다.

육근이 청정하면 삼업三業도 따라 청정해 진다.
삼업이 청정하니 몸으로는 살생殺生, 투도偸盜, 사음邪淫, 입으로는 망어妄語, 기어綺語, 양설兩舌, 악구惡口, 의意로는 탐貪, 진瞋, 치痴가 일어나지 않으니, 그 자리가 바로 십선업十善業인 것이다.

수행자가 가장 대치하기 어려운 것이 신, 구, 의身, 口, 意 삼업三業인데 한 마디의 아미타불로 삼업을 거두어 끌어 잡을 수 있다. 오랜 시간 지속되면 관염觀念이 성숙되고 정인淨因이 증장하여 임종시에 결정코 극락왕생을 할 것이다.

보통 사람들은 부처가 되는 것을 아주 어렵게 생각하는데 사실상 어렵지가 않다. 부처와 중생은 모두 일종의 관념의 공부로 이루어졌다. 부처님의 일념에는 십법계十法界가 구족하고 중생의 일념에도 십법계가 구족하다.

만약에 한 생각 탐심貪心이 생겨나면 아귀餓鬼이고, 한 생각 진심瞋心이 생겨나면 지옥이며, 한 생각 치심癡心이 생겨나면 축생畜生이다. 또 한 생각 의만심疑慢心이 일어나면 수라修羅이며, 한 생각이 오상五常, 오계五戒에 떨어지면 인도人道이고, 한 생각이 상품십선上品十善에 떨어지면 천도天道이다.

만약에 사성제四聖諦를 관념하면 성문聲聞이고, 12연기緣起를 관념하면 연각緣覺이다. 육바라밀을 관념하면 보살이고, 자리이타自利利他와 만행평등萬行平等을 관념하면 곧 부처이다. 또 마치 세상 사람들이 각자의 관념이 있듯이 사士, 농農, 공工, 상商, 군軍, 정政, 경警, 학學 이 모두 관념觀念으로 이루어 졌다. 자신이 무엇을 관념하면, 곧 그 무엇이 된다.
-《염불론念佛論》[묘음스님 역]

염불하는 이 뭣고

아미타불에 이르면 자기 화두를 타파한다
해안[海眼, 1901-1974] 선사

南無西方大教主 나무서방대교주
無量壽如來佛 무량수여래불
南無阿彌陀佛 나무아미타불

아침 종송에는 이 명호를 자꾸 부릅니다. 그리고 다음에 이어지는 게송이 나옹 스님이 지으셨다는 유명한 게송입니다.

阿彌陀佛在何方 아미타불재하방
着得心頭切莫忘 착득심두절막망
念到念窮無念處 염도념궁무념처
六門常放紫金光 육문상방자금광

아미타불 어디에 계시는가
마음에 붙여두고 절대 잊지 말아라
생각이 다해 무념의 자리에 도달하면
여섯 문에서 붉은 빛을 뿜으리.

나옹 스님이 누이에게 염불 하라고 권하면서 지어 보낸 게송이라고 전합니다. 염불을 할 때 나무아미타불을 자꾸 부르는

데, 나무아미타불이 어디에 계십니까? 나무아미타불, 나무아미타불, 할 때마다 '아미타불이 어디에 계시는고?' 하는 생각을 항시 마음에 새겨두고 잊지 않는 것이 염불입니다. '이 뭣고?' 화두를 들듯이.

그렇게 생각생각 이어 나가다 보면 생각 없는 곳에 이릅니다. 생각은 참 이상도 합니다. 처음에는 이런 저런 생각이 있고 생각하는 나도 있다가, 극진하게 간절하게 자꾸 파들어가면 필경 생각이 없는 데 가서 이릅니다. 나도 없고 남도 없는 무아의 경지가 되는 것입니다. 이런 경지에서는 여섯 문에서 항상 붉은 광명을 놓습니다. 여섯 문이란 우리가 다 가지고 있는 육근, 즉 눈, 귀, 코, 혀, 몸, 뜻을 말합니다. 자금광紫金光은 부처가 놓는 것이니 우리가 바로 부처가 된다는 것입니다.

염불은 참선하고 다르다 하여 선방에서는 염불을 금하기도 하지만 염불이 참선 공부에 크게 방해가 되는 것은 아닙니다. 일념으로 아미타를 염하여 생각이 끊어진 곳까지 가니, 염불이 선을 떠나 있는 것이 아니라, 아미타불에 가 보면 자기 화두를 타파하게 됩니다. 나옹 스님이 이런 뜻에서 누이에게 염불을 권하신 것입니다.

廓通十方覓何方 확통시방멱하방
絶斷色空人法亡 절단색공인법망
滅却心頭眞面目 멸각심두진면목
春風秋雨元來光 춘풍추우원래광

시방이 툭 트였는데 어디 가서 찾으랴
색과 공을 끊었고 사람아상도 법법상도 없도다
마음을 없앤 곳에 진면목 드러나니
봄바람 가을비 그대로 자금광일세.

위에서는 우리나라 고승의 게송을 소개했는데, 이 게송은 일본 사람이 지은 것입니다. 이름은 모르겠으나 큰 도인이었다고 합니다. 종송을 하면서 내가 좋은 법문을 모아 놓았는데, 기왕에 종 치면서 좋은 법문 외우라고 이 게송을 여기에 실었습니다. 덮어놓고 아미타불만 좋다고 자꾸 찬송하는 것 보다는 이런 글귀를 듣고 외우고 뜻을 생각하면 자기 마음에 크게 소득이 있을 것입니다. 이 게송은 나옹 스님의 법문에 대한 답변이랄까, 반문이랄까, 하여 나옹 스님의 게송 아래 두었습니다.

나옹 스님은 '아미타불이 어디에 있는고?' 하는 생각을 마음에다 붙여서 잊지 말라 했는데, 이 법문은 '시방세계가 툭 터졌는데 동서남북 어디 가서 찾느냐' 하였습니다. '색'은 형체를 띠고 나타나는 법을 말하고, '공'은 그런 색의 체성이 비었다는 것을 뜻합니다. 그런데 색이든 공이든 다 끊어져버렸다고 하였습니다. 또 아미타불을 부르면서 염할 때 나는 염하는 사람[人]이고, 아미타불은 생각의 대상이 되는 법法입니다. 가령 '이 뭣고'라는 화두를 들 때도 들고 있는 내가 있고 '이 뭣고'라는 법이 있습니다. 그러나 여기서는 생각의 주체인 사람과 생각의 대상인 법이 동시에 없다는 것입니다. 이

렇게 없다고만 하니까 속가에서는 불교를 '허무적멸지도虛無寂
滅之道'라고 하여 허무주의에 빠진 종교로 칩니다. 여러분은
아무 것도 없는 것을 배우려고 온 것입니까. 그래도 뭔가 있
을 것 같아서 온 것입니까?

내 마음의 머리를 부숴버리면 그때서야 참 얼굴이 나옵니다.
마음을 멸각한다는 말은 모든 사량분별을 끊는다는 뜻입니다.
생각이 다 된 그 자리가 참다운 자기 얼굴입니다. '본래면목'
이라는 화두도 있는데, 자기 참 얼굴을 보려 한다면 심두心頭
를 멸각해야 합니다.

나옹 스님은 육문에서 광명을 놓는다 하였지만 여기서는 봄
바람 가을비가 바로 자기 면목이며 자금색 광명이라는 것입
니다. 우리 눈앞에 있는 대숲들, 은행 잎사귀가 다 광명을 놓
고 있지 않습니까. 나옹 스님의 게송과 대조해 가면서 읽어
보면 더욱 맛이 나는 글입니다.

青山疊疊彌陀窟청산첩첩미타굴
滄海茫茫寂滅宮창해망망적멸궁
物物捻來無罣碍물물염래무가애
幾看松亭鶴頭紅기간송정학두홍

겹겹의 푸른 산은 미타의 굴이요
망망한 푸른 바다는 적멸의 궁전이라
물건들이 오가나 걸릴 것 없으니
솔 정자에 붉은 학머리 얼마나 보았던가.

아미타불 사는 데가 어디 따로 있는 것이 아니라, 첩첩한 청산이 다 아미타불 사는 굴입니다. 열반이 따로 있는 것이 아니라, 저 가없는 푸른 바다가 다 적멸궁입니다. 우리는 부처님 사는 곳이 적멸궁이라고, 거기 가서 부처님 사리를 친견한다고 모두 오대산으로 가곤 합니다. 그러나 창해망망 바다가 다 그대로 적멸보궁입니다. 여기는 어떤 물건이든 와도 걸릴 것이 없습니다. 푸른 놈이 와도 좋고, 검은 놈이 와도 좋고, 예쁜 놈이 오든 미운 놈이 오든 막지 않으니 자재하게 툭 터진 곳이기 때문입니다. 솔잎은 푸르고 학의 머리는 붉으니 푸르고 붉은 것이 걸림 없이 잘 어울려 있다는 말입니다.

三界唯如汲井輪삼계유여급정륜
百千萬劫歷未盡백천만겁역미진
此身不向今生度차신불향금생도
更待何生度此身갱대하생도차신

삼계의 윤회는 두레박 줄 같아서
백천만 겁, 티끌 겁이 다하도록 끝나지 않네
이 몸을 이생에서 제도하지 않는다면
어느 생을 기다려 이 몸을 제도하리.

불교에서는 중생이 사는 세계를 욕계, 색계, 무색계 셋으로 나누는데, 셋이 각각 따로 있는 것이 아니라 우리 사는 세상

제2부. 역대 선지식들의 염불선 법문

이 다 바로 삼계三界입니다. 마음이 욕심으로 가득 차 있으면 거기가 욕계欲界이고, 형상에 막혀 있는 세계가 색계色界이고, 아무 형상도 없는 정신세계가 무색계無色界입니다. 중생이 삼계에 윤회하는 것이 우물의 두레박을 잡아당기는 것과 같습니다. 물을 길어올릴 때마다 두레박 줄을 잡아서 올렸다 내렸다 하면 두레박이 물에 들어갔다 나왔다 합니다. 백천만 겁을 가도 다하지 않고 먼지나 티끌같이 많은 겁 동안을 반복해서 자꾸자꾸 윤회한다는 것입니다.

이 몸을 이생에 제도하지 않고 어느 생을 기다려 제도하겠습니까. 발심해서 공부할 것을 권하는 말씀이지요. 오늘 당장 이 시간에 공부하지 않고 내일, 내년, 내생에 공부하겠다는 사람은 어리석은 사람입니다. 이 몸뚱이 없어지면 공부할 기회도 없습니다.

圓覺山中生一樹원각산중생일수
開花天地未分前개화천지미분전
非靑非白亦非黑비청비백역비묵
不在春風不在天부재춘풍부재천

원각산에 나무 한 그루 나서
천지가 나뉘기 전에 꽃이 피었네
푸른 색도 흰 색도 검은 색도 아니라
봄바람과 하늘에 관계치 않네.

111

원각산은 우리 마음 가운데 있는 산입니다. 《원각경》에 나오듯, 뚜렷이 깨어 있는 본래 청정한 자기 마음자리를 '원각圓覺'이라 합니다. 오탁악세에 살고 있어도 이 원각은 변함 없이 중생에게 자리하고 있습니다. 원각산 가운데 나무 하나가 생겼는데, 이 나무에서 하늘 땅이 갈라지기 전에 꽃이 피었답니다. 천지 보다도 먼저 핀 이 꽃이 어떤 꽃인가 찾아보십시오. 천지자연은 사계절이 있어서 봄바람이 불면 가지각색의 꽃이 피어나고, 비와 이슬을 맞고 자라납니다. 그런데 원각산의 나무에서 피는 꽃은 그 어떤 색도 아니고, 천기에 관계 없이 피어있는 꽃입니다.
-《7일 안에 깨쳐라》[동명 엮음]

'누가 염불하는가?' 의심하라

묘법[妙法, 1916-2004] 스님

문: "《능엄경》의 돌이켜 들으며 자성을 듣는 것反聞聞自性은 염불과 무슨 관계가 있습니까?"
답: "염하지 않아도 저절로 염하게 될 때 반문反聞은 돌이켜 듣는 것反聽이 되며, 그렇게 듣게 될 때, 돌이켜서 '누가 염불하는가' 하고 의심을 하게 되면, 곧 얼마 지나지 않아서 삼신불[三身佛: 법신·보신·화신불]을 볼 수 있게 된다."

문: "어떻게 음성을 들어 도를 깨닫습니까?"
답: "귀로 듣는 것은 청聽이며, 마음으로 듣는 것은 문聞이며, 마음으로 듣게 되면 도를 깨닫게悟道 된다."

문: "무엇이 마음으로 들어 도를 깨닫는心聞悟道 것입니까?"
답: "염불공부의 관점에서 말하면, 염하지 않아도 염하게 되는 것이 염불의 사일심事一心 경지이며, 반문反聞이 반청反聽이 되며, 염불을 반청反聽하게 될 때 반문反問하기를 '염불하는 놈이 누구인가?' 하면 곧 본심本心을 보게 되어 도를 깨닫게 된다."

문: "선禪과 정淨을 같이 닦을 수 있습니까?"
답: "선이 있고 정이 있으면 금생에 반드시 인천人天의 스승

이 된다. 무생법인無生法忍에 들어가는 것이 정이며 선이다. 정토는 비록 방편으로 접인接引하여 무생법인에 들어가지만, 선禪은 별도의 근기가 있으면 바로 무생인에 들어간다."

문: "스님은 어떻게 삼신불을 보게 되었습니까?"
답: "나는 일곱 살 때 부모를 모두 잃고 13세에 출가하였다. 스승이 나를 집 없는 아이로 여겨 받아주었다. 나는 대중들이 오음염불하는 것을 듣고 나도 따라서 염불하였다. 저녁에도 잠자지 않고 불전에서 염불하였다. 염불이 염하지 않아도 저절로 염하게 되었을 때 사방에서 염불하지 않는 곳이 없게 되었다. 불전 위, 공중, 탁자, 의자 등도 모두 염불하는 것을 듣게 된 것이다.
나는 사방에서 염불이 끊이지 않는 것을 듣고 '누가 염불하는 것인가?' 하고 의심하게 되었다. 3일 동안 부처님을 돌면서 염불하는데, 평평한 길에서 미끄러져 넘어졌다. 하지만 넘어진 게 좋은 일이었다. 넘어지면서 바로 한소식 하게 된 것이지. 나는 곧 일어나 말했다. '석가모니부처님이 말씀하시기를 한 구句도 법을 설하지 않았다고 하셨는데, 정말로 한 구도 설하지 않았군.'"

"나[묘법 스님]는 여러분에게 직언하고자 합니다. 선禪과 정淨을 함께 닦으면 왕생의 품위가 극히 높아집니다. 달마 대사께서 하신 말씀이 있습니다. 모든 중생은 동일한 진성眞性을 가지고 있지만 객진 망상으로 덮여있어 드러나지 못하는 것입니다. 만약 망상을 쉬고 참됨으로 돌아가 벽관壁觀으로 정신을 집중하면 자타自他가 없어지며 범부와 성인이 같아집니다."

염하지 않아도 저절로 아미타불이 염해지면,
돌이켜 듣고 누가 염불하는가 하고 의심을 하여야 하네.
의정疑情은 사대가 공하고 자기가 없으며
무아의 경지 때 또 누구인가?
한적하게 공적함을 지키지 말고
시간을 다잡아 반문하면 견고한 관문을 깰 수 있네.
오음의 망상경계는 환화幻化이며
욕망과 비정은 물거품에 속하네.
경계가 나타나면 성스러운 것도 아니니 좋아하지 말고
독두의식 홀연히 적정寂靜이 생기며 생각이 쉬어지네.
돈오점수頓悟漸修와 선정쌍수禪淨雙修로
객진번뇌는 염불로 변화되네.
-《현대인과실록》[정원규 역]

염불하는 이 뭣고

바른 성불의 길, 실상관實相觀

청화[淸華, 1926-2003] 스님

실상관實相觀은 우주의 전모를 한꺼번에 관찰하는 법입니다. 물론 우리는 지금, 범부의 영역에 있으므로 불성을 못 봅니다. 부처님의 참다운 생명도 못 보고 부처님의 지혜도 우리는 모릅니다. 또한 부처님의 지혜란 것은 말이나 문자로 표현도 못하고 생각으로 헤아리지도 못합니다. 따라서 어느 개념이나 어떤 말 몇 마디로 부처님의 실상實相을 한꺼번에 몰록 다 말할 수는 없습니다.

진리라는 것은 다른 말로 하면 진여眞如 또는 도道, 열반涅槃, 극락, 법성法性 또는 불성, 실재實在, 자성自性, 청정심淸淨心 등 모두가 다 표현만 다르지 내용이나 뜻은 똑같습니다. 그때그때 부처님께서 중생의 근기 따라서 또는 각 경전 따라서 표현만 달리했을 뿐입니다.

이러한 진여는 즉, 말이나 또는 문자로 표현하지 못하는 진리의 당체當體, 진리 그 자리는 '리언진여離言眞如'라, 말씀을 여읜 진여라는 말입니다. 말씀을 떠나버린 진여, 진리 자체를 우리 범부들은 못 봅니다. 마치 물질을 분석해 나가서 궁극에 텅 빈 장場이 되어버리면 그때는 어떤 소립자素粒子도 없이 텅 비어서 어떠한 전자현미경으로도 못 봅니다.

그러나, 도인들은 텅 비어버린 그 자리를 분명히 본다는 것입니다. 그런데 말로는 다 표현을 못 합니다. 그러한 말로 표현하지 못하는 그 자리는 부처님 말씀에도 "아라한도阿羅漢道를 성취한 성자가 몇 천만년을 두고 부처님 공덕을 말해도 다 말할 수 없다."고 하셨습니다. 그와 같이 개념적으로는 표현을 못합니다. 따라서 진리당체 자리는 말씀을 떠난 진여라는 말입니다.

그러나 그런 자리도 역시 부처님의 심심미묘深甚微妙한 지혜로써 밝혀 놓은 '의언진여依言眞如'라, 말씀에 의지한 진여라는 말입니다. 부처님께서나 도인들은 중생이 불쌍하니까 비록 말씀을 가지고서 말로는 다 표현 못하지마는, 그래도 부처님의 심심미묘한 지혜로서 가장 간명하게 진여의 실상을 말씀하셨습니다. 그것이 소위 말하는 실상관입니다.

실상을 간단히 표현한 것이 어떤 것인고 하면, 천태지의 [538-597] 선사의 식으로 표현한다면 '공空·가假·중中, 삼제三諦'라 합니다. 불교철학 가운데서 제일 체계가 잘 선 것이 천태지의 선사의 천태학입니다. 말이 너무나도 전문적으로 들어갑니다만, 거기에 보면 우리가 수행하는 법 가운데서 가장 높은 법이 마하지관摩訶止觀인데, 그 법은 어떤 것인고 하면, 부처님의 실상, 우리 마음의 실상을 바로 관찰하는 법으로 공空·가假·중中 삼제三諦를 말합니다.

'공空'은 무엇인고 하면, 우리가 바로 볼 때 우주는 텅 비어 있다는 말입니다. 참구하거나 분석해 보면 아무것도 없다는 것입니다.

그러나, 다만 비어있지 않고 빈 가운데는 현상적으로는 묘유妙有로 충만해 있다는 것입니다. 그 자리가 거짓 가 자 '가假'

입니다.
또한 그러한 공空만도 아니고 또한 가假만도 아닌 것이기 때문에 '중도中道'라는 것입니다.
다른 말로 하면 변증법辯證法인 셈이지요. 공空도 아니고, 또 가假도 아니고 중도中道란 즉, 말하자면 정正도 아니고 반反도 아니고 합合이라는 말입니다. 이렇게 부처님의 실상을 표현했습니다.
조금 더 간추리면 진공묘유眞空妙有라는 말로 표현했습니다. 천지우주는 바로 보면 그저 텅 비어서 물질은 본래 없는 것입니다. 사실, 물질은 본래 없는 것입니다. 우리 불자님들이나 현대인들은 분명히 알아야 합니다. 물질은 본래 없습니다. 다만, 무엇인가 알 수 없는, 하나의 파동波動에 불과합니다. 지금은 물리학도 그러한 것을 증명하고 있습니다. 무엇인가 알 수 없는 그 무엇의 파동, 그것이 물질에 지나지 않습니다. 불교에서는 그러한 문제를 보다 더 극명하게 세밀히 풀이했습니다. 그것은 무엇인고 하면, '물질은 하나의 염파念波에 불과하다' 곧, 우리 생각의 파동에 불과하다는 것입니다.
조금 더 어렵게 말하면 '천지우주는 모두가 다 중생의 공업력共業力으로 이루어졌다'는 말입니다.
산山이나 내川나 천지우주가 사람의 마음으로 이루어졌다고 하면 처음에는 믿기가 어렵습니다. 그러나 사실은 그렇습니다. 우리 중생의 생각하는 힘인 업력業力이 쌓이고 모여서 전자電子가 되고 또는 양핵陽核이 되어서 천지우주가 이루어진 것입니다. 이런 것을 불교에서는 말씀을 다 하고 있습니다.

제2부. 역대 선지식들의 염불선 법문

물론 아직은 물리·화학적으로 증명한 것은 아니지요.
아무튼, 실상경계는 아까 말씀드린 진공묘유라, 원래 물질은 텅 비어서 없는 진공眞空이고, 다만 텅 비어서 없는 것이 아니나 묘유妙有라, 묘한 무엇인가가 있다는 것입니다. 그러나 우리 중생은 추유麤有 즉, 거치러운 것 밖에는 못 봅니다. 우리 중생은 더러운 것 밖에는 못 봅니다. 참다운 묘유妙有는 못 봅니다.
우주의 실상은 진공인 동시에 바로 묘유입니다. 공空인 동시에 가假요, 공도 아니고 가도 아니기 때문에 중도中道입니다. 법신法身만도 아니고 보신報身만도 아니기 때문에 그야말로 참, 아미타불인 것입니다.
따라서, 많은 수행법이 있으나 그와 같은 실상묘법實相妙法으로, 비록 지금 내가 못 봤지만 '내 몸뚱이나 내 마음이나 천지우주 생명이나 모두가 다, 진공묘유로구나' 반야심경식으로 하면 '색즉시공色卽是空이구나', 조금 더 변증법적으로 말하면 '공·가·중空假中이구나', 여기다가 생명을 부여하면 그때는 '법신, 보신, 화신 아미타불이구나' 이렇게 납득하는 것이 우주만유의 본질, 실상을 알고 들어가는 것이 됩니다.
그 자리를 딱 짚어야 합니다. 그래가지고 참선도 하고 염불을 해야 공부가 가속도로 나아가집니다.
《보적경》에 이런 말씀이 있습니다.
"백천만겁 구습결업百千萬劫 久習結業 이실상관 즉개소멸以實相觀 卽皆消滅이라."
우리 중생은 누구나가 다 백천만겁 동안 익히고 쌓인 그런

119

업장이 있습니다. 미워하고 또는 사랑하고 또는 분별하고 말입니다. 이러한 업장들이 실상을 관찰하는 것으로써 즉시에 다 소멸된다는 말입니다.

앞서 말씀한 바와 같이, 우리가 반야심경식으로 해서 공空을 관찰해도 무방하고, 화두話頭를 참구해서 의심해도 무방합니다. 또는 그냥 부처님의 이름만 외워도 무방합니다. 관세음보살, 나무 아미타불해도 무방합니다. 다 성불하는 법法입니다. 그러나 가장 가까운 길인 참선식으로 하는 법은 우리 마음을 바로 실상에다 안주安住해 버리는 것입니다. 그래야 선禪이 됩니다. 어느 특정적이거나 지엽적인 문제가 아니라, 진리의 본체에 다가 마음을 딱 두어야 참선이란 말입니다.

비록 화두를 들고, 또는 공을 관한다 하더라도, 공이나 화두 그것이 실상을 대변하면 좋지마는 그냥 공에 치우치고 또는 상대적인 의심에 치우쳐 그것만이 전부라고 하면 그때는 참선이 못됩니다.

-《청화 선사 어록》

한숨에 108번 불·보살 명호를 외우라

일타[日陀, 1929-1999] 스님

염불을 한다고 하여 꼭 아미타불만을 염하여야 한다는 것은 아니다. 허약한 이라면 약사여래를 외워도 좋고, 현세의 행복이 급하면 관세음보살을, 먼저 가신 분들을 천도하고 싶으면 지장보살을, 지혜를 이루고자 하면 비로자나불이나 문수보살을 염하여도 좋다.

실로 예로부터 전래되는 염불법은 수없이 많다. 입으로만 아미타부처님의 명호를 부르는 칭명염불稱名念佛이 있는가 하면, 고요히 앉아 부처님의 형상을 관념觀念하는 관상염불觀相念佛도 있고, 일체만유의 진실한 자성인 법신法身을 관하는 실상염불實相念佛도 있다.

그리고 좌선할 때처럼 고요히 앉아서 부처님을 생각하는 정업염불定業念佛, 가나 있으나 앉으나 누우나 한결같이 염불하는 산업염불散業念佛도 있으며, 더러운 세계를 싫어하여 정토에 왕생하기를 구하며 염불하는 유상업염불有相業念佛이 있는가 하면, 비록 염불하여 정토를 구하나 자기 몸이 곧 정토라고 보는 무상업염불無相業念佛도 있다.

내가 불자들에게 많이 권하는 것은 한 숨에 108번 불·보살의 명호를 외우는 염불법이다.

이 108염불법은 어떻게 하는가?

먼저 허리를 쭉 펴서 심호흡을 세 번 이상 하고 숨을 깊이

들이킨 다음, 꽉 찬 숨을 아껴서 한 번의 숨을 다 내쉬는 동안 아미타불이나 관세음보살·지장보살 등을 108번 부르는 것이다[이하 관세음보살로 통일함]. 이때 108염주를 쥐고 있다가 한번 염불할 때마다 한 알씩 돌리면 된다. 왜 한 숨에 108번을 부르라는 것인가? 천천히 부르면 잡념이 많이 생기지만, 한 숨에 아주 빨리 108번을 부르면 집중이 잘 되고, 간절한 마음이 우러나기 때문이다.

처음에는 '관-세음-보-살, 관-세음-보-살' 하면서 천천히 시작하여 서너 번 지나면 점점 빨리 불러, 마침내는 한번 한번 부르는 '관세음보살' 소리가 앞 뒤 간격이 없을 만큼 빠르게 불러야 한다. '나'는 관세음보살을 부르고 있지만, 옆에서 듣는 사람은 무슨 소리인지 알아듣지 못할 정도로 빨리! 이렇게 빨리 부르면 능히 한 숨에 108번을 부를 수 있게 된다. 물론 처음에는 30번, 40번밖에 부를 수가 없다. 그렇지만 능력껏 부르고 숨을 깊이 들이키면서 속으로 소원을 세 번씩 기원한다. 그리고 다시 앞의 요령대로 관세음보살을 108번 부르고 기원, 또 108번 부르고 기원…….

이와 같이 세 차례 또는 일곱 차례 반복하면 자기 암시가 되어 자신감도 생기고 관세음보살님의 가피를 입어 능히 좋은 결과를 얻을 수 있게 되는 것이다. 나아가 한 숨에 108번 이상을 염할 수 있게 되면, 그는 이미 염불로 인한 염력念力이 생긴 자라고 할 수 있다. 그 정도의 염력이 생긴 자라면 참선수행을 하는 것도 좋고, 간경看經 수행 쪽으로 방향을 돌려봄도 바람직하다.

또한 사람들 중에는 중병에 걸렸다거나 갑자기 사업이 망할 위기에 처했다거나 뜻하지 않은 재앙을 처하게 되어 염불을 하게 되는 경우가 많다. 이렇게 매우 다급한 경우에 처한 분들의 기도는 결코 한가할 수가 없다. 애가 타고, 애간장이 녹아날 것 같은 이라면 이것 저것 생각할 겨를이 없다. 그때는 입으로 불·보살의 명호를 염하면서 간절한 마음으로 매달려야 한다. 배고픈 아이가 어머니를 찾듯이, 목마른 이가 물을 찾듯이 불·보살님께 간절한 마음을 전하면 능히 소원을 이룰 수 있다. 단, 아주 다급한 소원인만큼 하루 일정 시간, 잠깐이 아니라 앉으나 서나 누우나 끊임없이 불·보살을 챙기도록 노력해야 한다.

나의 외증조할머니는 나이 일흔에 '나무 아미타불' 염불을 시작하여 여든 여덟의 나이로 돌아가실 때까지 한결같이 염불하였다. 살아 생전에도 가끔씩 신통력을 보였던 외증조할머니가 돌아가시자 정말 기적이 일어났다. 7일장七日葬을 지내는 동안 매일같이 방광放光을 하는 것이었다. 낮에는 햇빛에 가려 잘 보이지 않았으나, 밤이 되면 그 빛을 본 사람들이 '불이 났다'며 물통을 들고 달려오기를 매일같이 하였다.

한결같은 염불정신! 그 결과는 반드시 우리를 불국정토에 머물 수 있게 한다. 한결같이 염불정진하는 분은 살아서나 죽어서나 부처님과 함께 하는 것이다. 부디 부지런히 염불하여 염불삼매를 이루어보라. 삼매에 젖어들면 능히 서대문서방정토을 통과하여 부처님께서 머무시는 보배궁전 속으로 들어갈 수 있나니……. -《일타 스님 법어집》

제3부. 정종심요

정종심요淨宗心要

황념조黃念祖 거사 주강主講[3]

1. 세존께서는 오직 아미타부처님 본원의 바다를 설하셨다

황념조 거사

전 세계에 정토종 신자는 매우 많지만, 정토종의 수승한 점을 진정으로 이해할 수 있는 사람은 매우 희유합니다. 중국과 일본에서는 공히 세상 사람들이 존경하는 선도대사께서 남기신 '석가모니 부처님께서 세상에 오신 까닭은 오직 아미타부처님 본원의 바다를 말씀하시기 위함이니라[釋迦所以興出世 唯說彌陀本願海]'라는 두 마디 말씀을 소중히 여기고 있습니다. 이는 세존께서 왜 세상에 오셨는가, 인간 세상으로 내려가 설법하시고 중생을 제도하였으며 갖가지 교화를 펼치셨는가? 그 유일한 원인은 아미타여래의 본원을 설하시는 것이었다는 말입니다.

---

[3] 황념조 거사의 어록집인 『심성록心聲錄』에 실린 글로 1989년 북경 광제사廣濟寺 염불칠念佛七 도량에서 강연한 녹음을 기초로 하여 1991년 북경연사北京蓮舍에서 정리한 것이다.

이 두 마디는 어떤 특수한 명사 술어도 없어서 부처님께서 세상에 오신 까닭이 오직 아미타부처님 본원의 바다를 말씀하고자 함이었음을 모두 알아들을 수 있습니다.

그러나 확실히 이를 참으로 이해할 수 있는 사람은 대단히 희유합니다. 여러분 생각해 보십시오. 부처님께서 그렇게 많은 법을 설하셨는데, 왜 아미타부처님 본원의 바다를 말씀하셨다고 말하는가? 여기가 잘 이해가 되지 않습니다. 불경의 말씀은 너무나 깊기 때문입니다. 우리들은 한평생 이 두 마디 말을 진정으로 명백히 이해할 수 있다면 결코 헛되지 않을 것입니다! 이 말은 선도대사와 같은 수준이라야 얻어냈다 말할 수 있을 것입니다. 그래서 연지대사께서는 말씀하셨습니다. "선도대사는 사람들이 아미타부처님의 화신이라 한다. 설사 아미타부처님이 아닐지라도 관음·대세지·문수·보현보살과 동등한 인물일 것이다." 그래서 비로소 이렇게 말씀하실 수 있는 것입니다. 저는 이렇게 수승한 법문을 들을 수 있어, 부처님의 은혜에 깊이 감사하고 있습니다. 그리고 은혜에 감사하기 때문에 은혜에 보답하고 싶습니다. 그래서 이곳 염불도량에 와서 아미타부처님 본원의 큰 바다에 경의를 표시하기 위해 「정종심요」를 공양하겠습니다.

불법은 심법心法을 전하는 것으로 심법의 강요를 심요心要라고 부릅니다. 정토삼부경 중에서 『아미타경』은 소경小經이라 하고, 『무량수경』은 대경大經이라 합니다. 어떤 사람은 다만 한

부의 경으로 여겨서 『아미타경』을 소본小本이라 하고, 『무량수경』을 대본이라고 하였습니다. 그래서 우리들은 이 두 경전에서 정토종요를 연구하였습니다. 『무량수경』은 정종 제일의 경이고, 『아미타경』은 가장 널리 유통되고 날마다 염송하는 경전입니다.

2. 아미타경 종요宗要

『아미타경』의 강종綱宗은 무엇입니까? 우익蕅益대사께서 가장 잘 말씀하셨습니다. 근대 정종의 대덕이신 인광印光대사께서는 우익대사께서 쓰신 『미타요해彌陀要解』에 대해서 『요해』는 이 경전의 모든 주해 중에서 가장 훌륭한 것으로 석가모니부처님께서 직접 오셔서 주해하셔도 이것을 뛰어넘을 수 없을 것이라고 말씀하셨습니다.

소본[아미타경]의 종요는 신원지명信願持名, 즉 믿음과 발원으로 명호를 집지하는 것입니다. 소본을 연구할 때 우리는 우익대사를 따라갈 것입니다. 우익대사께서는 소본의 강종은 '신원지명信願持名'이라고 말씀하셨습니다. 믿음·발원·지명행信願行을 삼자량三資糧이라고 합니다. 집을 나서서 여행하려면 돈을 준비해야 하는데, 이것이 노잣돈資입니다. 식권을 휴대해야 하는데, 이것이 식량糧입니다. 휴대가 간편한 건조식품은 훨씬 더 확실한 식량입니다. 믿음·발원·지명행, 이 셋은 없어서는 안 되는 세 가지 자량입니다.

오늘 여러분께서는 모두 거사가 되셨습니다. 그런데 여전히 말만하고 믿지 않을 수 있겠습니까? 이번 염불도량에 참가하셨으면 당연히 극락세계가 있고, 아미타부처님이 있음을 알 것이며, 이것이 곧 믿음입니다. 그렇지만 이보다 더 수승한 믿음이 있습니다. 우익대사께서 그의 『요해』에서 이러한 믿음에 대해 여섯 가지를 드셨는데, 오늘은 간단히 조금 설명해 보겠습니다.

믿음은 여섯 가지 믿음[六信]4)이 있는데, 지금 말씀드리고자 합니다. 극락세계가 있다고 믿고, 아미타부처님께서 계시다는 것을 믿는 것으로 이렇게 믿는 것이 사사이고, 이것은 사상事相입니다. 사상 차원에서 믿을 수 있으면 유리한 고지를 차지할 수 있습니다. 불학佛學을 전문적으로 연구하는 적지 않은 사람들은 이 측면을 믿지 않습니다. 아미타부처님께서 계시고 당연히 그가 부처님임을 믿는 것이 타인을 믿는 것信他입니다. 여섯 가지 믿음 중에서 사상을 믿고 타인을 믿는 것은 신심에서 가장 많은 부분으로 3분의 1에 해당합니다.

그리고 여섯 믿음에서 사상事과 상대적인 것은 이체理입니다. 그래서 사상을 믿고 또한 이체를 믿어야 합니다. 타인과 상대적인 것은 자신입니다. 타인을 믿고 또한 자신을 믿어야

---

4) "믿음[信]이란 자신自身의 본원심성本元心性·부처님의 말씀[法門]·원인原因·과보果報·사사事·이리理를 의심없이 철저하게 믿는다는 것을 말한다." 『미타요해彌陀要解』

합니다. 이 형태는 예를 들면 금으로 반지를 만들면 이것은 둥근 형태이고, 고리를 만들면 또 하나의 형태이며, 목걸이를 만들면 또 하나의 형태입니다. 그러나 당신은 이것을 반지라고 인식합니다. 귀걸이와 목걸이도 마찬가지로 모두 금이라고 인식하지 않고, 사상이라고 인식합니다. 금은 바로 이들 귀고리와 반지의 본체입니다. 본체는 금으로, 차별적인 것이 아니라 평등한 것입니다. 그래서 이체理體, 이 본체는 변동하지 않고 생함도 멸함도 없습니다. 그것은 일체 형상을 출현시킬 수 있습니다. 금은 어떠한 형상의 물건도 나타날 수 있는데, 필경 장방형입니까? 일정하지 않습니다. 주조하는 상황에 근거하여 일체 상이 나타날 수 있습니다. 금은 반지를 만든 것으로 나타나는 것이 아니라 그것은 본래 있는 것입니다. 그것을 녹이지 못하고 사라지지 않으며, 금은 전부 다 있습니다.

이체와 사상, 우리들은 사상을 믿을 수 있고 또 이체를 믿을 수 있습니다. 이체는 바로 법신불입니다. 법신불은 미래제가 다하도록 허공에 가득하고, 과거도 현재도 미래도 없습니다. 이체와 사상을 같이 믿어야 합니다. 만약 흠결이 있으면 깊은 믿음이 아닙니다. 자신과 타인도 마찬가지 입니다. 타인[아미타부처님]을 믿을 뿐만 아니라 자신[본원심성, 자성본연]을 믿어야 합니다. 이것이 밀종密宗의 근본도리입니다. 수많은 사람들이 모두 밀종을 배우고 싶어 하지만, 이것이 밀종의 요령要領임을 알지 못합니다. 단지 관정灌頂을 받기만 하고, 수법修法5)

은 수승한 법익法益에 이르지 못합니다.
  밀종의 수승한 곳은 자기自己에 있는데, 바로 본존本尊입니다. 선종은 무엇을 부처佛라고 말합니까? "맑고 깊은 못을 마주한 것이 부처이다清潭對面就是"라고 말합니다. 당신이 맑고 깊은 못의 물을 보고, 맑고 깊은 못을 대면하면 당신 자신이 바로 물 가운데 드러나는데 이것이 바로 자기입니다. 『관경觀經』에 "이 마음이 그대로 부처이고, 이 마음이 그대로 부처가 된다 [是心是佛 是心作佛]" 하였습니다. 당신이 염불하고 있을 때 바로 이 마음으로 부처가 되는 것입니다. 당신이 부처가 되는 이 마음, 그것이 본래 그대로 부처입니다. 이것은 선종과 밀종이 완전히 일미一味입니다. 그래서 타인[아미타부처님]을 믿고, 자신을 믿어야 합니다.

  다시 원인을 믿는 것[信因]과 과보를 믿는 것[信果]이 있습니다. 수많은 불교도들은 모두 이것을 잊어버렸습니다. 정말 인과를 믿는다면 감히 악한 일을 저지르겠습니까? 악한 일을 저지르면 그 사람은 변했습니다. 이것이 일반적으로 말하는 인과입니다. 믿음으로는 매우 모자랍니다. 여섯 가지 믿음에서 인과는 한 걸음 더 깊이 나가야 합니다. 단지 선하면 선한 과보가 있고 악하면 악한 과보가 있다고 믿는 것뿐만 아닙니다. 이것은 당연히 믿어야 하지만 깊은 믿음이 아닙니다. 깊게 믿는 것은 당신은 범부이고 믿음・발원・지명持名으로

---

5) '가지기도법加持祈禱法'이라고도 한다. 밀교에서 행하는 식재息災・증익增益・경애敬愛・조복調伏 등의 4종 기도법四種祈禱法을 말한다.

한평생 염불하여 임종시 계속 염불하면 당신이 아비발치阿鞞跋致[불퇴전]를 이루게 될 것이라는 것을 믿는 것입니다. 당신은 본래 범부이고 믿음이 있고 발원이 있어 오로지 아미타불을 염하면 이 한 마디 한 마디 염念에는 어떠한 별도의 기교와 미묘함도 없지만 당신이 현생에서 얻는 과보는 결정코 성불입니다.

증득하여 물러서지 않으면 결정코 성불하는 것이 아닙니까? 이것은 믿음·발원·지명의 인因으로 무상보리의 과果를 얻는 것입니다. 수많은 사람들은 아마 믿지 못하는 것 같습니다. 일반인은 언제나 이것도 조금 닦고, 저것도 조금 닦고 싶으며, 이것도 구하고 저것도 구하고 싶어서, 이 수승한 인과를 믿을 수 없습니다. 그래서 우리들은 여섯 가지 믿음을 가져야 합니다. 여섯 가지 믿음을 가질 수 있다면 이미 매우 깊은 지혜를 가지고 있습니다. 만약 부족하다면 조금씩 증가시켜 가면 됩니다. 현재 사상을 믿고 타인을 믿는 것으로부터 시작해서 끊임없이 깊이 들어가고, 끊임없이 발전시켜 나가야 합니다. 병이 나면 내가 염불을 잘 할 수 있을지 믿을 수 없습니다. 기공사를 찾아 당신의 병을 치료한다면 당신은 기공사의 역량이 당신의 부처님 명호 역량보다 크다고 생각할 것입니다. 당신은 이런 신심에 마땅히 물음표를 쳐야 합니다! 그래서 모두 다 깊이 들어가고 깊이 믿어야 합니다. 이처럼 믿음에는 여섯 가지 측면이 있습니다. 이 여섯 가지 측면을 모두 깊이 믿어야 합니다. 이것이 바로 심요心要입니다.

염불을 많이 하든 작게 하든, 염불할 때 망상이 있든 망상이 없든 그것은 왕생의 관건이 아닙니다. 관건은 당신에게 깊은 믿음과 간절한 발원이 있는가에 있습니다. 그래서 우익대사께서는 "왕생 여부는 믿음과 발원의 유무에 달려있다"고 말씀하셨습니다. 발원은 「흔모극락 염리사바[欣慕極樂 厭離娑婆: 극락세계를 좋아하여 가고 싶어 하고, 사바세계를 싫어하여 떠나고 싶어 함]」입니다. 이 일은 매우 쉬워 보이지만, 실제로는 전혀 쉽지가 않습니다. 특히 「염리사바」이 네 글자는 대단히 어렵습니다. 얼마간 수행한 사람은 여전히 명성을 다투고 이익을 다툽니다. 이러한 명리는 모두 사바세계의 것이 아닙니까? 미련이 남아 있는 것이 아닙니까? 언제나 약간 개선하며 생활하고 싶어 합니다. 고치지 않고 생활한다고 해서 사바세계의 것이 아닙니까? 아녀자, 부부 이들의 감정은 다만 자신에 대한 상대방의 사랑이 진실하지 못할까 두려워하고 당신에 대한 나의 사랑이 진실이다, 나에 대한 당신의 사랑이 진실이다, 승강이 하며 매우 마음 아파합니다! 이러한 감정은 극락세계에는 없습니다. 극락세계는 모두 다 남자입니다. 이것이 바로 사바세계에 얽혀 묶임[纏縛]이고, 바로 이것이 본래 부처인 당신을 오늘 이런 형태로 타락시키게 합니다. 그래서 진정한 염리가 필요하고 일체 모든 것에 대해 미련을 갖지 말아야 합니다.

모두 다 출가해야 한다고 말하는 것이 아닙니다. 수많은 출가인은 몸은 출가하였지만, 마음은 집에 있습니다. 그도 또한 불교에서 지위와 명문을 다투고, 그도 또한 새로운 관계가 있으며, 그와 서로 친한 사람도 있고 또 서로 소원한 사람도 있으며, 모르는 사이에 파벌을 형성하기도 하며 일파와 단결하여 다른 사람을 공격하기도 합니다. 출가하였지만 집에 있으면 사바세계에 미련이 남아있는 것입니다. 거사들의 경우 가장 좋은 것은 집에 있으면서 출가하는 것입니다. 먼저 담박한 생활로부터 시작하여 점점 진실한 염리로 발전시켜 나가 털끝만큼도 미련이 없어야 합니다. 신심을 확고히 하고, 극락에 태어나길 즐겁게 발원하며, 착실하게 명호를 굳게 지니면[信心堅定 欣願極樂 老實持名] 삼자량이 원만합니다. 이것이 소본 『아미타경』의 종요입니다.

3. 대승무량수경 종요

대경무량수경의 종요는 발보리심發菩提心 · 일향전념一向專念 · 아미타불阿彌陀佛입니다. 발보리심은 정토종에서만 중요시하는 것이 아닙니다. 어떠한 대승법문이든 당신이 참선을 하든, 교학을 하든, 특히 밀종을 하던 상관이 없습니다. 밀종이 수승한 까닭은 빠르게 성취하고 크게 성취하기 때문인데, 그 유일한 원인은 바로 보리심을 특별히 중시하기 때문입니다. 경을 보거나[간경看經] 가르침을 듣는 것[간교看敎] 등 갖가지 수행법은 모두 다 보리심과 떼어 놓을 수 없습니다. 보리심이란 어떤 마음입니까? 여섯 가지 믿음이 견고하여 모두 다 깊은 믿음이어야 하고, 사바세계에 대해 털끝만큼도 미련이 없어야 하며, 오직 일체중생과 함께 모두 다 극락세계에 도달하기 위해 정성 다해 닦을 것을 일심으로 발원하는 것입니다. 그래서 소경[아미타경]의 믿음과 발원도 바로 보리심입니다.

보리심은 대지혜大智慧·대자비大慈悲·대원력 세 가지가 일체인 이러한 마음입니다. 일반적인 지혜가 아니고 대지혜이고, 반야입니다. 대자비와 대원, 이러한 마음이라야 보리심이라 합니다. 이것을 밀종에서 행원行願 보리심[수행자의 행원에 의해 생기는 보리심], 승의勝義 보리심이라고 합니다. 현교顯教도 이것을 순사보리심順事菩提心이라 하고, 또 순리보리심順理菩提心이라고 합니다. 또는 세속보리심, 승의제勝義諦 보리심이라 부릅니다. 요컨대 두 가지로 나눌 수 있습니다. 두 가지를 구족한 것이라야 진정으로 보리심을 일으키는 것입니다.

당나라 시대 신라의 승려인 원효元曉 법사께서는 『무량수경종요無量壽經宗要』에서 "무상보리심은 첫째 사에 따라 발심함[隨事發心]이고, 둘째는 이에 수순해서 발심함[順理發心]이다"고 말씀하셨습니다.

'사에 따라 발심함'은 바로 우리들의 사홍서원四弘誓願입니다. "가없는 번뇌를 다 끊어오리다[煩惱無邊誓願斷]", 이는 단덕斷德으로 가없는 번뇌를 일제히 잘라버리는 것이 단덕입니다. "한량없는 법문을 다 배우오리다[法門無盡誓願學]", 이는 지덕智德으로 부처님의 이렇게 많은 법을 닦을 수 있고, 이렇게 많은 법이 대지혜이기에 지덕입니다. 번뇌를 끊으려면 지혜가 있어야 합니다. "가없는 중생을 다 건지오리다[眾生無邊誓願度]", 이것은 은덕恩德으로 중생에 대해 은혜가 있습니다. 그렇게 이 세 가지 서원이 합쳐서 일어나면 성불하니, "위없는 불도를 이루오리다[佛道無上誓願證]", 그래서 진정으로 사홍서원을 일으키면 일부분 보리심을 일으키는 것입니다. 이를 사에 따른 발심 또는 세속보리심이라 하고, 밀종에서는 행원보리심이라 합니다. 이런 마음을 일으킨 공덕은 불가사의합니다.

진일보하여, '이理에 수순하여 발심'합니다. 이理에 수순하여 발심하면 언어를 사용해서 말해서는 안 됩니다. 억지로 말하자면 실제 이 마음은 바로 자기 본래의 진심, 각오[覺悟: 깨달음]의 마음입니다. 보리가 바로 깨달음입니다. 깨달음이란 무엇입니까? 자기 자신을 깨달으면 바로 부처이고, 자기 본래 그대로가 부처입니다. 이 대각大覺은 언어가 문득 끊긴 자리言語道斷입니다. 언어의 길이 끊어져 말할 수 없는 가운데 억지로 말하자면 일체법은 모두 환 같고 꿈 같습니다. 이것은 인아人我의 집착을 깨뜨리는 것일 뿐만 아니라 법집法執도 깨뜨립니다. 『금강경金剛經』에서는 "일체 유위법은 꿈 같고, 환 같으며, 거품 같고, 그림자 같으니라[一切有爲法 如夢幻泡影]"라고 말씀하십니다. 수많은 사람들은 경을 매일 염송하지만 이들 내용에 대해 눈먼 사람 같고 귀먼 사람 같습니다. 수많은 사람들은 매일 기공을 연마합니다. 기공을 연마하는 것을 진실한 일로 여깁니다. 이는 『금강경』과 격차가 너무 큽니다! 일체 유위법, 유위有爲라는 것은 무언가를 하고 싶어 하고, 무엇을 얻고 싶어 하며, 무엇을 단련시키는 것입니다. 이 몸뚱이를 변화시켜 무너지지 않은 몸을 성취하고, 9년간 면벽공부로 단丹을 이루어서 신선이 되어 갖가지를 벗어 버릴 필요가 없습니다. 이런 것들은 모두 다 꿈같고 환 같습니다! 그래서 일체사상[일체에 상대 되는] 법은 위에서 말한 것처럼 법은 환과 꿈일 뿐만 아니라 아라한의 출세간법과 같습니다. 아라한은 법집을 깨뜨리지 못하여 끊을 수 있는 번뇌가 있고, 증득할 수 있는 아라한이 있으니, 이것이 법집을 이룹니다. 정각正覺은 응당 유有도 아니고 무無도 아니며, 사無와 리理에 걸림이 없음을 알아야 합니다.

"부처님께서 제법이 공함을 설하심은 제유를 제거하기 위한 까닭이다[佛說諸法空 爲除諸有故]." 부처님께서 제법이 공하다고 말씀하신 것은 당신이 유에 집착하기 때문입니다. 이러한 유를 깨뜨려야 합니다! 만약 공에 집착한다면 그것은 더욱 나쁩니다. "만약 다시 공에 집착하면 제불께서도 제도할 수 없다."고 하였습니다! 불교의 수승하고 뛰어난 점은 바로 여기에 있습니다. 순리보리심에서 이理는 실제이체實際理體로 간략히 본체라 합니다. 그것은 유도 아니고 공도 아니며, 공과 유가 둘이 아니며, 조용히 중도에 알맞습니다. 유에 집착하고 공에 집착하는 것은 모두 다 본체를 떠나는 것이고, 모두 다 둘에 떨어지는 것입니다. 공은 유에 대해 말한 것으로 둘입니다. 둘이면 "불이법문不二法門"이 아닙니다. 『유마경維摩詰經』

은 바로 불이법문을 설한 경입니다. 수많은 수행인은 이 둘 사이에서 맴돕니다. 이렇게 분리되면 본체로부터 매우 멀어집니다.

먼저 말도 여의고 사려도 끊어져야[離言絶慮]하며, 언설을 떼어 놓아야 합니다. 그래서 언설에 시비가 없어 달을 가리키는 손가락이고, 길을 가리키는 표지판입니다. 예를 들면 북경의 이화원頤和園에 이르면 표지판에 이화원이라 적혀 있습니다. 표지판이 가리키는 방향으로 따라가면 쉽게 공원을 찾을 수 있습니다. 그러나 수많은 사람들은 표지판이 있는 곳을 이화원이라고 여기는데, 그것은 큰 잘못입니다. 또 예를 들면 방 안에 등불이 있습니다. 제가 손가락으로 가리켜 이것이 등불이라고 말합니다. 저는 손가락을 가리켰는데, 당신은 이 손가락이 등불이라 여깁니다. 현재 사람들의 착각은 여기에 있습니다. 특히 학자들이 그렇습니다. 이것은 등불입니다. 제가 말한 것은 잘못이 없습니다! 이것은 등불인데 그는 제 손가락이 가리키는 것을 따라가면 등불이 보임을 알지 못하고, 그는 저의 이 손가락이 등불이라 여깁니다. 말을 여의십시오, 말이 필요한 것도 아니고, 경이 필요한 것도 아니지만, 당신이 집착하면 바로 손가락이나 도로표지판에 사로잡히게 됩니다. 그래서 언어의 길이 끊어지고, 마음 가는 곳이 없어져야 합니다.

마음의 행처에는 길이 없습니다. 그래서 선종의 개오開悟와 밀종의 대원만대수인大圓滿大手印은 모두 다 "산이 막히고 물이

다하여 더 이상 길이 없는 줄 알았더니, 버들 우거지고 꽃이 밝게 핀 마을 하나 또 있는" 이러한 경지입니다. 불이 꺼지고 재가 식은 후에 차가운 재 안에 돌연히 뜨거운 콩 한 알이 나타납니다. 이러한 해오悟解로부터 광대한 마음이 일어납니다. 이러한 부분에서 출발하여 이렇게 발심합니다.

번뇌가 선법과 대립하고 있음을 보지 않고 단지 번뇌를 끊고 선법을 닦아야 중도입니다. 어떤 사람이 번뇌와 선법은 평등하다는 말씀을 들었습니다. '나는 선을 닦을 필요도 없고 번뇌를 끊을 필요도 없다. 번뇌와 선법이 평등하다고 말하는데, 정말 평등할 수 있을까?' 오리구이烤鴨와 곰팡이 빵黴面包을 먹는 것이 같겠습니까? 만약 같을 수가 없다 해도 여전히 선법을 닦고 번뇌를 끊어야 합니다. 비록 선법을 닦고 번뇌를 끊을지라도 번뇌와 선법은 평등합니다. 중생을 제도하는 경우 제도하는 이能度와 제도받는 이所度란 마음이 없이 한량없고 가없는 중생을 제도해야 합니다. 『금강경』에서는 "이와 같이 무량무수무변의 중생을 제도하였지만, 실은 한 중생도 제도를 얻은 자가 없느니라[如是滅度無量無數無邊衆生 實無衆生得滅度者]."라고 말씀하시는데, 바로 이런 뜻입니다. 내가 종일토록 중생을 제도하길 원하지만, 종일토록 누가 제도하는 이이고, 누가 제도 받는 이라는 생각이 없습니다.

그래서 보시할 때 삼륜체공三輪體空을 말합니다. 내가 일만 금을 친구에게 송금하려고 하는데, 안으로 일만금을 보낼 수 있는 나[施者]를 보지 않고, 밖으로 일만금을 받는 그[受者]를 보지 않으며, 중간에 일만금施物을 보지 않는 것을 삼륜체공이라 합니다. 우리들은 보시공양하며 일체의 복을 닦을 때 모두 다 마땅히 삼륜체공을 체득하여야 합니다. 그렇다면 당신의 공덕은 일만 배·일만억 배 크고, 무한대일 수 있습니다. 왜냐하면 당신이 집착하면 유위법이 되기 때문입니다. 유위법은 공덕이 유한하고, 무위법은 무한합니다. 이理에 수순한 발심은 물러남이 없고, 이와 같은 발심의 공덕은 끝이 없습니다! 여러 부처님께서는 겁이 다하도록 연설하시지만, 그 공덕을 말씀하셔도 능히 다 말씀하시지 못한다고 하셨습니다.

『유마경』에서는 "아뇩다라삼먁삼보리심[보리심은 이것의 약칭임]을 발할 수 있음이 출가이니라[能發阿耨多羅三藐三菩提心是出家]"라고 말씀하십니다. 출가를 하고 싶은 사람이 수없이 많으나, 늘 곤란한 장애를 겪게 됩니다. 예를 들면 부모님께서 승낙하지 않으면 안 됩니다. 그러나 보리심을 발하면 출가이므로 재가인도 출가인과 같은 공덕이 있습니다. 『유마경』에서는 또한 "아뇩다라삼먁삼보리심을 발하면 일체 공덕을 구족하느니라[發阿耨多羅三藐三菩提心一切具足]."라고 말씀하십니다. 일체공덕을 이미 구족하였으니, 다시 아무것도 모자라지 않습니다. 그래서 우리는 수행할 때 이렇게 근본을 틀어쥐어야 합니다! 그러면 일체 공덕을 구족합니다.

또한 『비바사론毗婆沙論』6)에서는 "이 법문은 제불의 아버지이다."라고 하였습니다. 이 법문은 곧 발보리심으로. 이것은 일체 부처님의 아버지입니다. "제불의 어머니"는 보이지 않습니다. 제불은 완전히 발보리심에서 나오는 것입니다.

또한 "제불의 눈이다"라고 하였습니다. 제불께서는 두루 제도해야 하고, 일체를 비추어 볼 수 있어야 합니다. 무엇이 눈입니까? 보리심이 눈입니다.

"무생법인의 어머니다." 우리들은 모두 다 꽃이 피어서 아미타부처님을 뵙고 무생법인에 듭니다. 무생법인의 어머니는 무엇입니까? 발보리심입니다. 꽃이 필 때 왜 무생법인을 증득합니까? 왜냐하면 당신이 일찍 진정으로 보리심을 발한 적이 있기 때문입니다.

"대자대비의 어머니이다." 언제나 닦고 읽히면 공덕이 한량없고 끝이 없습니다! 발보리심의 수승함을 찬탄합시다! 그것은 부처님의 부모입니다. 꽃이 피어 부처님을 뵙고 무생에 들어가니, 이것은 무생의 어머니입니다. 다시 『대반야경大般若經』[7])에서는 "화살로 물건을 향해 쏘는 것과 같다如以箭射物"라고

---

6) "이 법문은 제불의 아버지이고, 제불의 어머니이며, 제불의 눈이고 무생법인의 어머니이며, 대자대비의 어머니이다. 항상 닦고 익히면 공덕이 한량없고 가없다." 『비바사론』
7) "화살로 물건을 향해 쏘면 혹 맞출 수도 혹 못 맞출 수도 있지만 화살을 땅을 향해 쏘면 맞추지 않음이 없는 것과 같다如以箭射物 或中或不中 以箭射地 無不中者." 『대반야경』

말씀하십니다. 화살을 잡고 과녁을 쏘면 쏘아 맞출 수도 못 맞출 수도 있습니다. 그러나 땅을 향해 쏘면 누구라도 맞춥니다. 이것은 보리심을 발하면 마치 화살을 잡고 땅을 쏘듯이 절대로 맞춘다는 뜻입니다. 이것이 발보리심의 공덕입니다.

다음으로 밀종의 보리심 공덕을 말해보면 더욱 더 깊어집니다. 우리들은 왕왕 근본을 버리고 말단을 구합니다. 가장 근본적인 것은 당신이 그것을 버리는 것입니다. 밀종의 경전인 『보리심의菩提心義』8)에서는 "보리의 마음은 성불의 근본이다[菩提之心 成佛之本]"라고 합니다. 이런 보리의 마음은 성불의 뿌리입니다! 근본원천입니다! 일대사인연, 부처님께서 세상에 출현하신 일대사인연입니다. "일대사인연은 이것보다 나은 것은 없다[大事因緣莫過于此]." 일대사인연은 다시 발보리심을 넘어서는 것은 없습니다.

다음으로 "만약 지혜를 구한다면"을 설명하겠습니다. 만약 어떤 사람이 부처님의 지혜를 구하려 한다면 부처님이 바로 지혜입니다. 팔식[八識: 아뢰야식]을 굴려서 네 가지 지혜9)를 이루면 바로 지혜입니다. 열반삼덕涅槃三德은 법신·반야·해탈입

---

8) "보리의 마음은 성불의 뿌리다. 일대사인연은 이것보다 나은 것은 없다. 만약 부처님의 지혜를 구하려면 보리심을 통달하라. 부모님이 낳아준 이 몸으로 빨리 대각의 과위에 오른다." 『보리심의』

9) "부처님의 지혜가 부사의지성소작지·불가칭지묘관찰지·대승광지평등성지·무등무륜최상승지대원경지임을 깨닫다" 『무량수경』 「제40품 변지, 의심의 성에 갇히다」. 상세한 설명은 『무량수경 심요』비움과소통, 정공법사 강설 참조.

니다. 해탈을 하면 다시 본래 지니고 있는 법신으로 돌아가고, 모두가 다 반야의 미묘한 지혜에 전적으로 의지합니다. 부처님의 지혜를 구하려면 "보리심을 통달"해야 합니다. 보리심을 통달하면 "즉신성불卽身成佛" 할 수 있습니다. 부모님이 낳아준 이 몸, 바로 이 몸으로 대각大覺의 과위를 증득합니다. 선종은 즉심성불卽心成佛이고, 밀종은 즉신성불卽身成佛입니다. 즉신성불의 관건은 철저히 보리심을 통달함에 있습니다.

그러나 현재 유감스럽게도 현교든 밀종이든 상관없이 무엇이 보리심인지 진정으로 명백히 깨달은 사람은 많지 않습니다. 잎 따고 가지 찾는 사람은 많지만, 근본을 중시하는 사람은 적습니다. 『보리심론菩提心論』10)에서는 "이 보리심으로 일체 부처님의 공덕법을 품을 수 있다."라고 말합니다. 이 보리심은 일체 제불의 공덕법을 포괄하고 함장含藏합니다. "만약 수증修證이 나타나면" 그래서 이것은 개오開悟와 같아서 대원만해大圓滿解·대원만견大圓滿見이 열린 후 대원만에 계입契入합니다. 이것은 선정과 같습니다!

5조 홍인대사는 6조 혜능대사에게 "자심自心을 이해하지 못하고 본성을 모르면 법을 배워도 이익이 없다."고 말씀하셨습니다. 자기의 마음을 이해하지 못하고 자기의 본성을 모르면

---

10) "이 보리심은 일체 제불의 공덕법을 품을 수 있는 까닭에 만약 수증修證이 나타나면 일체도사를 위하고, 만약 근본으로 곧 밀엄국토로 돌아가면 자리에 일어나지 않고 일체불사를 성취할 수 있다." 『보리심론』

법을 배워도 아무런 이익도 없습니다. "자심을 알고 자신의 본성을 알면 장부丈夫・천인사天人師이다." 당신이 바로 부처라면, 의발衣鉢을 그에게 주었을 것입니다. 출가하여 수계를 받은 사람에게 의발을 얻은 사람이 없다는 것은 천고千古에 제일로 기이한 일입니다. 그래서 당시 묘[廟: 사찰] 안의 사람들은 어찌 묘 안으로 천한 일을 하는 사람에게 부처의 의발을 가지고 가도록 하였는지 납득할 수 없었습니다. 그래서 뒤쫓아 갔습니다. 이것은 명리를 위해 뒤쫓아 간 것이 아닙니다. 여러분들은 이것이 너무나 납득이 되지 않음을 알아야 합니다.

위의 구절 "일체 도사를 위하고" 다른 사람을 깨닫게 하고 자신이 깨닫는 즉 "일체 도사는 근본으로 돌아갑니다歸本." 발한 바 마음은 바깥을 향해 달려 나가는 것이 아니고, 마음의 근원을 돌이켜 궁구하고 마음을 돌려 근본에 도달하는 것입니다. 근본[本]이란 본원本源, 본각本覺입니다. 구슬이 빛을 발하여[발심] 구슬의 몸체를 다시 비추는 것[귀본]입니다. 『정수첩요淨修捷要』에서는 "시각은 본각을 여의지 않아 구경각에 이르는 깨달음의 길로 곧장 달려갑니다."라고 말합니다. 시각이 본각과 합하면 깨달음과 떨어지지 않습니다.

게다가, "본本"은 바로 밀엄국토密嚴國土입니다. 밀엄국토는 바로 극락국토입니다. 밀종에는 "먼저 마음을 극락으로 보낸다[先送心歸極樂]"는 말이 있습니다. 이 말은 비록 자기 몸은 사바에 있지만 심신은 극락에 살 수 있고, 자기의 심신은 저 국토와 분리되지 않음을 가리킵니다. 이것은 처음 해석한 것이고, 한걸음 더 나아가면 마음과 국토가 불이하다는 말입니다. 만약 자신의 마음[自心]과 극락의 상적광토가 상응하면 자신의 몸[自身]이 당하當下에 즉시 법신대사法身大士입니다. 그래서 당하에 "자리에서 일어나지도 않고, 일체불사를 이룰 수 있습니다." 자리에서 일어날 필요도 없이 일체불사가 모두 원만히 이미 완성되었습니다[圓滿成辦]. 이것이 바로 원돈교圓頓敎의 교지敎旨입니다. 만약 이해할 수 있다면 지극히 수승한 공덕이 있습니다. 설사 이해할 수 없을지라도 일단 이근耳根을 통과하면 모두 다 영겁에 소멸하지 않은 법익이 있습니다. 왜냐하면 모두 다 금강의 지혜이고 부처님의 진정한 심수心髓이기 때문입니다.

성불하려면 부처의 인因을 심어야 합니다. 부처란 각오覺悟입니다. 각覺이란 무엇입니까? 평등법平等法입니다. 자신의 마음과 부처님의 마음은 평등합니다. 석가모니 부처님께서 성불하실 때 말씀하신 제일구第一句는 "신기하고 신기하여라. 모든 중생들은 여래의 지혜 덕상을 모두 갖추고 있다. 오직 망상 집착으로 증득할 수 없을 뿐이라[奇哉奇哉 一切衆生 皆具如來智慧德相 唯以妄想執著不能證得]." 바로 이 한마디 말씀11)이었습니다.

---

11) "신기하고 신기하여라. 어찌하여 이 모든 중생들이 여래의 지혜를 모두 갖추고 있는가? 그런데 어리석고 미혹하여 알지 못하고 보지 못하는구나. 그러므로 내가 마땅히 성스러운 진리로써 가르쳐서 그들로 하여금 망상과 집착들을 영원히 떠나게

일체중생, 파리나 개미들도 한가지로 모두 다 여래의 지혜덕상을 지니고 있습니다. 단지 망상과 집착이 있기 때문에 그것을 나타낼 수 없고, 범부가 되었습니다. 누구를 탓하겠습니까? 자신을 탓할 따름입니다.

발심의 수승공덕은 앞에서 설명하였습니다. 만약 발심하지 않으면 어떠한가? 묻는다면 두 가지 측면에서 말할 수 있습니다. 『열반경涅槃經』에서, 부처님께서는 열반에 드실 때 "비록 별상別相을 믿을지라도"[차별의 능신能信에 대해] "일체, 무차별상을 믿지 않느니라"[자성은 일체이고, 본래 무차별의 상임을 일절 믿지 않음]이라고 말씀하셨습니다. 이를 "믿음을 구족하지 않음[信不具]"12)이라고 합니다. 현재 여러분들은 믿음을 구족하고 있는지 구족하고 있지 않은지, 여러분들은 스스로 『열반경』의 말씀에 근거하여 살펴보고 살펴보아야 합니다. 믿느냐 믿지 않느냐, 이것이 일체 무차별의 본체입니다! 만약 믿음을 구족하고 있지 않다면 경에서는 "믿음을 구족하고 있지 않은 까닭에 모든 경계도 또한 구족하지 못한다."고 말합니다. 이 말씀은 대단히 중요합니다. 왜냐하면 믿음을 구족하고 있지 않기 때문에 비록 진지하게 계를 지녀서 살생도 음주도 무엇무엇도 하지 않을 지라도 당신은 여전히 오계五戒를 구족하지 못하고 있습니다.

"비록 많이 들었어도 구족하지 못하고 있느니라." 비록 법문

하고 스스로 자신 속에서 여래의 넓고 큰 지혜가 부처님과 전혀 다른 점이 없음을 볼 수 있게 하리라."『화엄경』「여래출현품如來出現品」
12) 천제인闡提人, 진리를 믿지 않거나 인과를 믿지 않고 악을 행하는 자를 말함.

을 많이 들었을지라도 가장 중요한 것에 대해 이해하지 못하고 있습니다. 고덕께서는 또 "보리심이 없으면 삼귀三歸·오계五戒 또한 성취하지 못한다."라고 말씀하셨습니다. 이는 근기가 상相에 이르렀음을 말합니다. 삼귀·오계를 모두 다 성취하지 못하였다면 부끄럽고 두려워하여야 합니다. 그래서 정말로 무엇이 순리보리심인지 정말로 분명히 알아야 합니다. 왜 삼귀·오계가 성취되지 않았다고 합니까? 불법의 근본 뜻을 명백히 이해하지 못하였기 때문입니다.

화엄경에는 또 한마디 말씀이 있으니, 여러분들은 이 말씀을 듣고 확실히 기억해두어야 합니다. 경에 이르길, "보리심을 잃고서 선법을 닦으면 마업이 되느니라[忘失菩提心 修諸善法是爲魔業]."라고 하였습니다. 보리심을 발한 적이 있으나 잊어버렸다면 선한 일을 하여도 마구니魔의 사업이 되어버립니다. 그래서 마침내 부처님 공부學佛를 하고 있으나, 여전히 마구니 공부를 하고 있습니다. 수많은 사람들은 이런 부분을 여전히 또렷이 이해하지 못하고 있습니다. 수많은 사람들은 자신이 부처님 공부를 하고 있다고 여기나, 이미 마구니 대열 속으로 출근하고 있습니다. 불전에서 발심문을 염송하고 불전을 나서면 모조리 잊어버려서, 번뇌가 예전대로 일어나고 화기가 여전히 왕성하여 법을 배워도 아무런 이익이 없습니다. 근본을 분명히 하지 못하고 단지 작은 선을 행하니, 마구니가 나갈 수 없습니다. 그래서 여러분들은 여러 사람들에게 이 근본을 분명히 하라고 거듭 권하시길 희망합니다. 만약 그렇지 않으면 귀의함이 없어 불교도가 아닙니다.

위에서 설명한 순리보리심은 깊어집니다. 현재 정종의 초보 수행자는 어떻게 해야 합니까? 담란曇鸞대사의 『논주論注』13) 중의 말씀을 인용하면 대사께서는 "무상보리심은 곧 부처가 되길 바라는 마음이다"라고 말씀하셨습니다. 성문연각을 구해서도 안 되고, 천상[천국]에 태어나고 싶어 해서도 안 되며, 천수를 누리다가 죽어서 다음 생에 부귀를 누리고 싶어 하는 것도 안 됩니다. 부처가 되길 바라는 마음을 일으켜야 합니다.

"부처가 되길 바라는 마음은 곧 중생을 제도하고자 하는 마음이다." 나 자신만 성불하는 것이 아닙니다. 불교의 위대함은 나를 위하는 것이 아닙니다. 왜 부처가 되고자 합니까? 중생을 제도하고자 부처가 됩니다. 어떻게 중생을 제도합니까? 즉 "중생을 거두어 부처님 계신 국토에 태어나게 하고자 하는 마음"입니다. 중생을 거두어 부처님이 계신 국토에 이르게 하고자 하는 마음입니다. 『대승기신론』에서는 "중생은 가지에 매달려 있는 약한 새와 같다" 하였습니다. 작은 새는

---

13) "이 무상보리심은 곧 부처가 되길 바라는 마음이다. 부처가 되길 바라는 마음은 곧 중생을 제도하고자 하는 마음이다. 중생을 제도하고자 하는 마음은 곧 중생을 거두어 부처님 계신 국토에 태어나게 하고자 하는 마음이다. 그러므로 저 안락국토에 태어나길 바라는 사람은 반드시 무상보리심을 일으켜야 한다. 만약 무상보리심을 일으키지 않고 다만 저 국토에 왕생하면 끊임없이 즐거움을 받는다는 것만 듣고 그 즐거움을 누리기 위해 그곳에 태어나길 바란다면 역시 왕생할 수 없다."『왕생론주往生論注』

간신히 날수 있으므로 나뭇가지에서 떼어놓으면 안 됩니다. 성취하지 못한 사람은 부처님으로부터 떼어놓으면 안 됩니다. 어떻게 중생을 제도합니까? 중생으로 하여금 부처님께서 계신 곳으로 이르도록 합니다.

"그러므로 저 안락국토에 태어나길 바라는 사람은 반드시 무상보리심을 일으켜야 한다." "만약 무상보리심을 일으키지 않고 다만 저 국토에 왕생하면 끊임없이 즐거움을 받는다는 것만 듣고 그 즐거움을 누리기 위해 그곳에 태어나길 바란다면 역시 왕생할 수 없다." 일체중생을 널리 제도하고 타인을 이롭게 하기 위해서가 아니라 오로지 자신이 행복할 수 있으면 되고, 법을 공부하는 것도 단지 모든 길상을 구하고 번뇌가 없기를 바라며, 단지 금생에 한 평생 좋을 뿐만 아니라 내가 죽어서 다음 세상에서도 좋아야 하고, 전부 개인을 위한 것은 대승의 마음이 아닙니다. 극락세계에 왕생하는 것은 모두 다 대승으로 그 가운데 성문연각이라 부르는 것은 미혹을 끊은 정도를 가리킵니다. 만약 발심을 논한다면 모두 다 대승의 마음을 일으키는 것입니다. 『왕생론往生論』에서는 "이승二乘의 종성으로 왕생하지 않네."라고 하였습니다. 이승二乘의 종성種性인 성문연각은 왕생할 수 없습니다. 그래서 정토대법淨土大法이 천하고 얕다고 여기지 마십시오.

대경무량수경의 종요는 「발보리심·일향전념·아미타불」입니다. 우익대사께서는 "한마디 아미타불 부처님 명호는 석가모니 부처님께서 증득한 아뇩다라삼먁삼보리법이다"라고 말씀하셨습니다. 아미타여래께서 인지因地 상에 계실 때 갖가지 대원을 발하셨고 몇 겁의 수행으로 부처님을 이루셨으니, 이것은 한량없는 갖가지 공덕의 과실입니다. 이 한마디 아미타 부처님 명호는 무량겁 이래 공덕을 성취한 것입니다. 그래서 명호는 공덕의 과실이고, 명호에는 자연히 무량한 일체공덕이 들어 있습니다. 현재 부처님의 이러한 과지果地, 각오覺悟의 과실은 우리들 박지범부를 위해 지으셨습니다. 생사고해生死苦海 한 가운데 중생은 인지에서 수행하고 있는 초심 수행자입니다.

아미타불, 이 부처님 명호는 만덕萬德을 갖추고 있습니다. 내가 아미타불을 염하면, 나의 마음은 바로 이 한마디 아미타불입니다. 이 한마디에는 아미타부처님의 만덕이 들어있어 나의 마음을 성취합니다. 그래서 나의 마음은 아미타여래의 만덕을 불러와서 불가사의를 직접 깨칠 수 있습니다. 정종淨宗의 묘용妙用은 우익대사의 『요해』에 발췌한 "사의 집지로부터 이의 집지에 도달하고, 범부의 마음 그대로 부처님의 마음을 이룬다[從事持達理持 卽凡心成佛心]'의 두 마디 말씀을 따를 수 있습니다. 사의 집지事持는 사람마다 행할 수 있습니다. 여기서부터 시작하여 점차 업장이 맑아지고 공부가 순정한 경지에 이르며垢淨功純,14) 은연중 도의 미묘함에 합치되며[暗合道妙],

---

14) "공순업정功純業淨이란...염불행이 전일해진 후 오래도록 공부가 순숙해져서 「공부가 순정한 경지에 이른다功純」. 염불이 이미 육근을 거두어서 자연이 새로운

이의 집지[理持]에 도달합니다. 이것은 범부의 마음이 이미 자기도 모르는 사이에 범부를 뛰어넘어 성인을 이루고 부처님의 마음을 성취함을 말합니다.

우리들은 시작하자마자 곧 이렇게 한마디 염불을 하면 됩니다. 그래서 수많은 할머님들이 착실히 수행하여 왕생하셨습니다. 복건福建성에 사시는 80여 세의 할머니께서는 거의 10년간 채식하며 염불하셨습니다. 임종 시에 줄곧 8일 동안 식사를 하지 않고서 단정하게 앉아 염불하셨습니다. 사후에도 여전히 단정히 앉아 있었고, 의자에 채워둔 고정 걸쇠도 모두 흔들리지 않았으며, 여전히 매우 장엄하였다고 합니다. 80여 살의 나이였음에도 그녀는 사의 집지로부터 자기도 모르는 사이에 은연중 도의 미묘함에 합치되면서 이의 집지로 나아갔습니다. 당신이 염할 때 세간사에 모두 다 미련을 갖지 않고, 바깥의 온갖 인연[萬緣]을 놓아버려야 합니다. 마음에는 오로지 한마디 아미타불을 염하면 바로 일념단제[一念單提: 일념으로 아미타불 명호를 드는 것]입니다. 사의 집지로 이렇게 일체를 놓아버릴 수 있으면 머무는 바가 없습니다. 『금강경』의 종요는 "마땅히 머무는 바 없이 그 마음을 내어라[應無所住而生其心]"입니다. 이 머무는 바 없는 마음은 본래 등지보살登地菩薩15)이라야 이룰 수 있는 사事이지만, 범부가 착실히 염불

업이 만들어지지 않고 또 염불일성이 80억겁의 생사중죄를 소멸할 수 있는 까닭에 자연이 「업이 맑아진다業淨」, 『심성록心省錄』, 황념조 거사
15) 보살의 위位는 십신위十信位 · 십주위十住位 · 십행위十行位 · 십회향위十迴向位 · 십지위十地位 · 동료등각同了等覺 · 묘각妙覺으로 모두 합쳐서 52위이다. 등각보살은 부처와 비교하면 이미 차이가 많지 않아 서로 같은 각오覺悟로 보살에서

하면 자기도 모르는 사이에 은연중 도의 미묘함에 합치하여 온갖 인연에 머무르지 않고 쉬지 않고 마음을 내니, 지상보살과 같습니다.

그래서 염불공덕은 불가사의합니다[주문을 수지하는 것도 이와 같습니다]. 사의 집지로부터 이의 집지에 이르기에 이러한 사의 집지를 행하는 범부의 마음은 당하에 부처님의 마음을 성취합니다. 곧 범부의 마음 이대로 부처님의 마음을 이루고, 마음 이대로 부처를 이루며[卽心成佛], 바로 깨칩니다[直接了當]. 그래서 염불공덕은 불가사의합니다. 또 『관불삼매경觀佛三昧經』에서 수승한 비유를 찾을 수 있습니다. 한 가난뱅이가 왕자의 금병을 훔쳤는데, 그것은 보배였습니다. 다들 그를 추적하자 그는 나무에 올라갔습니다. 뒤쫓던 자가 나무를 넘어뜨리자 가난뱅이는 아래로 떨어졌습니다. 그런데 이때 그는 금병보배를 그만 삼켜버렸습니다. 그는 마침내 떨어져 죽었습니다. 나중에 신체는 이미 썩었지만, 금병은 여전히 방광하고 있었는데, 그들 악인은 이미 놀라 달아났습니다. 이것은 부처님께서 말씀하신 비유입니다.

부처님께서는 또 아난에게 "염불에 머무는 자의 심인心印은 무너지지 않나니, 또한 이와 같으니라."라 말씀하셨습니다. 염불에 머무는 사람의 심인은 무너지지 않습니다. 이 가난뱅이는 보배를 먹은 후 이미 떨어져 죽었고, 사지도 이미 썩었

가장 높은 계위이다. 묘각妙覺은 바로 부처이고, 등지는 십지위에 오른 것으로 어떤 위에 오르든 모두 다 등지보살이라 한다.

지만 이 보배금병은 마음속에 방광하고 있었고, 악인들도 이미 놀라 달아났습니다. 그래서 염불을 하는 자는 마땅히 마음속에 착실히 한마디 부처님 명호가 있으면 심인이 무너지지 않음을 알아야 합니다. 심인心印이란 부처님께서 마음으로써 마음을 전하고 마음으로써 마음에 도장을 찍는 것을 말합니다. 마음으로써 도장을 삼아 만법을 인증합니다.

전법傳法, 전함이란 무엇입니까? 전함이란 마음입니다. 어떻게 인증할까요? 마음을 붙잡아서 인증합니다. 인印이란 인감印鑑입니다. 당신의 인감이 맞으면 다른 사람과 은행이 당신에게 돈을 지급합니다. 인감이 틀리면 본인의 돈이라도 은행에서 출금하지 못합니다. "염불에 머무는 자는 심인이 무너지지 않는다"란 『관불삼매경』의 경문입니다. 무너지지 않음이란 항상 비춤이고, 방광입니다. 선禪·밀密·정토는 서로 상통하는 곳이 많습니다.

4. 허운 노화상 설법의 정업심요淨業心要

1931년 복건성 공덕림功德林 거사 염불칠[念佛七: 7일간의 염불집중수행] 법회에서 중국 근대의 3대 고승[체한·인광·허운] 중 한 분이신 허운 노화상[화상은 나를 거두어 불문에 들인 첫 번째 은사이시다]께서는 마침 일이 있어 그곳에 계셨는데, 염불칠이 있다는 말을 듣고 가셨다고 합니다. 공덕림 거사들이 마침 염불을 하고 있었는데, 노화상께서 오신다는 말을 듣고 수많은 사람들이 마중 나가서 예배하였습니다. 생각지도 않게 노화상께서 그들을 크게 꾸짖고 나무라며 말씀하셨습니다. "그대들은 다 거사이고, 염불칠에 참가하여 수년간 부처님 공부를 잘 해왔다. 오늘 불칠도량인데, 그대들은 어찌하여 불법의 당번을 거꾸로 꽂았는가! 거꾸로 꽂았는가! 왜 뛰어나와 나에게 절을 하는가." 이러자 모두들 곧 돌아가서 똑바로 앉아 법문을 들었습니다.

화상께서는 이어서 "염불타칠念佛打七은 한마음[一心]을 중히 여긴다."라고 말씀하셨습니다. 이 말씀의 의미는 이렇습니다. 몸이 도량에 있으면 한마음 한뜻으로 닦아야 합니다. 만약 한마음 한뜻이 아니면 이쪽으로 보고 저쪽으로 들어서 누군가 하루 동안 잡담을 할 것입니다. 이렇게 염불칠에 참가하면 현재 성취하지 못할 뿐만 아니라 미륵보살께서 다시 오실 때까지 염해도 여전히 업장이 몸을 얽어맬 것입니다. 마땅히 머리부터 발끝까지 면밀하게 한마디 바로 뒤를 따라 한마디, 한 글자 한 글자 한마디 한마디 산란하지 않아야 합니다. 바로 이 한마디를 산란하지 말고 염하십시오. 잠시 떡을 먹고 싶어 하고, 잠시 또 텔레비전을 보고 싶어 하고, 잠시 또 집안 화로 위에 올려놓은 물주전자를 생각하는 바로 이 마음이 산란散亂입니다. 도량에서 이런 것들을 모두 내려놓고 「나무아미타불, 나무아미타불」하십시오. 부처님께서 오셔도 이렇게 염하고, 노화상님께서 오셔도 말할 것도 없고 부처님께서 앞에 나타나셔도 이렇게 염하고, 마구니가 와도 이렇게 염해야 합니다. 바람이 불어도 스며들지 못하고, 비가 와도 적시지 못하며, 바깥의 무엇에도 방해받지 않을 정도로 염해야 성공하는 날이 있습니다.

부처란 무엇입니까? 부처란 각오覺悟입니다. 부처란 깨달음입니다. 마구니란 무엇입니까? 마구니는 마장과 번뇌[魔惱]입니다. 마구니란 번뇌이고, 뇌란惱亂이며, 당신을 번뇌케 하는 것입니다. 부처님은 당신이 깨달았다고 하였습니다. 부처님은 깨달으신 분입니다. 그래서 당신이 깨달았을 때가 바로 견불見佛하는 때입니다. 각심覺心이 또렷하게 비치는 것이 견불입니다. 번뇌가 일어나면 괴롭히거나 괴롭힘을 당합니다. 이러한 때 마구니가 나타납니다.

허운 노화상께서는 또 법문하셨습니다. "지금 막 불칠도량에 들어가자 수많은 사람들이 움직이지 않고 앉아 있다. 누가 와도 상관없이 부처님을 염하면 이러한 사람은 모두 견불할 것이다." "몇 명이 와서 나에게 절하고 마중하였는데, 그대들은 왜 마중하였는가? 세월을 헛되이 보내었고, 공연히 시간을 낭비하였다."[그래서 우리들은 모두 다 시간을 최대한 아껴야 한다. 시간은 바로 생명이다] "그렇다면 어찌 나 때문에 그대들의 큰일을 뇌란시키는 것이 아니겠는가? 그대들이 염불할 때 내가 와서 그대들의 마음이 불안하여, 나와서 나를 마중하니 이는 내가 그대들을 방해한 것이고, 그대들이 나를 마구니 곁으로 떠미는 것에 불과하다."

이것은 정말 지극히 수승한 법문입니다. 부처님 공부를 하는 수많은 사람들이 이미 전도되어 있으므로 이래야 삼보를 존경하는 것이고, 이래야 여법하게 수지하는 것이며, 이래야 스스로를 속이고 남을 속이는 것을 면할 수 있습니다.

또 노화상의 몇 마디는 신통한 측면의 일에 대해 이야기 했습니다. "일반인은 불법을 이해하지 못하므로 세상의 명리를 잊지 못하고, 신통을 바라고 변화를 바라는 이 망상을 품으면 사도가 아니라 곧 마구니다[一般不明佛法 未忘名利求通求變 存此妄想非邪卽魔]." 일반인이 불법을 이해하지 못하는 것은 왜일까요? 명리의 마음을 근본적으로 잊지 못하고, 생각생각 사이에 어떻게 불교 중의 명성·지위와 권리·이익을 쟁탈하느냐를 계산하기 때문입니다. 불법을 공부한 후 신통을 얻고 싶고 능히 변모하고 싶은, 이와 같은 망상이 존재하는 것은 사도邪徒가 아니라 마구니의 권속입니다. 따라서 "사도가 아니라 곧 마구니"라고 말씀하셨습니다.

모름지기 마음 바깥에는 법이 없고, 일체법은 자신의 마음속에 있음을 알아야 합니다. 지금 막 자신의 믿음을 말하였습니다. 자기 자신의 마음은 본래 여래지혜의 덕상임을 믿어야 하고, 마음 바깥에 법을 구해서는 안 됩니다. 지금 막 우리들은 아미타불을 염하였습니다. 그것은 마음바깥에서 구하는 것이 아닙니다. 당신은 자신을 믿어야 합니다. 이미 당신이 자신의 마음속에 있다면 당신의 마음은 부처님의 마음과 같이 일체 처에 두루 가득합니다. 아미타부처님께서 당신의 마음속에 있을 뿐만 아니라 일체 부처님께서 당신의 마음속에 계십니다.

허운 노화상께서는 또 말씀하셨습니다. "신통이 마음에 일어나길 어찌 바라겠는가? 이러한 마음 씀用心이 있으면 어찌 머묾이 없는無住 진리를 증득할 수 있겠는가?" 『금강경』에서는 "마땅히 머무는 바 없이 그 마음을 내어라"라고 말합니다. 당신이 먼저 어떠한 신통을 구하는 마음이 있다면 머무는 바가 있으니, 어떻게 머묾이 없는 진리와 도리에 서로 계합할 수 있겠습니까? "이러한 유의 사람들"은 부처님께서 그들을 "불쌍하고 안타까운 자"라고 불렀습니다!

허운 노화상께서 말씀하신 법문이 지닌 묘의妙意는 무궁합니다. 그 가운데 수승한 점은 자리를 떠서 당신을 맞이하여 정례한 사람들에게 "불법의 당번을 거꾸로 꽂았다"고 꾸짖어 책망하셨다는 것입니다. 원래 자리에 서서 움직이지 않는 사람이 "염불"하여 "견불"합니다. 이는 그 당시 석존께서 하늘에 올라 어머님을 위해 설법한 후 인간으로 돌아와서 환영 나온 비구니에게 꾸짖어 책망하셨지만, 마중 나오지 않은 수보리가 동일한 전철을 밟은 것과 같습니다. 이 비구니는 신통력이 있어 전륜성왕으로 화현化現하고서 열을 지어 부처님을 마중하는 대오 앞에 상수가 된 첫 번째 분이었습니다. 과연 그녀는 일차로 부처님을 친견하였습니다. 부처님께서 일견왜 대승[大僧: 비구] 앞에 서서 그녀를 바로 책망하였까요? 그녀는 "부처님을 일찍 뵙고 싶었다."고 말했습니다. 부처님께서는 "네가 먼저 나를 보지 않았다. 오히려 수보리가 첫 번째 나를 보았다." 라고 말씀하셨습니다. 이날 수보리는 숲 사이에서 정좌하고 있었는데, 한 생각이 일어났습니다. "오늘 세존께서 돌아오실 때 마중을 나갈 것인가? 계속해서 여래는 어디서부터 온 것도 없고 어디로 가는 것도 없으니, 어떻게 마중을 가겠는가?" 라는 생각에 미쳐서 계속 정좌하였습니다. 선문禪門은 마음을 전하는 법이라고 볼 수 있습니다. 세존의 마음은 현대의 고승인 허운 노화상까지 전해졌습니다. 마음과 마음이 서로 도장을 찍으니, 한맛으로 차이가 없습니다. 이 공안의 계시[啓示: 일깨워 가르침]에 따르면, 무엇을 견불見佛이라고 하고, 어떻게 하면 견불할 수 있겠습니까? 이미 더 이상 질문이 필요하지 않습니다.

동시에 정종에 대해서도 지극히 소중한 법문을 힘껏 선포하였습니다. "염불은 한마음을 중히 여긴다." 부처님께서 오시든 마구니가 오든 일절 상관하지 말고, 단지 전후가 이어지도록 착실히 전일하게 염할 뿐입니다. 마중 나오는 자에게 큰 소리로 꾸짖습니다. "불법의 당번을 거꾸로 꽂지 말라."[전도되어 법을 비방하지 말라] 계속해서 지념持念하여 부동하는 사람이 "염불念佛·견불見佛"하게 된다고 찬탄합니다. "염불하는 때가 견불하는 때이다."라는 정종의 경구는 허운 노화상의 말씀임을 알 수 있습니다. 바로 선종 제일 대덕의 정종에 대한 소중한 인증認證입니다.

혹 어떤 이는 말합니다. "당신이 잘못 이해한 것이오. 허운 노화상은 중점은 「부동不動」에 있지, 염불에 있지 않소." 저는 말하겠습니다. "염불의 중점은 「부동不動」에 있소. 정념이 서로 이어짐淨念相繼이 바로 「여여부동如如不動」입니다."
말후에 "염불할 때가 곧 견불할 때이고 견불할 때가 곧 성불할 때"라는 정종의 미묘한 문구를 보충하여 인용하는 것으로 본문의 맺음말로 갈음하겠습니다.

한마디 아미타불은 바로 위없이 깊고 깊은
무상심묘선(無上甚深禪)이다.
한마디 아미타불은 위없이 깊고 깊은 주문의 왕이다.
한마디 아미타불을 염하면 정정(淨)을 닦을 뿐만 아니라
선선(禪)도 닦고, 밀밀(密)도 닦는다.
당신이 닦는 선은 원만구경의 선이고,
당신이 닦는 밀은 대원만의 밀이다.
- 정공 법사

根塵齊攝寶王禪
육근과 육진을 나란히 거두어들이는 보왕선

제4부. 염불선의 깨달음과 법문

제4부. 염불선의 깨달음과 법문

1. 덕산 스님의 발심 출가와 구도기

1982년, 군 복무를 마치고 시골에서 농사 일을 돕고 있을 시기였습니다. 온 몸에 극심한 오한과 부종이 생겨, 병원 진찰 결과 '신증후군[Nephrotic syndrome]'이란 진단이 나왔습니다.

요양차 한 사찰에 가서 나름대로 49일 정진을 하던 중, 7일쯤 되던 날 묘한 꿈을 꾸었습니다. 하수구 모양의 둥글고 큰 관 세 개 속에서 수없이 많은 뱀들이 머리를 흔들어 보이는 것이었습니다. 의문이 생겨, 스님들께 여쭤보았지만 스스로 깨달아야 한다는 대답뿐이었습니다. 궁금했지만, 목욕재계하고 하루 한 시간씩 4분 정근을 열심히 할 밖에 별 도리가 없었습니다.

그런데 48일째 되던 날, 신기하게도 대웅전 안에서 수없이 많은 뱀들을 죽이는 꿈을 꾸었습니다. 마지막 하루 정진을 마치고 긴장이 풀린 상태에서 깊은 잠에 빠지게 됐을 때, 역시 꿈을 꾸었습니다. 미륵부처님이 내게 염주를 주셔서 받아 들고 뒤를 돌아 보니, 수 많은 사람들이 흰 옷을 입고 나에게 절을 하는 것이 아닙니까. 그런 일이 있고 나서, 나는 자연스레 출가를 결심하게 되었습니다.

출가 후, 절집안의 살림과 수행을 병행하는 입장이 되면서 초발심 때의 간절한 구도심이 조금씩 퇴색되어 가고 있음을

염불하는 이 뭣고

느낄 무렵이었습니다. '모든 마군으로써 수행을 도와주는 벗을 삼으라.'는 부처님의 가르침처럼 뜻하지 않게 다가온 어려움을 극복하고자 다시 한번 발심할 수 있는 계기가 있었습니다. 관세음보살입상을 모시면서 무리하게 사채 빚을 얻었던 것이 매월 이자를 갚아나가는 데 큰 부담으로 다가왔던 것입니다.

수행자의 입장으로 금전에 대한 압박은 실로 적지 않은 것이었기에 그로부터 벗어나기 위한 방편으로 하루 삼분정근의 정진을 시작했습니다. 정진을 시작한지 일주일 정도 되었을까. 정진 중에 크고 밝고 둥근 달 가운데 관세음보살님과 함께 관세음보살님을 옹호하는 수많은 불·보살님의 모습이 선명하게 현전現前하셨습니다. 의식이 분명한 상태에서 불·보살님을 친견한 그때의 벅찬 환희심이란 형언할 수 없을 만큼 큰 것이었습니다. 물론 불·보살님을 형상으로 보았다는 것은 참 모습을 본 것이 아니기에 대수롭지 않을 수도 있지만, 그 당시 나는 그 일을 계기로 더욱 무섭게 정진할 수 있는 용맹심이 솟았습니다.

정진에 대한 확신과 하면 된다는 자신감은 대웅전 불사를 발원하는 새로운 원력으로 이어졌습니다. 출가 전부터 지병인 신장염으로 고생하였기에 한 발짝도 움직일 수 없는 상황이 종종 있었지만, 그 어떤 고통도 정진을 중단할 이유가 되지 않았습니다.

점차 정진에 힘이 붙기 시작했고, 잠자는 시간 외에는 항상 염불선이 이어지고 있음을 느끼게 되었습니다. 그 무렵 곡성

제4부. 염불선의 깨달음과 법문

성륜사 조실로 계시던 청화[1924-2003] 큰스님을 친견하여 가르침을 듣는 인연이 있었는데, 나의 평소 수행방법인 염불선에 대해 다시 한번 확신과 자신감을 얻는 계기가 되었습니다. 또한 성철 스님의 "자나 깨나 한결같은 오매일여寤寐一如가 되어야 한다."는 가르침을 떠올리면서 오매일여 진여불성眞如佛性자리를 놓치지 않으려는 몸부림으로 입술은 점점 타들어가고 피가 마르는 듯 했지만, 의식만큼은 날로 소소영영昭昭靈靈해지고 있었습니다.

1992년 4월 2일 관세음보살 입상을 조성하고 점안법회를 봉행하던 날, 혜은사에는 스님과 신도들을 환희심에 젖게 하는 신비로운 현상이 일어나기도 했습니다. 양력으로 5월이었던 이 날은 구름 한점 없이 유난히 햇살이 따가웠는데, 정수리에 얼음물을 적신 수건을 얹어야 할 정도였습니다. 이 날 법회의 증명법사는 무려 40여년에 걸친 장좌불와長坐不臥와 묵언수행으로 이름을 떨친 청화 큰스님이었습니다. 놀라운 일은 큰스님이 사좌좌에 올라 법문을 내리려는 순간에 일어났습니다. 관세음보살상의 머리 위로 갑자기 구름이 모이더니 무지개처럼 오색 영롱한 반원형의 띠가 빛을 비추기 시작한 것입니다.

야단법석에 모인 300여명의 사부대중은 환희심에 술렁이기 시작했습니다. 결국 청화 큰스님은 법문을 마치지 못한 채 30여분이 지나서야 혜은사를 떠났는데, 이때까지 찬란한 오색 띠가 사라지지 않았습니다. 청화 큰스님이 혜은사를 떠나면서 남긴 말씀은 "앞으로 이 도량에 큰 불사가 이뤄질 것"

이라는 예시였는데, 큰스님의 말씀대로 혜은사는 날로 면모를 달리하고 있습니다.

이후 1999년 10월, 3,000일 정진을 200여일 앞두었을까? 새벽 정진 중에 문득 우주와 내가 하나 된 그 자리에 이름을 체험하게 되었습니다. 가슴 벅찬 환희심! 충만한 법열法悅! 우주를 다 얻은 것 같은 기분이었습니다. 그저 한없는 눈물이 흘러 내렸습니다. 한편으론 이것을 구하고자 그동안 내가 그토록 죽을 고생을 했나 하는 허망함이 느껴지기도 했지만, 내 일생에 있어 최상의 행복이 무엇인지를 알게 한 일이요, 그러기에 더없이 감개무량한 일이었습니다.

3,000일 정진 공덕으로 인한 불·보살님의 가피가 아닐 수 없었습니다. IMF 관리체제라는 경제 한파가 한창 몰아치는 기간 중이었음에도 불구하고 대규모의 대웅전 불사가 별 어려움 없이 준공되었고 지난 2001년 낙성 대법요식을 여법하게 회향할 수 있었던 것도 기적같은 일이었습니다.

저는 이제 남은 생은 마하반야바라밀을 성취하여 구경열반究竟涅槃에 이를 수 있도록 더욱 큰 정진을 이어가면서, 한편으론 부처님의 크신 은혜를 조금이나마 갚아 보고자 신도교육에 힘쓰고 싶습니다. 있다, 없다 입을 떼면 그르칠 것이요. 입을 떼지 않으면 불은佛恩을 저버리는 것이기 때문입니다.

우주와 하나 된 공空을 체험하다

3,000일 정진 중이었던 1999년 10월, 정진에 가속도가 붙어 정진 그 자체로 행복했고, 병고에 시달리던 몸도 많이 가벼워져 있었습니다. 그러나 '진정 나는 누구인가?' 하는 답답증이 가슴 한 구석을 무겁게 짓누르고 있음을 어쩌지는 못했습니다.

그러던 어느 날, 정진 중에 갑자기 머리가 텅 비워지면서 우주가 환히 밝아지고 말과 생각이 끊긴 자리를 또렷이 확인할 수 있었습니다. 어찌, 그 상황을 언어와 문자로써 표현할 수 있겠습니까. 한없는 눈물을 흘리며, 서산 스님의 오도송 가운데, '닭 우는 소리를 듣는 순간, 장부丈夫의 할 일 다 마쳤네.' 라는 말씀을 떠올리며 소리쳤습니다.

"다시는 천하의 노스님의 혀 끝에 속지 않으리."

이 자리를 확인하기 위해 얼마나 많은 시간 동안 몸부림쳤는가 생각하니 분한 마음도 들었지만, 이 때의 환희심은 세상에 나온 이래 처음 있는 일이었습니다. 그로부터 20여일간 나는 자유로운 경지를 느끼며 지냈습니다.

그 일이 있은 이후, 내가 해야 할 일이 무엇인가를 알았고, 경전이나 어록을 봐도 모두 그 자리임을 확인할 수 있었습니다.

《반야심경》에 "관자재보살 행심반야바라밀다시 조견오온개공 도일체고액[觀自在菩薩 行深般若波羅密多時 照見五蘊皆空 度一切苦厄]"

이라 했습니다.

관세음보살이 오묘한 반야바라밀다를 닦으실 때 오온이 공한 것을 비추어 보시고 일체의 고통을 여의었다고 했습니다. 다시 말하면, 관세음보살이 물질과 정신작용이 공한 것을 비추어 보시고 일체고통을 여의고 해탈을 성취하셨다 했습니다. 그러니 업을 녹이고 나를 맑히고 밝히면 우주의 실상을 바로 비추어 볼 수 있습니다.

나를 맑히고 밝히고자 하시면 부지런히 정진하십시오. 초목草木과 국토國土가 모두 성불成佛했다고 했습니다. 두두물물頭頭物物이 부처요, 천지 우주와 내가 이대로 부처라는 마음이 곧 보리심菩提心입니다. 이 보리심으로 부처님 명호를 부르면 참선이 되고, 참 염불이 되며, 또한 염불선이 됩니다.

가장 좋은 생각, 가장 좋은 행동, 가장 좋은 말이 부처입니다. 그 중에 염불은 바로 이런 소중한 부처님 이름을 외우는 수행이므로 수행 중의 수행이 됩니다. 진리 자체, 생명 자체, 광명 자체, 우주 자체를 사모하고 찬탄하는 수행입니다.

염불선은 어느 때나 할 수 있고 누구나 하기 쉬워 제일 좋은 방법입니다. 그래서 부처님께서도 말씀을 많이 하셨습니다. 부처님 경전 200부部 이상에서 염불을 말씀하셨습니다.

아미타불이 다름 아닌 나의 본래 성품자리이며, 나의 마음이라는 '자성미타自性彌陀', '자심미타自心彌陀'라는 주장은 역대 선사들도 말씀하신 것입니다. 보조지눌 스님이나 나옹혜근 스님, 태고보우 스님 등 한국의 대표적인 선사들이 염불이 선과 둘이 아님을 말씀하셨습니다. 특히 태고보우 선사는 한

제4부. 염불선의 깨달음과 법문

걸음 더 나아가 자신에게 찾아온 염불수행자에게 '아미타불을 염송하는 그 놈은 누구인가?' 하고 물어 자연스럽게 '화두'에 들게 하였습니다. 《태고어록》에는 이렇게 표현되어 있습니다.

"아미타불의 이름을 마음 속에 두어 언제나 잊지 않고, 생각 생각에 틈이 없도록 간절히 참구하고 간절히 참구하십시오. 그리하여 생각과 뜻이 다하거든 '염송하는 이놈이 누구인가?' 하고 관찰하십시오. 이렇게 자세히 참구하고 또 참구하여, 이 마음이 홀연히 끊어지면, 자성미타가 앞에 우뚝 나타날 것이니 힘쓰고 힘쓰십시오."

여러분!
부디 염불하는 나날이 되십시오. 염불정진으로 여러분 인생의 모든 갈등과 어둠을 몰아내고 행복과 평화가 가득하게 하십시오.

염불하는 이 뭣고

백척간두百尺竿頭에서 진일보 해야 깨닫는다

"모든 부처님은 바로 법계法界를 몸으로 하는 것이니, 일체 중생의 마음 가운데 들어 계시느니라. 그러므로 그대들이 마음에 부처님을 생각할 때, 이 마음이 바로 32상相과 80수형호隨形好를 갖춘 원만한 덕상德相이니라. 이 마음으로 부처님을 이루고, 이 마음이 바로 부처님이니라."
-《관무량수경》

염불은 부처님을 생각한다는 뜻이지만 부처님이 어디에 따로 계시다고 생각한다면 외도外道의 수행입니다. 생각 이전의 자리, 일체 생명의 근본자리가 부처님 자리이기에 나의 본래면목本來面目의 자리 또한 진여불성眞如佛性입니다. 여기서 '진여'란 진실함이 언제나 같다는 뜻입니다. 우주만유의 실체로서 현실적이며 평등 무차별한 절대의 진리를 가리킵니다.
염불선이란 이러한 진여불성의 자리를 관하며 아미타불이나 관세음·지장보살 기타 불·보살님의 명호를 염念하는 것을 말합니다. 다시 말하면 염불선은 염을 하면서 하는 선수행禪修行입니다. 선[dhyana]은 원시불교에서부터 깨달음에 이르는 삼학三學의 하나로서 중요시되었으며, 깨달음에 이르는 최고의 수행법으로 간주되었습니다. 그 형식적인 방법은 결가부좌結跏趺坐 또는 반가부좌半跏趺坐를 하고 앉아 두 엄지손가락 끝을 맞대어 단전丹田에 두며, 눈은 반쯤 뜨고 조용히 코로 숨을 쉬며 염합니다.

그런데, 염불할 때 아미타불, 지장보살, 관세음보살 등의 많은 불·보살 명호가 각기 다르다고 생각한다면 이는 염불선이 아닙니다. 우주 현상계는 진여당체에서 다양한 인연에 의해 형상을 나투고, 이름이 붙은 것일 뿐 실은 하나에서 다양한 모습과 이름을 띠고 있는 것이기에 조금도 다르지 않은 하나의 자리입니다. 만약에 불·보살님이 각기 다르다 생각하면 이는 분별심을 내고 있는 것으로 선禪이라 할 수 없습니다. 물이 인연에 따라 다양한 이름과 모양으로 변하지만 본질은 물이듯이, 이 현상계도 다양한 이름과 형상을 띠고 있지만 본래의 성품은 진여불성이기 때문입니다. 따라서 의심하지 않고 인연이 깊은 한분의 불·보살님 명호를 정해서 염하면 됩니다.

다만 염불 정진을 함에 있어, 우리가 평상시에 하듯이 느리게 또는 소리 내서 한다면 선의 경지를 쉽게 느끼기 어렵습니다. 진여불성에 마음을 두고, 마음으로 아주 빠르게 끊어지지 않고 쉼 없는 정진을 통해서 선을 이룰 수 있습니다.

'인신난득人身難得이요, 불법난봉佛法難逢이라' 했듯이, 어렵게 사람으로 태어나 다행히 불법 문중에 들어왔으면 한 번은 목숨을 건 수행이 꼭 필요합니다. 가행정진加行精進을 한다 하더라도 그 정진이 끊어져서는 안됩니다. 결제와 해제가 따로 없이 성성히 깨어있는 일념이 타파되어야 무념의 경지에 도달하게 됩니다.

나는 출가 전에 얻은 병고로 내내 시달리고 있었습니다. 게다가 청화 큰스님으로부터 염불선에 대한 가르침을 받아 염불수행을 하는 입장이고 보니, 조계종 수행 풍토가 간화선 일변도인 것으로 인해 심한 소외감을 느껴야 했습니다. 그러나 내게는 스스로의 병고와 주위로부터의 따가운 시선이 오히려 정진하는데 분심과 용맹심을 일으키게 하는 커다란 자극제로 작용했습니다. 병고에 시달리는 내가 누구인지 알기 위해서 또한, '염불수행자는 외도'라 하며 인정을 하지 않는 풍토를 쇄신하기 위해서 꼭 깨달아야 한다는 절박감이 저절로 생겼던 것입니다.

따라서 나는 성철 스님의 '오매일여[寤寐一如: 자나 깨나 한결같이 깨어있는 상태]' 법문에 초점을 맞춰 경내에 '오매일여' 넉 자를 보이는 곳마다 붙여놓고 한 생각 놓치지 않기 위해 안간힘을 쓰며 밀어붙이기에 이르렀습니다.

드디어 3,000일 정진 중 2,600일 쯤 되었을 때 한 생각의 앞이 꽉 막힌 경계에 도달하여 먹고 자고 하는 생각이 끊어진 채 3일을 보냈습니다. 이어서 모든 경계가 끊어진 체험을 하게 되었으니, 그 동안의 병고와 주위에서 나를 힘들게 했던 분들이 오히려 나에게는 큰 스승이었던 것입니다.

'수행하는 데 장애가 없기를 바라지 말라'는 가르침이 있듯이, 수행자에게는 장애가 곧 큰 양약이 될 수 있음을 알아야 합니다. 출가자든, 재가자든 수행의 요체는 다름 아닌 큰 발심發心과 분심憤心, 그리고 의심疑心인 것입니다.

2. 염불하는 이것이 무엇인가?

'염불하는 그놈'이 곧 부처님 자리

우리가 공부를 하는 것은 우리가 모두 본래 부처이기 때문에 본래의 부처자리[佛地]로 돌아가기 위해서입니다. 여러분, 본래 마음자리[心地]에 마음을 두는 시간이 바로 부처자리로 돌아가는 순간입니다. 자기 부처님 자리로 돌아가는 방법으로는 참선 수행법이 가장 으뜸입니다. 참선은 자기 참부처님[眞佛]을 참구하는 수행법입니다. 여러분이 염불할 때도 '염불하는 그 놈'이 곧 부처님 자리입니다.

염불할 때는 염불을 빨리 하는 것이 집중하기에 좋습니다. 지장보살님도 결국은 방편이기에, 지장보살에서 '보살'을 떼어내고 '지장'만을 속으로 빨리 염하면 아무 공간에서나 집중할 수 있어요. 그렇게 습관을 들여서 정진하세요. 어떤 수행법이든지 놓치지 않고 계속 할 수 있으면 되는 것입니다. 마음을 집중하기 위한 방편으로 염불을 하고 화두를 드는 것입니다. 마음자리에 두고 하는 것은 염불과 화두가 똑 같습니다.

법당에 앉아 열심히 정진하면 좋은 일이 많이 생길 수 있습니다. 세상 탓, 조상 탓 하지 마시고 자기 자신을 탓하셔야 합니다. 똑같은 환경 속에서 살지만, 어떤 사람은 여유 있게 살고 어떤 사람은 그렇지 못하게 사는 것은 그 원인이 모두 자신에게 달려있어요. 모든 원인을 자신에게 돌리고 열심히 정진하면 과거로부터 익혀온 나쁜 습관도 정화가 되고 탁한 기운도 정화가 됩니다.

"고통을 무서워하고 싫어하거든 악한 행위를 하지 말라. 그럼에도 그대가 악한 행위를 계속한다면 그대는 괴로움의 수렁에서 벗어날 수 없으리라."
-《소부경전》

여러분이 살아가면서 받게 되는 온갖 고통은 과거 생에 여러분 스스로 지은 업 때문이라고 할 수 있어요. 그러니 참회를 많이 하셔야 합니다. 진짜 참회는 여러분 본래 자리에 마음을 두고 일념으로 정진하는 것입니다. 정진하면서 몸으로 지은 것, 입으로 지은 것을 진심으로 참회하면 자신도 모르게 눈물이 나오고 참회가 됩니다. 자기가 과거 생에 알게 모르게 지었던 것이 참회가 되는 것입니다.

알고 보면 우리가 사는 일상생활은 괴로움의 연속입니다. 그것을 현실로 받아들여야 되는데, 살다가 좋은 일이 생기면 잠시 잊었다가 금방 괴로워지는 것이 우리 인생입니다. 특히 모든 병고의 원인은 살생에 있습니다. 우리 불자님들, 살생은 반드시 끊으셔야 합니다. 낚시 좋아하는 분들은 낚시도 다른 생명에게 고통을 주는 것이므로 과보가 무겁다는 사실을 유념해야 합니다. 이미 살생업을 지으신 분들은 본인이 살생한 과보를 기꺼이 받아들이되, 본래 마음자리를 놓치면 안됩니다.

마음자리를 놓치는 그 순간, 업을 짓는 것임을 알아야 합니다. 좋은 생각이든, 나쁜 생각이든 모두 업이 되는 것입니다. 겨울에 모진 바람을 참고 이겨낸 다음에 피는 꽃이 향기가 더욱 그윽하듯이, 우리도 어떤 인고忍苦의 과정이 필요합니다. 자기 자신과의 처절한 싸움을 통해서 진짜 주인노릇을 할 수 있어요.
몸이 조금만 피곤하고 아프면 '다음에 해야겠다'고 생각하는 그 마음이 장애입니다. 우리 몸은 아무리 잘 먹이고 입히고 화장을 한다고 해도 결국 없어지고 마는 것입니다. 여러분도 언젠가는 다 죽습니다. 제대로 참선이 안된다고 해도 노력만 하시면 극락에 갈 수 있습니다. 다시 태어나서 고생하지 마시고 금생에 부지런히 닦아서 극락에 들어가십시오.

"진리를 보는 자는 마치 횃불을 들고 캄캄한 방에 들어가는 것과 같아서 어둠은 곧 없어지고 밝음이 나타난다. 그와 같이 도를 닦아 진리를 보면 무지는 없어지고 지혜의 밝음만이 영원히 남게 된다."
-《사십이장경》

우리는 1분 후에 일어날 일도 전혀 모르고 살아갑니다. 캄캄한 어둠 속에 살고 있는 것이죠. 그러나 진리의 눈이 밝아지면 앞 일에 대한 지혜가 생깁니다. 부처님께서 '일체가 다 마음에 의해서 지어진다[一切唯心造]' 하는 말씀을 하셨을 때, 대부분이 알아듣지 못했습니다. 진리 차원에서 이 우주를 분석해 보면 하나의 마음으로 되어있어요. 하나의 마음에 의해서 이 우주는 존재하고 발전이 되는 것입니다. 이 도리를 아는 것을 우리가 《천수경》에서 '무상심심미묘법 백천만겁난조우無上甚深微妙法 百千萬劫難遭遇'라 하지요. '무상심심미묘법'이란 위 없이 깊고 미묘한 법, 즉 성철 스님께서 말씀하셨듯이 '참 공한 가운데 묘한 것이 다 들어 있는 자리[眞空妙有]'를 이야기하는 것입니다.

부처님 말씀에 대한 지혜의 눈을 뜰 수 있도록 경전공부도 부지런히 하시고, 참선정진도 열심히 하십시오. 우리가 이런 저런 일들로 하루하루 답답하고 복잡한 삶을 사는 것이 사실입니다만, 그럴 때마다 여러분이 각자 염불을 꾸준히 하시게 되면 언젠가 지혜의 밝음을 직접 체험하게 될 것입니다. 마음을 자꾸 다잡아서 공부다운 공부를 해보시기 바랍니다.

제4부. 염불선의 깨달음과 법문

부처를 찾고 싶으면 성품을 보아야 한다

"부처를 찾고 싶으면 반드시 성품을 보아야 하느니라. 그것이 바로 부처이니라. 성품을 보지 못한다면 염불을 하거나 경을 읽거나 재齋를 지키거나 계율을 지키더라도 아무런 이익이 없느니라. 염불을 하면 왕생의 인과를 얻고, 경을 읽으면 총명해지고, 계율을 지키면 천상에 태어나고, 보시를 하면 복스런 과보를 받겠지만 부처는 끝내 찾을 수 없느니라."
-《달마어록》

생도 없고 죽음도 없는 부처의 자리를 찾는 방법에 대해 달마 스님은 "부처를 찾고 싶으면 반드시 성품을 보아야 한다"고 설했습니다. 진언을 외울 때나 화두를 들거나 염불을 할 때 문자나 언어로 표현할 수 없는 부처자리에 마음을 두고 의심을 하게 되면 틈이 생기지 않아서 잡념이 없고 집중이 잘 되어 맑은 기운이 업을 녹여 줍니다. 탁한 기운이 맑은 기운으로 바뀌는 것이지요. 오래 정진하면 할수록 우리의 불성자리가 조금씩 드러나게 됩니다. 염불을 하든, 화두를 들든, 열심히 일심으로 정진하면 우리의 성품을 보게 됩니다.
성품을 보는 순간의 기쁨은 말로 표현할 수가 없습니다. 생사가 없는 그 자리를 체험하는 순간 "견성見性 했다"고 보통 이야기합니다. 견성한 다음에 경을 보면 배우지 않았어도 모두 알게 됩니다. 배우지 않았지만 체험을 하고 나니까 막힘

없이 다 이해하게 되는 것이죠. 그러나 성품을 보지 못한다면 염불을 하거나, 경을 읽거나, 재齋를 지키거나, 계율을 지키더라도 아무런 이익이 없다고 했습니다.

부처님께서는 《아함경》《방등경》을 통해 교훈적인 말씀을 20년 동안 설명하신 다음 이해가 되신 분들에게 바로 반야부에서 생사가 본래 없는 '체體'에 대해 말씀하셨습니다. 우주와 내가 둘이 아닌 하나의 성품을 봤다면 염불을 할 필요도 없고 경을 읽을 필요도 없습니다. 수행을 하지만 한다는 생각이 끊어진 자리를 말합니다. 어떤 행동을 해도 걸림이 없습니다. 우리 중생들이 볼 때는 파계이고 막행막식莫行莫食이지만 정신세계에서 보았을 때는 걸림이 없는 행위입니다. 우리는 겉만 보고 이건 옳고, 이건 잘못됐다고 하잖아요. 그러나 마음자리에서 보면 잘한 것도 없고 잘못된 것도 없습니다. 그래서 달마 스님은 실상을 바로보지 못한 가운데 경을 읽거나 계율을 지키더라도 아무런 이익이 없다고 하신 것입니다.

일념으로 염불을 하면 왕생往生 인과를 받고 극락에 태어나게 됩니다. 그러나 극락에 가더라도 생사가 끊어진 것은 아닙니다. 극락에 가더라도 본래 성품을 깨닫기 위해서 끊임없이 수행해야 합니다. 극락은 마음자리를 깨닫기 위한 수행 공간이기에 그렇습니다. 극락세계는 상품, 중품, 하품으로 되어 있습니다. 중품中品에선 수행이 가능하지만 하품下品에선 수행 전 몸과 마음을 바로 세우는 곳입니다. 견성을 하신 분들은 상품上品으로 그대로 올라가고, 견성을 못했지만 열심히 수행했던 분들은 중품으로 올라갑니다. 불교도 모르고 열심히 수행도 하지 않고 절에 왔다 갔다 하시던 분들은 스님들의 힘을 빌어 극락에 간다 하더라도 하품으로 갑니다.

정진은 누구를 위해서가 아니라 자기 자신을 위해서 하는 겁니다. 자신을 위해서 사는 것이 일체중생을 위해서 사는 것이 됩니다. 왜냐하면 내가 눈을 떠야 가족이나 다른 누구에게라도 이익을 줄 수가 있기 때문입니다. 열심히 정진하면 집안의 나쁜 기운도 정화되고 집안도 저절로 편안해집니다.

달마 대사는 염불할 때 관상염불觀相念佛이나 칭명稱名염불을 하면 극락을 갈 수 있지만 실상實相염불이 되지 않을 땐 깨닫기 어렵다고 말씀하십니다. 또 경을 읽으면 총명해진다 하셨습니다. 깨달을 수 있는 길을 말씀하신 경의 뜻을 새겨 자기 마음을 비추며 읽다 보면 총명해집니다. 또 계율을 지키면 천상에 태어난다고 하셨는데, 천상에 태어난다고 해도 천상은 영원한 곳이 아니라 업이 다하면 다시 윤회 하는 곳이니까, 부처를 볼 수 없다는 말입니다. 그리고 보시를 하면 복을 받는다는 말은 실상자리에서 보시를 행하는 경우 우주를 상대로 하는 행위이니 부처님으로서 갖추게 되는 무량한 덕이 됨을 이르는 말입니다. 그러나 무엇을 얻고자 하는 마음으로 행하는 보시는 행한 만큼 큰 복을 받지만 업이 다할 땐 다시 과보를 받게 되니 깨달을 수는 없습니다.

우리는 '본래 부처'라는 것을 깨닫기 위해 부지런히 수행해야 합니다. 지장보살을 찾든 관음보살을 찾든 상관이 없습니다. 본래 모양이 없고 어떤 이름도 붙일 수 없는 그 자리가 부처이기 때문에 마음을 집중시키기 위한 방편이라는 말이죠. 지

염불하는 이 뭣고

장보살과 관세음보살이 절대 다르지 않습니다. 이름만 다르게 붙인 것입니다. 부처님은 눈으로 볼 수 없는 우리들 본래 마음자리입니다. 그 자리와 하나가 되기 위해서 염불이나 진언, 화두로 마음을 집중시키는 것이 좋습니다. 어떠한 방편으로든 정진을 하면 할수록 정신이 맑아지고 나쁜 기운도 정화가 되니까 좋은 일도 많이 생기고, 결국 본래 부처자리를 확인하게 되는 것입니다.

큰 바다에서 목욕한 사람은 이미 온갖 냇물을 다 쓴 것과 같이
부처님 명호를 염하는 사람은 반드시 온갖 삼매를 한꺼번에 이룬다.
마치 수정주를 탁한 물에다 넣으면 아무리 탁한 물이라도
맑아지지 않음이 없는 것처럼 어지러운 마음에다 염불을 던지면
아무리 어지러운 마음이라도 부처를 이루지 못함이 없는 것이다.
- 비석화상 〈염불삼매보왕론〉

제4부. 염불선의 깨달음과 법문

염불이란 바른 생각을 닦는 것

달마 대사께서 염불에 대한 물음에 대답하셨다.
"염불이라는 것은 바른 생각을 닦는 것이니라. 지극한 대승의 도리를 바르다 하고, 그렇지 못한 것을 삿되다 한다. 바른 생각은 반드시 참된 즐거움을 얻겠지만, 삿된 생각이 어찌 그것을 통달하리오. '불佛'은 몸과 마음을 깨우치고 살펴서 악이 일어나지 않게 하는 것이고, '념念'은 기억한다는 것이니라. 계행을 기억해 지니며 잊지 않고 부지런히 노력하는 것이니라. 이런 이치를 알아야 바른 생각이라 하느니라.
그러므로 생각은 마음에 있지, 말에 있는 것이 아님을 분명히 알지니라. 통발로 고기를 잡는데 고기를 잡으면 통발을 잊어버리고, 말로 뜻을 얻는데 뜻을 알고 나면 말을 잊어버리듯이 염불이라는 이름을 붙였으면 염불의 실체를 행해야 하느니라. 만약 생각에 진실함이 없이 입으로 헛된 명호만 부른다면 아무 것도 아니니 무슨 이익이 있겠느냐. 또, 외운다는 것과 생각한다는 것은 이름이나 뜻이 천지 차이 이듯이 입에 있으면 외운다 하고 마음에 있으면 생각한다는 것이니라. 그러므로 생각은 마음에서 일어나는지라 각행의 문이고, 외우는 것은 입속에 있는지라 음성일 뿐이라는 것을 분명히 알지니라. 상에 집착해 복을 구하는 것은 옳지 못한 것이니라."
-《달마어록》

대승大乘은 큰 수레를, 소승小乘은 작은 수레를 비유한 것입니다. 수레가 크다면 사람을 많이 태울 수가 있습니다. 대승은 우주를 있는 그대로 보는 안목인데, 이것은 바른 생각입니다. 반면, 나와 내 가족밖에 모르는 것은 삿된 생각입니다.

염불 정진을 할 때 내가 지장보살님을 염한다면 '지장보살'을 염하는 놈이 우주와 하나입니다. 그 생각을 놓치지 않고 일념으로 들어가게 되면 정도正道의 세계로 들어가는 겁니다. 그렇게 수행할 때 큰 도를 얻는 것이지, 나와 내 가족밖에 모르고 지장보살님이나 관세음보살님이 따로 있다고 여겨서 찾게 되면 얻는 것이 없습니다.

계행을 지키는 것은 우리가 보고 듣고 감각하는 대상을 물질이 아닌 마음으로 보기 때문에 걸림이 없게 됨을 말합니다. 대상을 형상으로만 생각하고 있다면 자기가 행한 것에 대해 집착이 생기게 되어 그것이 업으로 되기 때문입니다.

생각은 마음에서 하는 것이지, 입만 가지고 할 수 있는 것이 아닙니다. 절을 할 때도 마음에 어떤 대상을 염두에 두고 하면 안 됩니다. 대상 없이 일심으로 행할 때 진정한 부처자리로 돌아가는 겁니다.

《직지심체요절》에 보면 달마 스님의 스승이신 반야다라 존자가 궁에 초청을 받게 되는데, 대중은 모두 경을 외우고 있었지만 반야다라 존자는 참선을 하고 있었습니다. 반야다라 존자는 "오온 경계에 끄달리지 않고 숨을 들이 쉬고 내쉴 때 팔만사천 경전을 읽고 있다"고 하십니다. 이 뜻은 즉, 팔만사천 경전의 가르침이 하나의 마음자리를 일러준 것이고, 반야다라 존자는 경전에 나온 참뜻을 생각하고 있었기 때문에 수만 권의 경을 읽는 것과 다르지 않다고 했던 것입니다.

부처님께서는 강을 건너는 것이 목적이었다면 타고 간 배는 버려야 된다고 했습니다. 욕심이 많은 사람들이 강을 건넌 후에도 배까지 가져가려고 하는 부분에 대해 지적하는 것입니다. 말로만 하지 말고 생각으로 행해야 된다는 말씀입니다. 그래서 불자 여러분은 염불을 할 때 소리와 형상에 끄달리지 말아야 합니다. 입으로만 관세음보살님을 찾고 생각으로는 분별하고 있다면 아무런 이익이 없습니다.

염불할 때 내가 살면서 겪는 어려움을 해결해 달라는 마음으로 한다고 해결되는 문제가 아닙니다. 모두가 하나라는 생각을 놓치지 않고 끊임없이 일념으로 염불해야지 입으로 헛된 명호만 부른다면 아무 이익도 없습니다. 그리고 항상 마음속에 형상이 있으면 안됩니다. 형상이 없는 우주를 하나로 보고 행한다면 그것이 깨끗한 마음이고 바른 깨달음의 길로 가는 길입니다.

염불하는 이 뭣고

관세음 · 지장보살은 근본 당체에서 나온 것

"그대의 용모는 쇠약하다. 그대의 몸은 병들었고 부패되었다. 그대의 생명은 늦가을 버려진 표주박과 같고 길가에 뒹구는 백골과 같다. 그대는 결국 죽음으로 돌아갈 것이다. 뼈를 가지고 만든 성위에 피와 살을 씌우고 늙음과 죽음, 도도함과 위선으로 장식한 거기에 무슨 즐거움이 있겠는가!"
-《소부경전》

부처님 당시에 부정관不淨觀이라는 수행법을 가르쳤습니다. 부정관이란 우리 몸에 가래, 고름, 피, 눈물, 콧물, 오줌 등과 같은 갖가지 더러운 것들이 가득 차 있음을 주의 깊게 관찰함으로써 몸에 대한 집착과 욕망에서 벗어나게 하는 수행법이죠. 그런데 실제로 우리는 몸을 얼마나 애지중지 하고 있습니까? 배가 고프면 먹여줘야 하고, 아프다면 치료해야 하고, 피곤하다면 쉬어줘야 하고, 이렇게 평생 아끼고 집착한단 말입니다. 그렇게 아끼던 육신도 숨이 멈추고 1주일만 그대로 놓아두면 썩어서 도저히 볼 수가 없어요. 그런 부정한 물질로 이루어진 몸인데도, 몸에 대한 집착으로 본래의 참나는 외면하고 살고 있습니다.
여러분의 몸은 각자 나름대로 피곤하고 불편하거나 안 좋은 데가 다 있어요. 그것을 보고 부처님께서는 "그대의 용모는 쇠약하다." 하셨습니다. 우리 육신이란 것은 어떻게 보면 미물보다도 못할 때가 있어요. 우리 주위에 보면 바로 얼마 전에 함께 이야기하던 사람이 금방 어디 가서 사고가 나는 경우가 있습니다. 그처럼 죽음은 예고가 없습니다. 누구나 피할 수 없는 죽음을 맞이해서 육신을 매장하면 그 육신은 자연으로 돌아갑니다. 뼈와 살이 썩어서 흙이 되고, 피와 수분은 물로 돌아가고, 몸 안의 따스한 기온은 따뜻한 기온으로 돌아가는 거예요.

우리가 무시이래無始以來 윤회하면서 받은 이 몸이 결국은 자연입니다. 자연이 곧 우리의 몸이라는 말씀입니다. 이러한 진리를 모르고 개발과 발전만 추구하여 자연을 마구 훼손한 현대인은 자연으로부터 재앙을 피할 수 없게 되었죠. 우리는 현재의 심각성을 바로 알고 비록 늦었지만 가정에서부터 자연을 오염시키는 일이 없도록 마음을 써서 생활해야 하겠습니다.

우리가 80년을 산다고 해도 겁劫이라는 시간 차원에서 보면 1초도 안 되는 시간입니다. 굉장히 짧은 인생이죠. 지나온 세월을 뒤돌아보면 꿈 꾼 것처럼 허망하지 않습니까? 우리 육신이란 것은 그렇게 무상無常한 존재예요. 우리 육신뿐만 아니라 모든 물질은 무상한 존재이기 때문에 가합假合[임시로 모인 것]으로 이루어졌다고도 말합니다. 그래서 《금강경》에서는 "일체 법은 꿈과 같고 그림자 같고 물거품 같다."고 비유를 했어요.

육신에 대한 집착에서 벗어나 부처가 되기 위해서는 인내심을 가지고 힘들어도 끊임없이 정진을 해서 과거의 업력을 다

물리치고 항복을 받아 내야 합니다. 절에 나오지 못하더라도 아침에 조금 일찍 일어나셔서 정진을 할 수 있어야 해요. 마음 밖에 어느 누구도 여러분들 업을 소멸시킬 수 있는 사람은 없습니다. 관세음보살님도 지장보살님도 모두 여러분 본래의 부처자리 가운데 갖춰져 있습니다. 우리 육신은 스스로 지은 업에 의해 인연 따라 받은 거예요.

여러분들이 덥고 추운 것을 느끼는 것도 몸을 통해 마음이 작용하는 것입니다. 깊은 삼매三昧에 들어가면 덥고 추운 것도 모릅니다. 왜냐하면 마음에는 모양이 없기 때문에 춥거나 덥거나 하는 차원이 아니에요. 모양은 없지만 여러분이 덥고 추운 것을 느끼게 하는 근본 당체當體가 바로 여러분들의 주인이요, 참 모습입니다.

모든 것을 마음의 눈으로 보면 걸림이 없습니다. 마음이 주인이기에 그 마음을 잘 쓰면 과거 현재 미래를 비추어 볼 수 있는 능력을 다 가지고 있어요. 무시이래 자신의 참모습을 등지고 살아왔기에 부처님과 똑같은 능력을 가지고 있음에도 불구하고 어렵고 괴롭게 살고 있는 것이에요. 그것을 《반야심경》에서는 전도몽상顚倒夢想이라고 해요. 그래서 참선을 자꾸 하셔야 합니다. 항시 한 순간이라도 자신을 찾는 공부에서 물러섬이 없어야 하는 이유입니다.

하나의 실상에서 나온 불·보살 명호에 속지 말라

어떤 스님이 혜충 국사에게 물었다.
"어떤 것이 본신인 노사나 부처님[盧舍那佛: 보신불]입니까?"
국사가 답했다.
"깨끗한 물병을 내게로 가져오너라."
스님이 물병을 가지고 오자 국사가 말했다.
"본래 있던 곳에 도로 가져다 두어라."
스님이 다시 물었다.
"어떤 것이 본신인 노사나 부처님입니까?"
"옛 부처님께서 지나가신 지가 오래 되었구나."
-《직지심체요절》

이 선문답은 실상實相의 '체'가 아닌 '용'차원에서 질문을 했고 '용'차원에서 대답을 한 내용입니다. 먼저 '무아無我'에 대해 설명을 드려야 이해하실 수 있는 부분입니다. 본래 실상은 마음으로 되어 있기 때문에 물질이 아닙니다. 물질이 아니니까 어떤 표현도 할 수 없고 너와 내가 구분이 안 됩니다. 있다면 무언가 있어야 있는 것이고 없다면 아주 없어야 없는 것인데, 있는 것도 아니고 없는 것도 아닌 그 자리는 어떤 표현도 할 수가 없습니다.
그런데 여기서 질문하신 스님은 노사나 부처님이 따로 있다고 생각을 했습니다. 그 스님께서는 노사나 부처님이 따로 있는가를 물으셨던 것입니다. 그러자 혜충 국사께서 "깨끗한 물병을 내게로 가져오너라." 하고 질문에 대한 답을 하십니다.

물병하고 노사나 부처님하고 둘입니까, 하나입니까? 하나이기 때문에 노사나 부처님이 무엇이냐 물었을 때 깨끗한 물병을 가져오라고 말씀하셨던 것입니다. 깨끗한 물병을 가져오라는 그것이 노사나 부처님입니다. 물병을 가지고 오자 국사가 본래 있던 곳에 다시 가져다 놓으라고 하십니다. 그 스님은 몰랐기 때문에 시키는 대로 물병을 가지고 왔다가 다시 도로 갖다 놓았어요.

갖다 놓고 "어떤 것이 본신인 노사나 부처님입니까?" 하고 다시 묻습니다. 그러자 국사께서 "옛 부처님께서 지나가신 지가 오래 되었구나." 라고 하십니다.

본래 실상을 인격적으로 부득이 '부처님'이라고 이름 붙여놓았다면 본래자리에서 나온 현상계도 역시 부처 아닌 게 없다고 말씀드렸습니다. 편리한 대로 이름만 붙여놓았을 뿐인데 우리가 착각하는 것이지, 육신뿐만 아니라 모든 물질은 마음으로 되어있어서 안과 밖이 없는 것입니다. 그렇기 때문에 노사나 부처님이 곧 물병이 되고, 물병이 곧 노사나 부처님이 됩니다. 노사나 부처님과 물병은 곧 하나라는 이야기입니다.

이는 실상의 '용用'차원에서 말씀하시는 부분입니다. 우리도 편리한 대로 이렇게 저렇게 이름을 붙여 놓았지만 대답하는 그 놈은 이름이 없다는 뜻입니다. 묻는 분이 본래 실상을 모르기 때문에 노사나 부처님이 따로 있다는 생각으로 물었던 것입니다. 이분법적인 사고를 가지고 있다면 이해를 못 하지만 우주를 있는 그대로 하나로 본다면 이해를 하실 수가 있습니다.

본래자리는 어떤 이름도 붙일 수 없지만 부득이 인격적으로 노사나불, 석가모니, 관세음보살, 지장보살이라고 붙여 놓았을 뿐입니다. 형상에 속고 이름에 속고 사는 것이 중생의 삶입니다. 본래는 형상도 없고 이름도 없는 것인데, 우리가 스스로 붙여놓은 이름이나 형상에 속고 사는 모습입니다. 우주의 근본 실상과 둘이 아닌 하나의 도리를 몰랐을 때를 무명 無明 또는 무지無知라고 하는 것입니다.

선禪, 우주를 하나로 보는 마음

선禪이란 본래 부처님 자리, 본래 나의 모습 자리를 말합니다. 우주를 하나로 보는 그 마음이 바로 선입니다.
과거칠불過去七佛 가운데 한 분인 비바시불毘婆尸佛이 남겨 놓은 깨침의 게송에 이런 것이 있습니다.

몸은 형상이 없는 데에서 생겼나니[身從無相中受生]
온갖 형상을 환술로 만드는 것과 같네[猶如幻出諸形相]
환술로 만들어진 사람에게는 마음이 본래 없으니[幻人心識本來無]
죄와 복은 모두 공하여 머물 곳이 본래 없네[罪福皆空無所住].

'몸은 형상이 없는데서 생겼나니.' 여기서 몸은 이 우주의 모든 물질을 이야기 하는 것으로 《반야심경》에서의 색色을 말하는 것입니다. 즉 물질을 의미합니다만, 이 물질은 곧 마음이에요. 마음은 있다고 할 수도 없고, 없다고 할 수도 없습니다. 그래서 마음의 세계를 공空으로 표현한 것이죠. 마음과 물질은 하나입니다. 물과 얼음이 겉보기엔 둘 같지만 본질은 하나인 것처럼 말이죠. 모든 존재는 형상이 없는 데에서 단지 인연에 의해 생겨납니다.
'환술幻術이 온갖 형상을 만들어낸 것과 같네.' 마술사가 마술로써 갖가지 모양을 다 만들어 내지요? 그와 마찬가지로 이 우주의 모든 존재도 번뇌라고 하는 집착하는 작용에 의해서 생겨난 것이라는 뜻이에요.

'환술로 만들어진 사람에게는 마음이 본래 없으니.' 사람 또한 번뇌와 집착이라고 하는 환술로 만들어졌으니, 마음이랄 것도 본래 없는 것이죠. 마음은 당체當體에 이름을 붙일 수 없다고 했지요. 다만, 부처님이 중생을 이해시키기 위해 마음, 부처, 혹은 불성, 법성法性, 관세음보살, 지장보살 등의 온갖 이름을 붙인 것이지, 진리 그 당체에는 결코 이름을 붙일 수 없습니다. 너의 마음과 내 마음이 서로 다른 것이 아니라는 것을, 그 당체가 하나라는 것을 일단 믿어야 해요.

'죄와 복은 모두 공하여 머물 곳이 본래 없네.' 죄와, 복은 모두 공하여 죄가 따로 어디에 있고, 복이 따로 어디에 있는 것이 아니라는 것이죠. 우주를 하나로 보는, 즉 반야를 이야기하는 것입니다. 《금강경》에 "만약 어떤 사람이 칠보七寶로써 끝없는 보시를 한다 해도, 사구게四句偈 한 게송을 설한 것만 못하다." 라는 구절이 있는데 여기서 사구게 역시 반야를 표현한 것입니다.

물질이란 것은 시작과 끝이 있지만, 진리라는 것은 우주 전체와 하나이기에 복福 하고는 비교가 안 되는 것이죠.

예를 들어, 여기 두 사람씩 두 팀이 똑 같은 거리의 길을 걸어간다고 생각합시다. 한 팀은 만나기만 하면 싸우는 사람들이고, 한 팀은 사이가 좋은 두 사람이에요. 만나기만 하면 싸우는 팀은 길이 아주 멀게 느껴져요. 그러나 사이가 좋은 두 사람은 사이 좋게 이야기하면서 걸으니 시간이 가는 줄도 모르고 가게 됩니다. 전자는 서로에게 걸리는 것이 많으니 길이 멀고 지겨운 것입니다. 후자는 사이 좋게 이야기하며 하나가 되니 시간관념도 없고, 걸리는 것도 없고, 거리도 느껴지지 않는 것입니다.
이처럼 너와 내가 구분이 되어 있으면 만사가 괴로운 것이에요. 반야에서 비추어 보는 것처럼 너와 내가 없어야 합니다. 이러한 진리를 비바시부처님께서 게송으로 표현해 주신 거예요. 그러나 진리 그 당체에 대해서는 말씀을 하지 않았습니다. 이것만 보고는 우리가 이해를 할 수 없기에 우리 자신이 깨달아야 합니다. 둘이 아닌 하나의 원리를 체험해 보면 다 알게 되어 있어요. 하나인 세계에서는 일체 괴로움이 없어요. 불교를 믿는 것은 깨닫기 위해서이지, 무엇을 얻기 위해서가 아님을 기억하시기 바랍니다.

불생불멸不生不滅의 본래 마음

사대를 빌려서 몸으로 삼았고[假借四大以爲身]
마음은 본래 생겨나지 않았으나 대상을 따라서 있게 되었네
[心本無生因境有].
앞에 대상이 없다면 마음 또한 없으니[前境若無心亦無]
죄와 복도 환술과 같아 생겼다가 사라지네[罪福如幻起亦滅].

이 게송은 과거 장엄겁 때의 비사부부처님毘舍浮佛이 설하신 노래입니다.
'4대를 빌려서 몸으로 삼았고'에서 4대는 물질을 말합니다. 물질은 지·수·화·풍 네 가지 원소로 이루어졌어요. 물질로 이루어진 것은 1초도 머물러 있는 것이 없어요. 변하는 것입니다. 물거품 같은 것이에요. 이러한 사대를 빌려서 우리 몸으로 삼았다는 것입니다.
'마음은 본래 생겨나지 않았으나'에서 진여당체의 마음, 생각하기 이전의 본래 마음은 수억 겁 전이나 수억 겁 이후에도 항시 그 자리입니다. 예를 들면, 누군가 진주를 진주인지 모르고 이리 저리 굴려서 진주에 때가 끼었다고 합시다. 진주에 때가 끼었다고 해서 진주가 아닌가요, 그대로 진주입니다. 우리의 마음 또한 불생불멸不生不滅한 것임에도 우리가 그것을 모르고 살았던 것뿐입니다. 그것을 모르고 육안을 통해 시비 분별하기에 업을 짓는 것이에요. 스스로 지은 업으로 인해

수없이 몸을 바꾼다고 해도 그 마음 당체는 그대로 그 자리라는 것입니다. 그 당체는 수억 겁 전이나 지금 이 자리나 똑 같은 자리예요. 본래 진여당체 자리는 모양이 없으니까 더럽고 깨끗한 것도 없고, 늘어나고 줄어드는 것도 없을 뿐 아니라 생겨나고 멸함도 있을 수 없는 것입니다.

'대상을 따라서 있게 되었네.' 라는 것은 스스로 지은 업과 인연에 따라 지·수·화·풍 4대로 이뤄진 몸뚱이, 혹은 물질이 생겨남으로써 마음이 있게 된다는 말씀입니다.

'앞에 대상이 없다면 마음 또한 없으니.' 라고 한 것은 모든 물질의 근본은 물질이 아니라 마음이기에, 대상을 보되 물질이 아닌 마음으로 보면 마음은 모양이 없기에 없다는 것입니다.

'죄와 복도 환술과 같아 생겼다가 사라지는 것'입니다. 어떤 일을 시작할 때 이것은 복이 되고 이것은 죄가 된다는 생각에서 행하게 되면 행한 만큼 일어났다가 다시 없어지고 맙니다. 그것은 진실한 것이 아니니까요. 그래서 여러분들이 반야도리를 이해하셨다면 부모나 남편 혹은 자식을 대할 때에도 그들과 우주가 하나라는 생각의 차원으로 해야 합니다. 그러면 그 행은 이미 우주를 상대로 하는 것이기에 끝이 없는 복이 됩니다. 이것이 보살행이에요. '무상심심 미묘법無上甚深微妙法'이란 바로 이런 법을 말하는 것입니다.

내 마음과 네 마음이 따로 있는 것이 아니라 우주는 하나의 마음이라는 것을 알아야 합니다. 그 마음을 우리는 인격적으로 부처님이라고 합니다. 우주가 하나의 마음이라는 것에 마

제4부. 염불선의 깨달음과 법문

음을 두고 여러분들이 관세음보살을 찾는다면 그것이 염불선이 되는 것입니다. 죄라는 것도 복이라는 것도 따로 존재하는 것이 아닙니다. 우주를 하나로 보고 행하면 우주를 상대로 행한 것이기 때문에 끝이 없는 복이 되므로 따로 복이란 것이 있을 수 없습니다. 우주와 내가 하나가 되었기 때문에 우주가 곧 내 살림이 되는 것입니다.

보고 듣는 마음자리는 생사가 없다

부처란 몸을 보지 않아도 부처인 줄 알지만[佛不見身知是佛]
만약 진실로 안다면 부처가 따로 없네[若實有知別無佛].
지혜로운 이는 죄의 성품이 공한 줄 잘 알아서[智者能知罪性空]
걸림이 없이 생사에 대해 두려워하지 않네[坦然不怖於生死].

이것은 현겁의 두 번째 부처님이신 구나함모니불拘那含牟尼佛의 게송입니다.
'부처란 몸을 보지 않아도 부처인 줄 알지만, 만약 진실로 안다면 부처가 따로 없네.' 사람들은 부처의 몸을 볼 수 없습니다. 진여 그 당체에서는 있다는 말도 없다는 생각도 그르치는 것이기 때문에, 그 자리를 놓고 부처라고 해도 그르치는 것입니다. 그 자리는 마음이라는 이름을 붙여도 그르치는 것이며, 만약 진실로 그 도리를 안다면 부처가 따로 없는 것입니다.
'지혜로운 이는 죄의 성품이 공한 줄 잘 알아서.' 여기서 '지혜로운 이'라 함은 우주와 내가 하나인 도리를 아는 사람을 말하는 것으로 지혜나 반야와 같은 말입니다. 우주와 내가 하나인 도리를 잘 알면 죄의 성품 또한 공한 줄 잘 안다는 것이죠.
'걸림이 없이 생사에 대해 두려워하지 않네.' 본래의 그 마음 자리에는 생사生死가 없는 것입니다. 그런데 우리는 그 자리

제4부. 염불선의 깨달음과 법문

를 잘못 보고 육신을 나로 알아 분별하고 집착하면서 어렵게 살고 있어요. 그것 때문에 자성自性을 되돌리지 못하고 다시 파동에 의해 인연 따라 태중胎中에 들어가는 것입니다. 태중에 들어가면 우리는 다시 태어났다고 하지만, 진짜 나는 몸만 바꾼 것이지 태어난 것이 아닙니다.

사람이 보고 듣는 마음자리에는 생사가 없어요. 《반야심경》에 나오는 '불생불멸 불구부정 부증불감不生不滅 不垢不淨 不增不減', 즉 '모든 법의 공한 이 실상은 생기거나 없어지는 것도 아니고, 더러운 것도 깨끗한 것도 아니며 더해지는 것도 덜해지는 것도 아니다.'는 법문도 다 같은 뜻이에요. 그 도리를 알면 두려움이 없어요. 생사가 없는데 두려울 것이 뭐가 있겠습니까. 따라서 언제나 그 자리에 마음을 두고 정진하는 것이 참 수행인 것입니다.

공空, 언어와 생각 이전의 자리

대승불교의 핵심사상이 일체유심조一切唯心造입니다. 일체가 오직 마음으로 지어진다는 뜻입니다. 다시 말씀드리면, 일체가 마음이라는 뜻입니다.
'마음'이라 하지만, 지금 우리가 시시때때로 분별하는 그 마음을 마음이라 하지는 않습니다. 그 마음은 번뇌입니다. 모든 경계가 끊어진 마음이라야 '참 마음[眞心]'입니다. 이 자리는 문자와 언어로 표현 할 수 없는 자리이자 생각 이전의 자리입니다.
이 경계를 우리는 진리라 합니다. 또는 반야요, 불성이요, 법성이요, 무아요, 진여요, 중도요, 주인공이요, 관세음보살이요, 지장보살이요, 약왕보살이요, 진공묘유眞空妙有요, 선禪이요, 부처님이요, 또는 공空이라 합니다. 우리 불자님들께서는 공을 바로 이해를 하셔야 반야를 의지하여 정도正道 수행을 할 수 있습니다.
이러한 '공사상'은 《반야경》을 비롯한 대승경전에서 특히 강조되고 있습니다만, 이것은 물질을 떠난 자리이기 때문에 모양으로 존재하지는 않습니다. 그러나 모양이 없다 하여 아주 없는 것 또한 아니니, 모양이 없기 때문에 있다고 할 수 없습니다만, 모양이 없다고 하여 아주 없는 것 또한 아니어서, 이것을 있다고 해도 진리가 아니며 또한 없다고 해도 진리가 아닌 것입니다.

다시 말해서 그 근본이 어디 있고 없는 것이 아니라, 우주가 그대로 하나의 생명이며 불성으로 꽉 차 있는 그것을 반야라 하기도 하고, 공이라 하기도 하며, '마음부처[心佛]'라 하기도 하는 것입니다.

그러나 그것은 단지 이름에 지나지 않는 것으로 문자와 언어, 시간과 공간, 그밖에 어떠한 분별도 떠난 자리입니다. 그러기에 '공'이나 '반야' '부처님' 등 근본 진여자리를 말로써 설명한다는 것은 석가모니부처님, 아니 과거 천불千佛, 미래 천불이나 역대 조사스님들이라 할지라도 이미 그르칠 수밖에 없는 도리인 것입니다.

염불하는 이 뭣고

'뜰앞의 잣나무'가 달마 대사의 마음이다

우주의 근본 종지宗旨 차원에서는 일체중생[一切衆生: 생명을 갖추고 있는 모든 존재]과 부처님이 조금도 다르지 않습니다. 하지만 육신을 나로 삼고, 나와 상대를 둘로 보는 분별로 인해 업을 짓고 업에 끄달려, 본래 부처인 줄 모르므로 석가모니 부처님이 도솔천 내원궁에 계시다가 사바세계 중생을 제도하실 때가 되어 가비라국 정반왕의 부인이었던 마야 부인의 태胎에 드셨습니다.

세상에 출현하시면서 두루 일곱 걸음을 걸으시며 사방을 돌아보시고 한 손은 하늘을 가리키고 한 손은 땅을 가리키면서 "하늘 위나 하늘 아래 오직 나 홀로 존귀하다." 하셨습니다. 이 '천상천하 유아독존天上天下唯我獨尊'이란 선언은 석가모니부처님만 홀로 존귀하다는 것이 아니라, 우주의 근본 진여자리에 있어서는 부처님과 우리가 다 같이 존귀하다는 것이며, 하늘 위나 하늘 아래 그 어느 것에도 비교할 수 없는 것임을 의미합니다.

싯다르타 태자가 성도하기 이전의 모습은 석가모니부처님께서 중생을 제도하기 위해 하나의 상相을 나투신 것입니다. 동문東門에서 병자를, 서문에서 노인을, 남문에서 장례행렬을 본 것은 중생에게 있어 가장 근본적 고통의 원인인 노·병·사老病死를 접한 것이고, 북문에서 출가 사문沙門을 보게 되면서 출가를 결심하게 됨은 노·병·사 문제를 해결하기 위한 출

제4부. 염불선의 깨달음과 법문

가의 길이 있음을 우리에게 보여주신 것입니다.
또한 출가 후 6년동안 고행苦行하시다, 고행을 버리고 보리수 나무 아래서 좌선하다 납월[음력 12월] 8일 새벽, 동쪽의 별을 보시고 성불하신 과정을 통해 당시 인도에서 성행하던 고행 위주의 수행으로서는 성불할 수 없음을 몸소 보여주신 것입니다. 고행은 육체의 고통으로 깊은 삼매에 들지 못하는 수행방법임을 가르쳐 주셨음이며 재물, 명예 등 인간이 추구하는 것으로도 영원한 행복을 성취할 수 없고 오로지 성불을 통해서 모든 고통에서 벗어날 수 있음을 보여 주신 것입니다.
부처님의 제자 가운데 한 사람이 수행을 지루하게 생각하고 정진을 못하자, 부처님은 "출가 전에 무엇을 했느냐?"고 물으셨습니다.
그가 거문고를 탔다고 하자, 부처님은 다시 "거문고 줄을 느슨하게 하면 소리가 나느냐?"고 물으셨습니다. 그러자 그는 "줄을 너무 느슨하게 하면 거문고 소리가 늘어지게 되고, 반대로 너무 팽팽하게 조이면 강한 소리가 나기 때문에 아름다운 소리를 얻지 못합니다." 라고 대답했습니다. 이에 부처님께서는 "수행도 그와 같다."고 말씀하시며 중도中道의 가르침을 주셨다는 일화가 전해지고 있습니다.
부처님께서 고행을 버리고 보리수나무 아래에서의 명상, 즉 좌선수련을 통해 성불하심은 이와 같은 중도의 모습을 취한 것입니다. 부처님께서 결국 고행을 버리고 중도를 취하시어 납월 팔일 성도成道하신 후 21일 동안 삼매에 들어 《화엄경》

을 설하시고 12년간《아함경》을 설하셨으며, 8년간《방등경》을 설하시어 제자들이 법에 눈을 뜨게 되자, 반야 600부를 60회에 걸쳐 설하셨습니다.

그 가운데《금강경》은 팔만대장경을 다 함축하고 있으며, 또한 '금강金剛'은《금강반야바라밀경》을 다 함축하고 있습니다. 금강은 물질 가운데 가장 단단한 다이아몬드를 비유한 것으로, 다른 모든 물질을 다 부술 수 있는 가장 강한 것을 상징하며, 바로 우주의 진여眞如자리를 이르는 말입니다. 우주의 진여자리에서 볼 때는 모든 존재가 한 순간에 무너지는 도리이며, 태양도 달도 그 빛을 잃고 천지가 진동하는 순간입니다. 우리가 보고 듣는 것은 마음이 있기 때문인데, 마음에서 생각을 일으키는 것은 번뇌이지만 생각을 일으키기 이전의 자리가 바로 본래 마음이고 금강이며, 석가모니 부처님의 근본과 조금도 다르지 않은 자리인 것입니다.

모든 물질의 최소단위를 현대물리학에서는 소립자素粒子라 하는데, 이것을 전자현미경으로 만 배 확대해서 비춰 봐도 정확히 확인할 수 없으므로 현대과학에서도 물질의 본질은 확인할 수 없는 것으로 단정 짓고 있습니다. 하지만 불법佛法의 차원에서 보면 소립자 이전의 자리가 바로 마음이고 금강인 것입니다. 그 자리는 모양이 없기 때문에 진동도 없는 것이로되, 진동이라 생각하면 이미 번뇌인 것입니다. 다만 그 마음에서 진동을 일으킴으로 인해 소립자의 음과 양이 발생되고 또한 일체 존재하는 것의 모습을 이루는 것입니다.

금강은 우주의 진여자리를 이르는 말로 불생불멸不生不滅이며 불구부정不垢不淨이고 부증불감不增不減이며 생각을 일으키기 이전의 자리를 굳이 말로 표현한 것입니다.
《열반경》을 보면 다음과 같은 게송이 나옵니다.

제법종본래諸法從本來
상자적멸상常自寂滅相
불자행도이佛者行道已
내세득작불來世得作佛

제법이 본래부터 항상 스스로 적멸寂滅해 있으니, 불자가 이 길 행해 다하면 오는 세상 반드시 성불할 것이라는 가르침입니다. 항상 적멸한 그 자리에 마음을 두는 것을 '반야'라 합니다. 생각을 일으키기 이전의 자리가 바로 '진정한 나'라 할 수 있습니다.

한 스님이 조주 스님께
"달마 스님이 서쪽에서 오신 뜻은 무엇입니까?"
하고 묻자, 조주 스님은
"뜰 앞의 잣나무니라[庭前栢樹子]."
라고 답하셨습니다.

그 질문을 했던 수행자는 부처님과 조금도 다르지 않은 도를 깨쳤다고 하는 조주 스님께서 '왜 뜰 앞의 잣나무라고 했을까?' 하는 강한 의문이 생길 수밖에 없는데, 이것이 본질을 깨치기 위한 화두를 주는 것입니다.
조주 스님이 하신 말씀은 결코 거짓일 수 없습니다. 달마 스님이 서쪽에서 오신 본래 뜻은 뜰 앞의 잣나무와 그 근본이 조금도 다르지 않기 때문입니다. 만약 여러분이 달마 스님과 뜰 앞의 잣나무를 다르다 생각하면 그것은 분별이요, 상相인 것입니다. 근본으로 봤을 때는 달마 스님의 마음이나, 잣나무나, 조주 스님의 마음이나 조금도 다르지 않기 때문입니다.
처음, 경학을 연구하시던 임제 스님이 "경經은 길에 지나지 않는다." 하시며 '마음이 곧 부처[卽心卽佛]'라고 가르치는 황벽 스님을 찾아가 3년 동안을 아주 열심히 정진했습니다. 하루는 "3년 동안 정진했으니 공부점검을 해 보라."는 한 스님의 권유에 따라 임제 스님이 황벽 스님 방에 들어가 먼저 삼배를 올렸으나, 말도 꺼내기 전에 황벽 스님으로부터 30방을 맞고 나오게 되었습니다. 공부점검은 커녕 매만 맞고 나온 임제 스님은 "두 번째는 다르겠지." 하며 다시 황벽 스님을 찾아가 삼배를 올렸습니다. 그러나 이번에도 절을 하자마자 방망이로 30방을 맞고 나왔습니다. 한마디 말도 하지 않았는데, 두 번이나 두드려 맞은 임제 스님이 마침내 황벽 스님 곁을 떠날 것을 결심했는데, 떠나기 전, "큰스님께 인사라도 드리라."는 주변스님의 권유에 임제 스님은 세 번째로 황벽 스님을 찾아가 인사를 올립니다.

그때 황벽 스님이 임제 스님에게 말했습니다.
"대우 스님을 찾아 가거라."

대우 스님을 찾아간 임제 스님이 그동안 황벽 스님 문하에서 있었던 일을 모두 이야기하자, 대우 스님이 한마디 일렀습니다.
"그렇게 노파심에서 가르쳐 준 것을 알아듣지 못했느냐?"
그 한 마디에 임제 스님이 확철대오廓徹大悟하며 혼자 중얼거렸습니다.
"황벽의 법도 별 것 아니구만."
"너 지금 뭐라고 했느냐?"
이렇게 대우 스님이 다그치자, 임제 스님이 대우 스님의 옆구리를 탁! 탁! 탁! 세 번 쳤습니다.

이리하여 대우 스님은 임제 스님의 공부를 인가하였으나, 다시 황벽 스님을 찾아가 인가를 받게 하였습니다.
이렇게 물질이 아닌 근본 자리를 놓고 선문답을 할 경우, 입을 떼면 번뇌이기에 그르치게 되는 것입니다. 그 자리를 일러 바로 '금강'이라 하는 것입니다.

우주 그대로 하나의 생명인 반야般若

'반야般若'는 범어이고, '지혜'는 중국에서 번역한 말입니다. 지혜란 것은 '모양이 없는 근본'금강에 마음을 두고 작용을 일으키는 것을 이르는 말입니다. 허공이 법을 청하거나 설할 수 없고, 우리의 사대[四大: 땅·물·불·바람] 육신 또한 법을 청하거나 설할 수 없지만, 우주의 근본은 모양이 없어도 법을 듣기를 원하고 청하기도 합니다. 이것이 반야입니다.

이 말하고 들을 줄 아는 '한 물건[一物]'이 하늘과 땅에 꽉 차 있으며, 능히 법을 듣기도 하고 청하기도 하는 것입니다. 행주좌와 어묵동정[움직일 때, 머물러 있을 때, 앉아 있을 때, 누워있을 때, 말할 때, 말하지 않을 때, 생각을 일으킬 때, 생각을 일으키지 않고 고요할 때] 언제 어느 곳에 있을 때나 그 금강의 자리에 마음을 두고 쓰는 것을 또한 반야라 합니다. 이 한 물건이 온갖 변화에 처하되, 모든 근본을 투시하여 어떤 것을 보고 듣던 간에 동요하지 않으며 백겁천겁이 지나도 조금도 변함이 없는 자리를 금강에 비유한 것입니다. 또한 일체의 모든 것을 근본에 마음을 두면 번뇌와 망상들을 베어 끊음이 금강의 예리함과 같으니 이를 금강이라 한 것입니다.

따라서 '마하摩訶반야'와 '금강반야'는 같은 말입니다. '마하'는 우주의 근본[체·법성·불성]이며 모양이 없는 하나로 우주

공간에 꽉 차 있어서, 그보다 큰 것이 없고 밝은 것 또한 없습니다. 바로 이를 '마하'라 하기도 하고 '금강'이라고도 합니다. 그 근본이 어디 있고 없는 것이 아니라, 우주가 그대로 하나의 생명이며 불성으로 꽉 차 있는 그것을 반야라 합니다.

흔히 깨달은 사람을 일러 '바라밀波羅蜜을 성취한 사람', 중국에서는 이를 도피안[到彼岸: 저 언덕에 이르다]이라 합니다. 바라밀도피안은 모든 물질을 초월한 자리, 즉 금강의 자리를 말합니다. 금강의 자리를 마음에 두고 행주좌와 어묵동정에 여여할 수 있다면 그것이 도피안이며 바라밀인 것입니다.
그러나 어리석은 사람중생은 본질을 보지 못하고 겉만 보고 끄달리며 부처를 등지고 사는데, 이를 차안[此岸: 이 언덕]에 있다고도 합니다. 마하반야가 우주를 하나로 그 근본을 보는 지혜라면, 바라밀은 마치 금강맥을 캐면 금방 금으로 쓸 수 없고 순금을 추려내는 과정이 필요하듯이, 본래가 부처임을 믿고 꾸준히 닦아나가는 것을 이르는 말입니다. 금강반야의 도리를 깨닫고 그에 마음을 의지해서 닦아나가는 바라밀을 행하게 되면, 범부와 보살이 번뇌를 끊고 성불하기까지의 경계를 지나가는 상태인 '두 가지 죽음의 바다[二死海]'와 법신, 반야, 해탈의 삼덕三德을 얻는 것입니다.

호흡지간에 팔만 대장경이 들어 있다

반야바라밀이여!
이 경經은 모양과 소리가 아니거늘
당언唐言으로 부질없이 번역하고
범어梵語로 굳이 이름을 두었도다.

발을 거두니 가을빛이 차고
창문을 여니 서기가 맑도다.
만약 이렇게 능히 안다면
제목이 심히 분명하다 하시니라.

이 게송을 풀이하면 다음과 같습니다.
"반야바라밀[근본 진여자리]이여. 이 경은 모양과 소리가 없는 것이지만, 중생제도를 위해 당나라의 한문으로 번역하고 인도 말로 부처님의 뜻을 번역한 것이다. 집착을 벗어나니 가을빛처럼 시원하고, 근본 진여자리에 마음을 두니 그대로 부처의 자리이다. 그 도리를 안다면《금강반야바라밀다경》이 내 마음 가운데에서 빛을 내고 있는 것이다."
'경經'이란 길금강반야바라밀을 일러주기 위함이니, 석가모니 부처님께서 열반에 이르셨던 길을 경을 통해 현세와 후세 사람이 삿된 길로 가지 않도록 자비심으로 말씀하신 것입니다.
'금강반야바라밀경' 혹은 '마하반야바라밀경'은 생각으로 헤아릴 수 없는 우주를 다 함축하고 있으며, 이를 올바르게 알고 행하면 팔만사천 경을 다 아는 것과 조금도 다르지 않습니다. 즉 금강의 도리를 알면 불교를 아는 것이고, 금강의 도리를 모르면 불교를 안다 할 수 없는 것입니다.

'약이색견아 이음성구아 시인행사도 불능견여래[若以色見我 以音聲求我 是人行邪道 不能見如來: 만약 형상으로 나를 보거나 음성으로서 나를 구하면 이 사람은 삿된 도를 행함이라 능히 여래 즉 진실을 보지 못하리라]'와 같은 《금강경》의 사구게四句偈만이라도 올바로 알고 행하면 그 공덕이 항하의 모래 숫자보다 더 한량한 공덕이 됩니다.

그렇지만 이는 교리적인 입장에서 이론적으로 논하는 것일 뿐, 선종에서 볼 때 경이라는 것은 우리 마음이 숨 쉬고 내쉬는 가운데 다 들어있는 것이라 할 수 있습니다. 다시 말해서 팔만사천 경이 모두 마음자리 하나를 일깨워주기 위한 것입니다. 그리고 우리의 근본 마음과 다르지 않은 석가모니부처님의 입을 통해 나온 것이기 때문에, 그 근본에 마음을 두고 수행하는 것은 우리 마음속에 팔만사천 경이 그대로 들어있다는 것입니다. 미륵부처님이 와도 진리는 다르지 않은 것이며, 부처님의 근본 뜻을 종이에 형상화 시킨 것만 경이라 할 수도 없습니다. 옛 사람이 위와 같이 게송으로 이른 것은 이런 깊은 뜻을 담고 있습니다.

일심에 갖춰진 불·보살의 능력

불교의 삼법인[三法印: 존재의 3가지 특성인 무상無常 무아無我 고苦를 총칭하는 말] 가운데 제법무아諸法無我란 말이 있습니다. 제법무아란, '모든 것은 이름 붙일 수 있는 실체가 없다.' 라는 뜻입니다. 무아無我라고 해서 '나'가 아주 없는 것이 아니라 '이것'이라고 이름 붙일 수 있는 것은 아무 것도 없다는 뜻입니다.

이것은 현대과학에서도 증명을 해주고 있어요. 전자현미경으로 보니까, 모든 물질의 근원을 이루고 있는 원자 자체도 1초에 99억 번 진동을 하고 있답니다. 그러니 물질인지 에너지인지 분간이 안된다는 것이죠. 석가모니 부처님께서는 현대 물리학에서 말하는 이 에너지를 마음으로 보셨습니다.
마음은 모양이 없지요? 모양이 없는 마음이 곧 물질이라는 것입니다. 여기서 말하는 마음은 우리가 시시각각 일으키는 번뇌를 말하는 것이 결코 아니에요. 한 생각 번뇌를 일으키기 이전의 청정한 자리라고 이해를 하셔야 합니다. 우리가 보고 듣고 생각하는 작용은 청정한 마음자리에서 시작되긴 했지만, 그것은 마음이라 하지 않고 번뇌라고 합니다.

불교에서 말하는 마음이 무엇인지 이해를 했다면 《반야심경》을 생각해 봅시다. 《반야심경》에서 '색즉시공 공즉시색色卽是空

空卽是色'이라 함은 물질이 곧 마음이고, 마음이 곧 물질이라는 것이죠? 그 마음을 인격적으로 부처님이라 하는 것입니다. 그렇게 보면 이 세상 모든 것이 부처 아닌 것이 없죠. 그러니까 '제법무아'라고 하는 것은 모든 물질의 근본 바탕으로서, 물질이 아니고 마음이기에 있다고 할 수도 없고, 없다고 할 수도 없는 중도의 자리, 다시 말해서 반야般若의 도리를 설명한 것이라고 이해를 하시면 되겠어요.

그럼, 반야사상에서 비추어 볼 때 우주의 근본은 무엇이겠습니까? 마음이죠. 그런데 그 마음을 나눌 수 있나요? 나눌 수 없습니다. 나눌 수 없는 마음으로 이뤄진 우주 또한 하나의 세계입니다. 그 하나의 세계에 살고 있는 우리 또한 하나입니다. 너와 나를 나눌 수 없는 하나란 말입니다. 우주를 하나로 보면 지옥과 천당도 하나입니다. 그러니 관세음보살님이나 지장보살님이 모두 우리를 제도하시는 것입니다. 지장보살이 따로 있고 관세음보살이 따로 있어서 우리를 제도하시는 것이 아니라, 반야의 차원에서 그 분들은 우리와 한 몸입니다. 다시 말해서 우리가 우주를 하나로 보는 부처님 마음을 낼 때는 우리가 관세음보살님의 능력과 지장보살님의 능력을 다 갖추게 되는 것입니다.

지금도 제방 선원에서 하안거[夏安居: 여름 집중수행]에 드신 많은 스님들이 그 자리로 돌아가기 위해 몸부림 치고 있는 것입니다. 출가자뿐만 아니라 불자들을 포함한 우주의 모든 존재가 본래 청정한 반야의 자리로 돌아가야 하겠죠.《반야심경》에 보면 '삼세제불 의반야바라밀다 고득아뇩다라삼먁삼보리三世諸佛 依般若波羅蜜多 故得阿縟多羅三邈三菩提'란 구절이 있죠? 과거 현재 미래의 부처님도 반야에 의지해서 아뇩다라삼먁삼보리를 얻으신 것처럼, 우리 또한 미래의 부처님이 되기 위해서는 반야를 의지해서 수행해야 합니다. 너와 네가 둘이 아닌 하나의 자리, 있다 없다는 생각이 끊어진 무념의 자리를 의지해서 끊임없는 정진을 해야 하겠습니다.

이 세상의 모든 것은 항상 변하고 있습니다. 하지만 우주와 하나인 여러분 본래 마음자리는 천년 전이나 천년 후나 항상 그 자리에 있는 것입니다. 물질도 아니고 생각도 아닌 것이기에 변화가 없습니다. 항상 본래의 자리에 마음을 두고 우리가 본래 하나라는 생각으로 정진하면 그 어느 것도 집착할 것이 없으며, 집착이 없으면 고통도 없습니다. 너와 나, 내 것 네 것 구별하지 마시고 부디 본래 하나라는 생각으로 열심히 정진하시기 바랍니다.

별과 깨달음, 물질과 마음은 하나

모든 중생의 성품은 청정하여
본래부터 생겨나거나 없어질 수 없네.
이 몸과 마음은 환술幻術로 생겨난 것이니
환술로 만들어진 것에는 죄와 복이 없다네.

현겁의 세 번째 부처님인 가섭부처님의 게송입니다. 이 게송에서 '모든 중생의 성품'이란 '진여당체'를 말합니다. 청정하다는 것은 생사가 없음을 의미합니다. 생명체로 되어 있는 우주의 모든 존재, 물질인 것이나 물질이 아닌 모든 존재를 반야에서 비춰보면 하나같이 진여당체 '부처님 자리'라는 것입니다. 법신法身의 자리, 관세음보살의 자리, 지장보살의 자리이기도 하죠. 그 자리는 물질이 아니기 때문에 본래부터 생겨나거나 없어질 수 없는 것입니다.
환술로 생겨난 이 몸은 물질을 말하고, 환술로 만들어진 마음은 시시 분별하는 마음을 말합니다. 물질이나 시시 분별하는 마음은 반드시 사라지게 되어 있으니, 환술로 생겨난 것입니다. 우리가 어떤 행을 할 때 우주를 상대로 마음을 비우면 영원성永遠性이 있습니다. 그러나 복이 된다는 생각을 가지고 행을 하면 그 인연이 다할 때 복도 없어집니다. '귀의불양족존' 즉 "복과 지혜를 완벽하게 갖추신 부처님께 귀의합니다."라고 했을 때, 부처님은 법신 부처님을 말합니다. 수행자는 정진을 할 때도 오직 그 자리에 마음을 둬야 합니다. 아무런 걸림 없이 말입니다.
현겁의 네 번째 부처님인 석가모니부처님은 게송으로 이렇게 말씀하셨습니다.

> 별을 보고 깨닫게 되었지만
> 깨달은 뒤에는 별이 아니네.
> 사물을 뒤쫓지 않지만
> 무정無情은 아니네.

석가모니부처님은 새벽별을 보고 깨달으셨다고 합니다. 내 마음이 '본래 부처'라는 마음을 가지고 열심히 수행을 해서 깨우치고 나니까, 내 마음도 내 마음이 아님을 알게 되더라는 것입니다. 석가모니부처님이 별을 보고 도를 깨우쳤지만, 깨닫고 보니 별이라는 것이 따로 있는 것이 아니더라는 것이에요. 진리의 세계에서는 별과 깨달음이 둘이 아니고 하나더라는 것입니다. 반야의 세계에서 보면 물질과 마음은 하나이기 때문에 절대로 나눌 수 없으니까요.
부처님은 이 우주와 내가 하나인 도리를 알았습니다. 모든 물질이 곧 물질이 아님을 알았습니다. 그러나 가만히 있으면 그건 무정물입니다. 열반하시기 전까지는 일체중생이 나와 한 몸인 것을 알기 때문에 당연히 제도를 해야 하는 것이죠. 그러니 부처님이 자비심을 일으켜 바로 보살행을 하셨어요. 길을 나서서 법을 설하게 되었다는 이야기입니다.

제4부. 염불선의 깨달음과 법문

본래 부처이기에 부처자리로 돌아간다

우리는 본래 부처이기 때문에 부처자리로 돌아가기 위해서, 깨닫기 위해서 불교를 공부합니다. 부처님께서는 부처의 자리로 돌아갈 수 있는 길을 49년 동안 고구정녕 하게 말씀을 하셨습니다. 우리가 불교를 믿는다면 부처님 말씀에 대해서 의심 없이 그대로 받아들일 때 피안의 세계로 다가갈 수 있습니다.

무상심심미묘법無上甚深微妙法
백천만겁난조우百千萬劫難遭遇
아금문견득수지我今聞見得受持
원해여래진실의願解如來眞實義

'무상심심미묘법'은 위없이 높고 무어라 말할 수 없는 깊고 깊은 부처님의 법, 즉 진리를 말합니다. 이 진리의 당체는 그 어떤 것과도 비교할 수가 없다는 말입니다. 본래의 생각 이전의 주인공 자리를 말하고 있는 것입니다. 그 자리에서 비추어 보면 우주는 그대로 하나의 부처의 생명이 되어있다는 것입니다. 이 법 만나기가 그렇게 어렵다는 이야기예요. 불자들이 절에 다닌다고 해서 이 '무상심심미묘법'을 만났다고 할 수가 없습니다. 우주와 둘이 아닌 하나의 도리를 알았을 때, 비로소 그 미묘한 법을 만난 거예요.

그리고 이 부처님 법 만나기가 '백천만겁난조우' 라고 했습니다. 즉 백천만겁이 지나가도 만나 뵙기 어렵다는 뜻입니다. 여기서 '겁劫' 이란 것은 시간을 말하는 것입니다. 그 겁의 개념을 말씀드리자면 다음과 같습니다.

예를 들어, 둘레가 4킬로미터가 되는 큰 바위가 있습니다. 그 큰 바위를 하늘 사람이 3년에 한 번씩 내려와 한 바퀴 돌면서 올라가는데, 그때 그 옷깃의 스침에 의하여 바위가 다 닳았을 때를 1겁이라고 했습니다. 둘레가 4킬로미터가 되는 엄청난 바위를 3년에 한 번씩 내려와서 옷깃으로 스쳐서 다 닳을 때라고 하는, 그 많은 시간을 통해서도 부처님 법 즉 '무상심심미묘법'을 만나기가 어렵다 하였습니다.

물론 지금 여기에서 이 무상의 도리를 아시는 분은 불법을 만난 것입니다. 하지만, 이 도리를 이해하지 못하는 분은 불법을 아직 만나지 못한 분입니다. 아직도 부처님 법을 만나지 못하고 헤매고 있다 이겁니다. 불자들이 절에 다니고 계시지만 길을 잘 알고 다니셔야 됩니다. 깨달음에 이를 수 있는 길을 바로 알고 다녀야 합니다. 부처님께서 그 길을 말씀하셨지만, 그 길은 수행자 스스로 알기가 어렵습니다. 그래서 경經을 가까이 하셔야 합니다. 다시 말씀드리면, 부처님 법문을 많이 들어야만 깨달음에 이를 수 있는 길을 바르게 이해할 수 있다는 것입니다.

'아금문견득수지', 즉 이제 다행이도 법문을 듣고 보고 지니오니, 이 법문을 통해 보고 듣는 지금 이 순간 그 진리의 문으로 들어간다는 뜻입니다.

그리고 '원해여래진실의'는 '원하옵건대 부처님의 그 진실한 참 뜻을 알아지이다.' 라는 뜻입니다. 우리는 수 없는 윤회를 해 왔습니다. 그리고 지금 이 순간도 분명히 윤회를 하고 있습니다. 그러니 끊임없이 정진해야 합니다. 부처님 도량에서 끊임없이 정진하신 분은 그만큼 업이 가벼워져서 윤회의 업을 빨리 벗어날 수 있다고 하겠습니다. 그러기 위해서는 법문을 많이 듣고 보고 해야 합니다.

어느 날, 여수의 한 처사님에게서 전화를 받았습니다.
"스님, 제가 많은 경과 법문을 들었는데 혜은사 홈페이지에서 《금강경》을 해설하신 일부 내용을 보고 너무나 환희심이 넘쳐서 이렇게 전화를 드렸습니다. 주옥같은 훌륭한 법문이 실려 있는 것을 보고 이렇게 좋은 법문을 계속해서 올려 주시고, 대중이 함께 많이 볼 수 있게 해 주시옵기를 원합니다." 라고 하시며 전화를 끊었습니다.

혼자 보기 아깝다고 그분이 어쩔 줄을 몰라 했던 것입니다. 그러나, 제가 나름대로 눈을 뜬 세계를 여러분들께 일깨워 주려고 애를 쓰지만, 가까이 있으면서도 못 느끼는 분들도 많습니다. 부처님 말씀에 귀를 기울이시고 관심을 갖고 정진을 하지 못했기 때문입니다.

우리 인생은 참으로 무상하기 짝이 없습니다. 우리 육신은 언제 어떻게 될지 알 수가 없어요. 하지만, 꾸준히 정진하는 사람은 진리의 세계에 다가갈 수 있습니다. 조금씩 발전하게 됩니다.

물론 생계를 위해서는 다른 일도 부지런히 해야 합니다. 자기 본연의 위치에서 최선을 다해 열심히 생업에 종사하시면서, 정진의 끈을 놓지 않고 과거에 뿌린 업의 굴레에서 벗어나기 위해 열심히 공부해야 합니다. 하루 30분씩이라도 꾸준히 해야 합니다. 처음부터 잘 될 수가 없기에, 처음에 몇 번 하다가 말아서는 안됩니다. 그러니 나를 찾는 생명의 끈이라 생각하시고 끊임없이 조금씩 노력해 나가시길 바랍니다. 업의 고리에서 벗어나기 위해서 반드시 내 문제는 내가 해결해야 되지, 누가 대신 해결해 주는 것이 아닙니다.

우리 육신이나 눈앞에 펼쳐진 모든 존재는 항상 그대로 머물지 않고 변하고 있습니다. 사람들이 집착하는 육신도 1초전이나 1초 후가 같지 않고 변하고 있어요. 참나가 아니기 때문에, 사람들이 착각하고 있는 것은 죽어보면 압니다. 죽어보면 다 허망하다는 것을 알 수 있어요.

부처님께서는 "네 가지 바른 행위가 있다."고 하셨습니다. 일반 불자들이 생활하는 가운데에서 네 가지 바른 생활이 있으나, 실천하기 참으로 어려운 일이라고 했습니다.

첫째는 부모를 섬기되, 안색을 기쁘게 갖는 일입니다.
힘이 들어도 잘 모셔야 됩니다. 피하면 안돼요. 잘못 하면 악연으로 이어지기 때문에 그 인연이 다음 생에서 어떤 인연으로 어떤 위치에서 만날지 알 수 없기 때문에 좋은 인연으로 회향하도록 노력 하세요. 그래서 부모님을 잘 모시면 악연의 장애에서 벗어날 수 있습니다.
만약 잘못해서 그 인연이 악연이 되었을 때는 나중에 그 악연이 모든 것에서 장애로 나타납니다. 힘들고 어렵다고 해서 회피하여 잘못된 악연의 고리를 지었기 때문이지요. 불자로서 부처님 법에 따라 온화한 모습으로 부모님과 내 주위를 편하게 해 줄 수 있는 것, 그것은 우리가 깨달음을 가로막는 악연의 장애를 벗게 해 줄 수 있는 가장 기초적인 길이라 할 수 있겠습니다.

악연이 되어서 나중에 상하 관계로 만나 힘들다고 후회해도 그땐 이미 소용이 없어요. 힘든 역경에서 정진할 수 있다면 그것이 더욱 도道가 쌓이는 것입니다. 부모님을 모시고 계시는 분들은 인내심을 갖고 마음 편하게 잘 모시도록 하세요. 어른들께서 살아오신 연륜이 우리에게는 삶을 살찌우는 지도자가 될 수 있는 것입니다. 함께 모시면서 그 가운데에도 배우며 깨달아가며 살아갈 수가 있는 것이지요.

인간은 누구나 건강과 행복을 추구하지만 그것은 뜻대로 되지 않지요. 우리가 사는 환경은 죄를 지을 수밖에 없는 환경에서 살고 있다고 했어요. 우리는 다른 생명을 통해서 살고 있기 때문에 다른 생명을 죽이기 위해서 사는 것과 같은 것이지요. 그건 업입니다. 다른 생명의 살생을 통해서 '무상심심미묘법'을 만났을 때, 그 법을 근간으로 비추어 봤을 때 사람들이 행복감을 느낍니다. 근간을 비추어 보십시오.

두 번째는 인仁을 지키고 자애를 실천해 살생하지 않는 것, 게으르지 않으며 어질게 행하고 살생하지 않는 것입니다.
파리·모기도 전생을 보면 사람으로 있을 때가 있어요. 그래서 우리는 작은 미물이라고 생각하는 것이 아니라 동족으로 보셔야 됩니다. 초목도 감정이 있습니다. 나무도 사랑하면서 물을 주며 키우는 나무는 아름답게 자라난답니다. 욕하면서 저주파를 보낸 식물들은 잘 자라지 못한답니다. 사람의 신경에 탐지기를 연결하여 그 신체의 파동을 탐지기로 체크할 수 있듯이, 식물들도 탐지기에 연결하면 식물들에게서 일어나는 파동을 알 수가 있답니다. 사람들처럼 똑같이 파동을 읽을 수 있답니다. 사랑하면서 물을 주고 자기를 가꾸어주는 좋아하는 사람이 오면 나무들이 기쁘게 생각하는 좋아하는 파동이 있고, 자기를 해롭게 하는 사람이 오면 긴장을 한답니다. 나무도 감정이 있다는 이야기입니다.

마음을 닦고 정진을 해나가면 얼굴도 우주처럼 둥글고 원만해 집니다. 계산하면서 자기 편한 시간에만 정진하면 백천만겁을 지나도 불법을 못 만납니다. 만날 수가 없어요. 그렇게 힘든 역경 속에서 정진을 해야 도를 이룰 수 있어요. 그래서 힘이 들어도 불자는 수행의 끈을 놓으면 안 됩니다. 이것 저것 핑계대면 아무것도 못합니다. 따지기 시작하면 절대로 할 수가 없습니다.

자애가 곧 자비입니다. 우주를 하나하나의 생명으로 보고 본래가 내 몸이니까, 본래가 한 몸이기 때문에, 우리는 어머님이 자식을 키울 때 더러워도 더럽다 생각 안하고 내 몸으로 생각하고 키워주는 것입니다. 그러나 본래가 한 몸이지만 우주와 한 몸임을 느끼지 못하는 것이 중생입니다. 그러니 '남을 죽이는 것이 곧 나를 죽이는 것이다.' 그렇게 생각하시고,

제4부. 염불선의 깨달음과 법문

작은 미물도 함부로 대하지 마시고, 자애를 실천해 살생하지 않으며 참회하면서 염불생활을 많이 하셔야 합니다.

세 번째는 은혜를 베풀어 가난한 사람을 구제하는 것입니다. 살생을 많이 한 사람은 축생으로 태어나거나 박복薄福합니다. 짐승들은 먹다가 누가 오면 뭘 감춰요. 참으로 불쌍하지요. 그러니 욕심 부리지 말아야 합니다. 지나친 욕심을 부려 건강을 해치면 곧 추구하는 행복이 달아나니까요. 누가 달라고 하면 말없이 많이 줘야 해요. 그것을 외면하면 다음 생에 악연으로 만나야 하니까요. 내가 손해를 보면 손해를 보는 듯 살았을 때, 오히려 내가 즐거워지는 겁니다. 손해 보는 듯 사시는 그것이 곧 행복입니다.

예를 들자면, 내가 손해 보는 듯 팔면 상대가 기뻐합니다. 그러니 결국은 나도 더불어 즐거워지는 것입니다. 욕심을 내고 탐욕을 부리면 죽어서 축생이나 미물로 태어나고, 내가 지은 업을 그대로 만나게 됩니다.

네 번째, 여러분은 항시 감사하게 생각하고, 지금이 좋은 세상이라 생각하시나요?

지금 이 시대는 물질을 보면 좋은 세상이라고 하는데, 수행자들이 볼 때는 말세입니다. 예전에는 전기도 없고 문화시설이 없으니 정진할 수 있는 환경이 좋았는데, 지금은 그렇지가 못합니다.

연속극에 빠지면 다른 일을 하다가도 그걸 봅니다. 그러니 정진하기 힘들지요. 물질 위주로 살아가는 오늘날에 볼 때는 좋은 세상이지만, 수행자의 입장에서는 정말 수행이 어려운 때라 할 수 있지요.

그러나 수행의 맛을 보면 수행의 소중함과 필요성을 알게 됩니다. 절로 기쁨이 생겨납니다.

부처님 법 만나게 된 것 감사하게 생각하시고 매일같이 새벽에 일찍 일어나셔서 꼭 정진을 하세요. 우리는 지금 이 순간도 죽음을 향해 가고 있습니다. 의심하면 안 됩니다. 항상 거기에 화두를 두시고 인생의 무상함을 느껴야 합니다. 죽음은 시시각각 다가오고 있으니 그것을 가슴에 새기고, 그 고통을 벗어나기 위해 정진의 끈을 놓지 마시기 바랍니다.

3. 염불삼매와 부처행

너와 나, 자연을 하나로 보고 정진하라

"오늘 여기 이렇게 살아 있는 이 목숨은 너무나 귀중한 것이다. 보라, 이 얼마나 귀중한 육신인가를!"
-《정법안장》

열반하신 일타 스님의 외할머니는 아주 부자였습니다. 어느 날 한 비구니 스님이 일타 스님의 외할머니 댁에서 하루 저녁을 머물게 되었어요. 스님은 할머니에게 법문을 밤이 새도록 해주었는데도 잘 알아듣지 못하자, 새벽에 길을 나서며 이렇게 말했어요.
"보살님, 잘 살아야 됩니다. 잘 못살면 사후에 구렁이가 됩니다."
경제적으로 여유가 있으니 남부러운 것이 없고, 절에도 한 달에 한·두 번 다니고 있으니, 그만하면 자신이 아주 열심히 사는 것이라고 생각했던 할머니는 스님의 그 한 마디에 정신이 번쩍 들었어요. 그래서 얼른 스님의 뒤를 쫓아가서 어떻게 해야 다음 생에 구렁이의 몸을 받지 않을 지 물었어요.
그러자 스님은 "그저 열심히 문수보살을 찾으라."는 말을 남기고 총총 사라졌습니다.

구렁이가 될지도 모른다는 두려움 때문이었는지, 할머니는 그때 스님의 대답이 화두로 잡혔어요. 그날 이후 할머니는 앉으나 서나 오로지 문수보살만 찾았다고 합니다. 그렇게 한 생각을 놓치지 않고 정진을 하다 보니 어느덧 혜慧가 열렸어요. 가만히 앉아서도 사업하는 아들에게 "오늘 무슨 일이 있을 것 같으니 어찌 어찌 해라." 하고 미리 미리 조언을 해주니 재산이 불같이 일어났습니다. 그렇게 사시다 돌아가셨는데, 할머니의 시신에서 일주일 동안 광명이 발하는 이적이 일어났습니다. 그래서인지, 그후 그 집의 머슴까지 모두 출가를 했어요.

이 할머니처럼 잘 살다 잘 죽으려면 부처님 말씀에 귀 기울이시고, 정말로 간절히 발원하시면서 수행의 끈을 놓치지 않아야 합니다. 우리는 언제 죽을지 모릅니다. 죽을 땐 이런 저런 여유가 없어요. 업력이 무거운 사람은 이 몸을 벗어날 때 비참하게 죽는 경우가 많습니다. 그런 분들은 돌아가신 후에도 생전의 '괴롭다'는 생각 때문에 부처님 말씀을 아무리 들려 드려도 귀에 들어가질 않아요. 그래서 잘 살아야 합니다. 정진을 열심히 하면 지어 놓은 업이 있다고 해도 자연스럽게 정화가 됩니다. 지은 업이 다 정화가 되면 일타 스님의 외할머니처럼 당당하게 웃으면서 돌아가실 수 있습니다.

"구걸하는 사람을 보고 얼굴을 찡그리는 자는 동시에 지옥의 문을 열고 있는 것과 마찬가지다."
  -《보살본행경》

맛있는 음식을 먹다가 누가 오면 얼른 숨기는 사람이 있습니다. 구걸하는 사람이 오면 멀쩡한 사람이 구걸하러 온다고 얼굴을 찡그리는 이도 있죠. 그렇다면 그 순간 지옥의 문을 열고 있는 것입니다. 우리는 무시이래 수 많은 사람과 인연을 맺어 놓았습니다. 구걸하는 이는 과거 생에 반드시 나와 인연이 있어서 찾아오는 것이에요. 인연에 의해 어떤 일을 하거나 무엇인가를 베풀 때는 아무 생각 없이 즐거운 마음으로 해야 합니다. 불자들이 정말로 마음에서 환희심을 느끼며 살 수 있는 일은 바라는 마음 없이 베푸는 일입니다. 꼭 물질적인 베품이 아니더라도 남에게 봉사할 수 있는 마음이 있어야 합니다.

부처님 가르침이 우주를 하나로 보고, 자연과 나를 하나로 보라는 것이죠. 봉사를 해도 너와 내가 하나인 마음으로 해야 합니다. 너와 내가 본래 하나이고 일체가 마음으로 되어 있다는 생각으로 봉사활동도 열심히 하시고, 정진도 열심히 하시다 보면 마음이 조금씩 커집니다. 반야般若의 차원에서 우주가 본래 하나의 생명이며 너와 내가 또한 본래 하나임을 자꾸 비춰보십시오. 그렇게 열심히 정진하시다 보면 모든 고통의 원인인 욕심도 끊어지고, 번뇌도 끊어지며, 중생까지도 다 제도할 수 있습니다.

"탐욕, 그것은 마음을 속박한다. 탐욕, 그것은 마음을 이리저리 휘몰아 사람들로 하여금 오래도록 미혹한 생을 떠돌게 한다. 나는 이보다 더한 속박을 이제껏 보지 못했다."
 -《이티붓타카》

욕심은 모든 괴로움의 원인입니다. 다른 욕심은 부릴 것이 없어요. 오직 정진에만 욕심을 부려야 합니다. 어떤 것에 집착 한다는 것은 욕심이 전제 돼 있기 때문에 그렇습니다. 자녀에 대한 집착을 쉽게 놓지 못하는 것 또한 욕심으로 전생의 업을 놓지 못하기 때문입니다. 내가 먼저 눈을 뜨셔야 그렇게 애지중지 하는 자녀분들도 구제할 수 있어요. 내가 먼저 부처님 법을 만났으니 자녀들도 부처님 법대로 살아갈 수 있도록 자연스럽게 부처님 길로 인도해 주어야 합니다. 우리는 우주의 주인이 되고자 종교를 믿는 것입니다. 다른 욕심은 스스로를 속박할 뿐입니다.

우주를 살림하는 큰 마음을 찾아 쓰라

진리를 추구하는 분들은 번뇌를 끊고자 목숨까지 걸지만, 번뇌 속에서 사는 분들은 진리를 거부합니다. 각자 진리를 추구하는 불자인지, 아니면 번뇌 속에서 그것이 전부라 생각하며 진리를 거부하는 분인지 스스로를 한번 반조返照해 보십시오.

여러분이 진리를 거부하지 않는다면 수행 자체가 즐거워야 합니다. 스스로 지금까지 무엇을 위해, 무엇 때문에 이렇게 바쁘게 살고 있는지 되돌아보십시오. "이렇게 저렇게 살다가 늙으면 죽는 거지." 라고 생각하십니까? 촌음寸陰을 아껴서 부지런히 정진하셔야 합니다. 우리 모두 죽기 전에, 목숨 끊어지기 전까지 부지런히 정진해서 눈 감을 때 당당하게 옷을 벗을 수 있어야 하겠습니다.

《소부경전》에 이런 법문이 있습니다.

"진실이 아닌 것을 진실이라고 하고 진실인 것을 진실이 아니라고 하는 사람은 잘못된 생각에 사로잡혀 진리에 도달 할 수 없게 된다. 진실을 진실이라고 알고 진실이 아닌 것을 진실이 아니라고 아는 사람은 바른 생각을 함으로써 드디어 불멸의 진리에 도달한다."

우리 주변에도 진실이 아닌 것을 진실이라 우기고, 진실을

진실이 아니라고 우기는 사람이 아주 많습니다. 예를 들면
'토끼에 뿔이 없다'란 말은 진실이죠. 그리고 '거북이에 털이
있다'란 말은 진실이 아니죠.
그럼 내 육신을 비롯해서 우주의 모든 존재는 어떻습니까?
진실입니까? 진실이라 우기고 싶은 분이 계시겠지만, 이 또
한 진실한 모습이 아니거든요. 진실이 아니라고 아무리 말해
줘도 진실이라 우기고, 그것을 받아들이지 못하는 사람들이
있습니다. 부처님께서 '모든 존재는 무상하다[諸行無常]'라고
분명히 말씀하셨는데도 말이에요.
진여연기眞如緣起의 차원에서 보면 모든 존재는 1초에도 99억
번 진동을 한다고 합니다. 상상할 수도 없는 파동을 느끼고
있는 거예요. 지구도 1초에 37Km라는 어마어마한 속도로
돌고 있어요. 분명히 돌고 있음에도 불구하고 우리가 느끼지
못하고 있듯이, 진실이 아닌 것을 진실인 것처럼 집착하고
있단 말이에요. 그러니 삶이 괴로운 것입니다.
하지만 진여 차원에서 비추어 보면 어떤 것도 입을 떼어 논
할 수가 없습니다. 우리는 진리를 추구하는 불자입니다. 들이
쉬고 내쉬는 호흡의 근원지가 바로 여러분 마음자리요, 진리
의 자리이거든요. 그 자리에 마음을 두고 있는 순간은 진리
자리에 들어가 있는 것이고, 그 자리에서 벗어나 있는 순간
은 번뇌 속에서 헤매는 것입니다.
따라서 우리 불자는 그 한 생각을 놓치지 않기 위해 몸부림
을 쳐야 합니다. 절을 찾는 제일의 목적이 일상생활과 가정
사의 어려운 문제를 해결하기 위한 것이어선 곤란합니다. 부

처님은 여러분의 어려운 문제를 해결하는 길만 일러주셨지, 직접 해결해 주시는 분은 아닙니다. 여러분 각자가 지은 업이 다 같을 수가 없습니다. 자기가 지은 죄업은 스스로 맑혀야 되는 것이지, 누가 대신 맑혀 줄 수 없는 것입니다.

석가모니부처님이 참선을 통해 깨달음을 얻었듯이 우리 또한 반드시 참선을 통해 깨달아야 됩니다. 우리 모두 우주의 주인이 될 수 있어야 해요. 대 주인이 될 수 있는 길을 가야 합니다. 우리는 우주를 살림할 수 있는 어마어마한 큰 마음을 가지고 있어요. 그러나 안타깝게도 그 마음을 우리가 제대로 쓰지 못하고 있습니다.

여러분, 부디 부처님 말씀도 가까이 하시고 정진을 습관처럼 하십시오. 누구를 위해서 하는 것이 아니라 자신을 위해서 하는 것입니다. 내가 바뀌어야 이 세상이 바뀌는 것입니다. 내가 안 바뀌면 절대로 상대방은 바뀌지 않습니다. 내가 검은 안경을 쓰고 있으면 이 세상은 모두 다 검게 보이게 되고, 내가 투명한 안경을 쓰고 보면 모든 존재를 있는 그대로 볼 수 있는 법입니다. 우선 내가 먼저 바뀌기 위해서는 나를 찾는 공부를 끊임없이 하셔야 합니다. 나 자신을 위하는 것이 남을 위하는 것이고, 가족을 위하는 것입니다.

여러분은 본래 모남이 없어요. 모남이 없는 진리 차원에서 그 진리를 추구하는 분들은 얼굴 형상도 달덩이처럼 원만한 상을 갖추게 되어 있어요. 원만한 상으로 미소 띤 얼굴을 하면 주위에 있는 사람을 편하게 해줄 수 있거든요. 주위 사람들을 편하게 해준다는 것은 결국 나 자신이 편해지는 길입니다. 자신이 심적으로 괴로우면 주위에 있는 사람에게도 괴로움을 줄 수밖에 없어요. 내가 먼저 마음에 평정을 찾아야 돼요.

과거에 지은 업은 한량이 없기 때문에 정진하는 과정에도 그 무거운 업은 계속 들어오게 되어 있습니다. 수백 수만 생을 통해서 우리가 지어놓은 업은 끝이 없습니다. 우리가 함부로 하는 말이나 생각, 행동은 절대로 없어지는 것이 아니에요. 눈에 보이지 않지만, 우리가 평소 말하고 생각하고 행동한 것이 그대로 업력業力이 되어서 우리를 따르는 것입니다. 스스로 지은 업은 반드시 스스로 받게 되어 있어요.

거듭 말씀드리지만, 절집은 마음 닦는 도량입니다. 절집에 와서 남의 일에 참견하고 말을 잘못해서 시끄럽게 해선 안되겠습니다. 어떤 일을 하든지 수행 하는 마음과 자세로 해야 하고, 그런 마음과 행이 가정에서도 지속될 수 있어야 불자로서의 참다운 모습이라 할 수 있습니다. 그것이 바로 자신을 맑혀 가는 과정입니다. 정진이야말로 각자가 추구하는 행복의 세계로 가는 길입니다. 염불 한 마디, 한 마디가 업력을 맑히고 몸에 탁한 기운을 정화시키고, 가정을 맑히고 더 나아가서는 우주를 맑히기 때문입니다.

진여眞如 자리를 여읜 순간 업이 된다

"천 칸의 대궐이라도 하룻밤을 자는 데는 한 칸 방이요, 만 석의 땅을 가졌어도 하루 먹는 데는 쌀 한 되뿐이다."
-《선가귀감》

우리의 마음은 본래 우주와 같은 큰 마음입니다. 그래서 우리가 욕심을 내면 끝이 없는 마음을 일으키게 되지요. 그러나 우리의 재물은 우리의 마음을 키우는 것과 관계가 없습니다. 재물을 아무리 많이 가지고 있어도 우리는 그것을 관리하는 관리인의 역할에 지나지 않아요. 재물에 대한 지나친 욕심은 집착을 불러오고, 집착은 모든 괴로움의 원인이 될 뿐입니다. 재물을 모으고 쌓아두는 것만이 관리인의 역할은 아니죠. 모아진 재산을 헐벗고 굶주린 이들에게 나눠줄 수 있는 이가 진정 훌륭한 관리인입니다.
선대先代로부터 선행을 많이 베풀었던 가정에서 나라에 큰일을 하는 위인이 태어나는 경우가 많지 않습니까? 선행이라고 해서 다 같지는 않습니다. 간절하게 도움이 필요한 사람에게 베풀어서 상대방이 사무치게 감사함을 느낄 때 정말 큰 복이 됩니다. 우리가 복을 짓지 않으면 다음 생에 박복薄福합니다. 먹고 사는 일이 급하다고 복을 전혀 짓지 않으면 다음 생에 또 박복합니다. 그로인해 먹고 사는 일이 바빠 도저히 수행을 할 수 없는 상황이 될 수도 있어요. 물질을 베푸는 것은 복 짓는 일 가운데 작은 부분일 뿐입니다. 누군가 도움을 필요로 하는 이들을 위해 꾸준히 움직이고 일 하는 것도 복 짓는 일입니다. 연세가 많으신 분들도 할 수 있는 일이라면 뭐든지 하세요. 청소를 한다든지, 집안일을 거든다든지요.

흔히 업이라고 하면 나쁜 말, 나쁜 생각, 나쁜 행위일 것으로 생각을 하는데 업은 좋은 생각이든 나쁜 생각이든 진여眞如 자리를 여읜 순간부터 모두가 업이 돼요. 우리의 마음은 여섯 가지 기관을 통해서 늘 휘달립니다. 우리가 무시이래로 지어놓은 업이 얼마나 많습니까? 그 업으로 인해 우리는 늘 근심 걱정이 끊이지 않는 삶을 살아가는 것입니다.

하지만 여러분들이 지금부터라도 얼마나 정진을 열심히 하느냐에 따라 과거 생부터 지은 업들이 맑아지고, 또 정진을 하는 순간만큼은 업을 짓지 않으니까, 다음 생에 마음 세계가 달라질 수 있습니다. 여러분이 정말 열심히 정진해서 마음자리의 문이 열렸다고 하면 다음 생에 맞이할 환경 또한 달라집니다. 신심을 가지고 꾸준히 정진해 나가면 다음 생에 여러분들은 반드시 정도正道의 길을 가게 되는 것입니다. 그러나 물질에 대한 욕심, 명예에 대한 욕심은 결국 다음 생에 무거운 업으로 돌아오게 된다는 사실을 꼭 기억해 두시기 바랍니다.

"마음에 좋고 나쁨을 따지지 말라. 좋은 것에서부터 슬픔이 생기고 근심이 생기고 속박이 생긴다."
-《법구경》

마음의 평정平定을 이룬다는 것이 도무지 쉽지가 않습니다. 진리에 눈을 떠서 우주와 내가 둘이 아닌 하나라는 것을 이해했다고 하더라도, 과거에 지어 놓은 업으로 인해 마음의 평정을 이루는 일이 쉽지는 않은 것이죠. 그렇긴 하지만, 여러분 자신이 정진을 얼마만큼 하느냐에 따라 마음 세계가 바뀌는 것은 틀림이 없습니다.

마음에 좋고 나쁨을 따져서 좋은 것에만 휘달리다 보면 결국 근심에 시달리게 됩니다. 좋은 것, 화려한 것만 쫓다보면 결국 불행을 초래하는 것이지요. 여름 밤 가로등 불빛을 보고 달려든 수 없는 벌레들이 결국 다 죽게 되는 것처럼, 우리도 좋은 것만 추구하면서 살면 그 좋다는 것에 의해 다시 괴로움을 겪게 되는 것이죠. 우리가 분별해서 그렇지 좋고 나쁨이란 본래 없어요. 남의 도움을 받는 것도 좋은 것 같지만 그것이 다 빚이 됩니다.

우리가 좋다고 생각하는 것에 탐착하면 슬픔이 생기고 근심이 생기고 속박이 생기지만, 우리가 힘들고 어렵다고 생각하는 정진에 힘쓰면 대자유의 세계에 들 수 있습니다. 다음에 보자, 아기 다 키우고 보자, 어떻게 하고 보자, 이렇게 하다 보면 정진이 절대 안 됩니다. 젊었을 때부터 참선하는 습관을 들이면 나중에 이런 일, 저런 일 있을 때 마다 좌선하는 마음을 통해서 자기 행복을 지킬 수 있어요.

참선을 열심히 하면 누군가 어려움을 겪게 되었을 때 달려가서 도와주고 싶은 마음이 저절로 생겨납니다. 이렇게 덕을 많이 쌓은 집안은 저절로 잘 되기 마련입니다. 남에게 무언가를 베풀 수 있는 마음, 남에게 정말로 도움이 될 수 있는 마음이 있어야 해요. 가는 곳마다 지던 꽃도 다시 피어나게 하는 사람, 누구에게나 도움을 줄 수 있고 편안함을 줄 수 있는 사람, 어디를 가더라도 궂은 일 잘하는 사람이 되십시오. 언제 어디서나 솔선수범하는 보살의 마음을 가져 보시길 바랍니다.

제법의 자성본체에 통달하여 일체법이 공空이고 무아無我임을 깨닫고서
자심으로 전일하게 청정불토를 구하여 이러한 극락찰토를 반드시 성취할지어다.
무변 수승한 극락찰토는 아미타 부처님의 본원력本願力이 나타난 것이니,
아미타 부처님 명호를 듣고 왕생하고자 발원하면 저절로 불퇴전에 이르게 되리라.
보살은 지극한 서원을 일으켜서 자기의 국토가 극락세계와 같아지길 발원하고
일체중생을 제도하겠다는 평등한 대비심으로 중생들에게 보리심을 발하게 하여
윤회하는 저 몸을 버리고 모두 함께 피안에 오르게 하네.
- 무량수경

진여당체에 마음 두고 염불해야 해탈한다

"마음은 물질적인 것이 아니므로 있다고 할 수 없고, 마음씀이 그치지 않으니 없다고 할 수도 없다. 마음을 쓰지만 항상 비었으니 실체가 있다고 할 수도 없고, 텅 비었지만 항상 마음씀이 있으니 또한 없는 것도 아니다."
-《달마어록》

마음은 물질로 이뤄진 것이 아니기 때문에 모양이 없습니다. 그렇다고 해서 '마음이 없다.'라고 말하면 이미 그르친 것입니다. 그러나 모양이 없다고 해서 아주 없는 것이 아니니, 없다고도 할 수 없습니다. 그래서 그것을 중도中道라고 합니다. 모든 물질을 분석해 보면 마음으로 되어 있습니다. 모든 물질이 그대로 파동波動의 형태를 띠고 있어요. 그래서 돌도 뜨거우면 이완되고 추우면 수축이 됩니다. 물질로 이루어진 모든 존재가 다 마음으로 되어있습니다.

이렇게 우주를 하나의 마음으로 보면 일체가 다 마음으로 되어있기 때문에 두려울 것도 무서울 것도 없습니다. 하지만, 우리는 물질에 휘둘리기 때문에 괴로움이 있고 어려움이 있습니다. 《반야심경》에서 '조견오온개공 도일체고액照見五蘊皆空度一切苦厄'이라 했듯이 오온[五蘊: 정신과 물질의 근본 요소인 색色 수受 상想 행行 식識을 말함]이 다 공한 것, 오온이 다 마음인 것을 알면 일체의 괴로움에서 벗어날 수 있다는 이야기입니다.

그런데 마음자리는 모양이 없는 것이지만 항상 그대로 있지를 않아요. 온갖 번뇌 망상을 만들어 냅니다. 잠시 우리가 좌선을 해도 짧은 시간에 온갖 망상을 다 합니다. 염불을 해도 마찬가지죠. 그러면 올바른 정진이 안됩니다. 같은 염불을 하더라도 제대로 알고 하면 빨리 뜻을 이룰 수 있어요.

그러기 위해서는 업을 녹여야 합니다. 집중도를 높여 정진해 가면 업이 저절로 녹아져 나가는 것입니다. 우리는 우주의 보배를 찾기 위해서 불교를 믿습니다. 그런데도 어디서 금을 나누어 준다 하면 여기 안 오고 거기 금을 받으러 갑니다. 우리 마음자리를 통해 찾는 보배는 우주의 차원에 비할 수 있는 것에 반하여, 물질에 불과한 금이라고 하는 것은 먼지도 안 되는 차원입니다. 먼지도 안 되는 것에 집착을 하는, 어리석은 일이 없으시길 바랍니다.

마음은 물질이 아니기 때문에 볼 수는 없지만 온갖 것을 다 지어 냅니다. 그래서 중도자리에 마음을 두지 않으면 업을 짓게 되는 것입니다. 중도의 마음을 벗어나는 순간 업을 짓습니다. 좋은 생각이든, 좋지 않은 생각이든 모두 업을 짓고 있는 것입니다. 진리에서 벗어나는 순간 오염 되는 것입니다. 진여당체에 마음을 두고 정진하는 그 때, 수행자의 업도 맑아지고 윤회의 굴레에서 벗어난 순간이 됩니다.

우리가 죽으면 몸이라는 껍데기는 땅속으로 가지만 마음은 어디로 갈까요? 살아서나 죽어서나 마음자리는 항상 그 자리예요. 죽었다고 마음이 다른 데로 없어지는 것이 아닙니다. 마음은 물질이 아니기에 죽는 것이 아닙니다. 그러니 우리는

제4부. 염불선의 깨달음과 법문

죽어서 축생畜生이 되지 말고 눈을 바로 떠서 공부할 수 있는 인연이 되어야 합니다. 앞으로 우리 삶은 점차 혹독한 환경 속에서 벗어날 수 없게 됩니다. 남극과 북극권 얼음이 현재 굉장히 빠른 속도로 녹고 있답니다. 지구의 환경오염이 점점 심해짐에 따라 우리는 점점 살아가기 힘든 상황을 맞이하게 될 것입니다. 그러니 더욱 열심히 정진을 해야 합니다.

"나쁜 짓을 멀리하고 선행을 쌓아라. 좋은 일을 하는 데 게으르면 마음은 저절로 나쁜 짓을 즐기게 된다. 혹시라도 나쁜 짓을 했다면 그것을 되풀이 하지는 말라. 악이 쌓이는 것은 괴로움을 남기게 되고, 좋은 일이 쌓이는 것은 즐거움을 남기게 된다."
-《소부경전》

나쁜 짓을 하는 것은 결국 자신을 속이는 일이죠. 자신을 속이면 자기 자신에게 고통이 돌아옵니다. 본인 마음이 편하지 않아요. 그러면서 그것이 바로 내 업이 되는 것입니다. 좋은 일 하는데 게으르면 마음이 흐트러집니다. 그래서 좋은 도반을 가까이 해야 해요. 항상 정진하고 부처님 법을 가까이 하는 분을 도반으로 삼아야 해요.
우리 어머니들은 자식을 교육 시킬 때 "맞고 들어오지 말라. 지면 안 된다." 라고 하는데, 어릴 때부터 "거짓말 하지 말라. 정직해라." 하는 교육이 되어야 합니다. 그렇게 살면 비록 추구하는 물질적인 부분이 풍부하지 않아도 마음은 편합니다.

선행을 베풀면 그것이 그대로 선하게 돌아오죠. 그러나 악행으로 상대에게 상처를 주거나 하면 역시 나에게 괴로움으로 다시 돌아오게 됩니다. 생활 속의 염불정진은 우리 삶을 빛나게 합니다. 그냥 습관처럼 염불을 하세요. 길가다 넘어질 때도 관세음보살, 지장보살, 아미타불을 염하세요. 그렇게 되어야 합니다. 그렇게 정진을 하다보면 반드시 후회 없는 삶을 살 수 있습니다. 앞서 말씀드린 바와 같이 집착할 것이 있다고 해서 있는 것이 아닌데, 있는 것처럼 집착을 하고 사는 것은 결국 우리가 속고 있는 것입니다. 수행자라면 더 이상 속지 말고 순간순간 부지런히 정진하는 삶을 살아야 하겠습니다.

일념 정진만이 영험과 깨달음을 낳는다

인생을 살다 보면 뜻하지 않은 근심 걱정거리가 다가와 고통을 감내해야 할 경우가 있습니다. 이럴 때 많은 불자님들이 영험의 제일 조건으로서 소문난 영험도량을 꼽는 것을 볼 수가 있습니다.

물론 영험이라는 결과는 분명 있을 수 있습니다. 그러나 그러한 결과가 만들어진 원인은 자세히 살펴보면 스스로의 커다란 신심과 간절함에서 비롯된 정진력임을 알 수 있습니다. 따라서 영험은 도량의 좋고 나쁨에 따라 좌우되는 것이 아니라, 스스로 얼마나 일념으로 정진했느냐에 따른 것입니다. 어느 도량에서든 스스로의 존재를 잊어버릴 만큼 일념으로 정진해 들어가다 보면 본래 갖추고 있는 자비의 기운이 점점 맑게 드러나 가피를 입게 되는 것입니다.

불·보살님의 모습이 우리 눈앞에 보인다고 하는 것은 내 마음에서 내가 만들어 낸 것에 지나지 않습니다. 우리 본래마음 안에는 부처님, 관세음보살, 지장보살, 약왕보살 등 불·보살님의 능력을 다 갖추고 있어서 본래 내 마음에서 만들어 낸 일이지 결코 마음 밖의 일이 아닙니다. 부디 내 마음 밖의 어느 대상이나 경계에 흔들리지 마시기 바랍니다. 여러분 스스로의 힘으로 부단한 정진을 통해 영험도 입으시고 깨달음도 이루시기 바랍니다. 그것만이 자신은 물론 세상을 맑히고 우주를 맑히는 참된 수행자의 길입니다.

깨달은 자는 법의 자리에서 생각하고 행위한다

불교는 깨달음의 종교입니다. 대혜 스님께서 《서장》에서 "깨달은 사람은 법法의 자리에서 모든 것을 사고하고 말을 하고 행위를 한다. 경전을 보거나 봉사를 하거나 그밖의 무엇을 할지라도 자기라는 것을 비우는 보살행이 된다."고 했습니다. 우리는 보살행에 앞서 먼저 깨달아야 하기에, 깨닫기 위해 정진을 합니다. 《반야심경》에서 "삼세제불三世諸佛도 반야를 의지하여 최고의 깨달음을 얻는다."고 했습니다. 때문에 우리도 반야를 의지하여 정진을 하여야 합니다.

그래서 정진하는 불자에게 '기도'라는 말은 맞지 않습니다. 깨달음을 추구하는 모든 불자는 기도라는 말을 쓰면 불교를 스스로 폄하하는 것입니다. 기도는 무엇인가에 비는 개념이기 때문입니다. 반야에서는 빌 대상이 없는 것이기에 《금강경》에서 "형상이나 음성으로 진리를 구하고자 하는 이는 사도邪道를 행하는 자며 성불할 수 없다."고 이르고 있습니다. 우리는 필경 성불해야 됩니다, 현생에서 불교를 바르게 알고 정진하지 못하면 그만큼 늦어질 것입니다.

그런데 우리 불자들은 습관적으로 기도라는 말을 사용하고 있습니다. 기도祈禱란 '빌 기'자, '빌 도'자로 마음 밖에 절대적인 존재 또는 어떤 대상에게 무엇인가를 구하려 빈다는 뜻입니다. 그러므로 기도는 불교와 맞지 않는 용어입니다. 부처님의 가르침을 따르는 불자라면 마땅히 기도라는 용어 대신에 '정진'이란 용어를 사용해야 할 것입니다. 다 같이 정진하여 깨달음을 이룹시다.

염불하며 교화하고 제도하면 현생現生에 곧 아미타라,
자비구름을 널리 펴서 서로서로 권면勸勉하며
이 자비와 서원誓願으로 정토의 청정한 인연 두루 맺어서
애정의 강(愛河)에 빠져 있는 사람을 구제하고
윤회하는 고해苦海를 벗어나게 하며,
모두가 다 안락(安樂·극락)국토에 올라가서
부처님의 은혜를 함께 보답할 것이니라.
-성불의 가장 쉽고 빠른 길(徑中徑又徑徵義)

염불하는 이 뭣고

염불삼매 얻고 무정설법無情說法 깨달은 소동파

《금강경》에 "약이색견아 이음성구아 시인행사도 불능견여래若以色見我 以音聲求我 是人行邪道 不能見如來"라는 법문이 있습니다. 만약에 어떤 사람이 부처를 구하고자 하는 수행자가 물질을 통해 나를 보고자 한다거나, 소리를 통해 참나부처를 구하고자 하는 자는 삿된 도를 행하는 자이니, 부처를 볼 수 없다는 뜻입니다. 즉 반야바라밀다행般若波羅蜜多行을 할 때에만 부처님께 다가갈 수 있고, 수행하지 않고는 안 된다는 법문입니다.

흔히 '요즘은 어른이 없다'는 말들을 많이 합니다. 존경할 만한 사람이 없다는 말입니다. 누구나 세상을 살아가는 데 있어서는 존경하는 사람, 무서운 사람이 꼭 필요합니다. 무서운 사람을 통해서 자신을 돌아볼 수 있고 또 겸손해 질 수 있기에, 오늘날 민주화로 인해 어른 이 없어졌다는 말을 많이 합니다.

그러나 절 집안에서는 아직도 어른이 존재 합니다. 송나라 8대 문장가의 한 분이었던 소동파[蘇東坡, 1036-1101]는 세상을 글로 노래했던 사람으로 자기보다 더 나은 사람은 없다는 생각을 하며, "자존심을 빼면 소동파가 아니다."는 말까지 했습니다. 관직에서 물러나 홀로 수행하게 되면서 나이가 들어 깨달음의 인가를 받은 소동파는 불자 집안에서 태어났으며, 스스로 전생에 스님이었다는 말을 하기도 했습니다.

박학다식하며 문재文才가 뛰어난 소동파는 관직에 있을 때에는 왕안석과 맞지 않아 귀양살이를 하기도 했습니다. 관직을 잃고 귀양지에서 지낼 때, 아미타불 염불을 일념으로 하여 삼매 경지에 올랐다고 합니다. 소동파는 염불선 삼매를 체험한 자신감에 빠져 세상을 주무르겠다는 마음이 앞서게 되어 어느 날, 옥천사玉泉寺에서 승호承皓 선사를 친견합니다.

소동파는 평소에 자만심에 차 있었기에, 성 씨를 물으면,
"칭[秤, 저울] 가입니다."
라고 하였습니다. 이는 저울을 뜻하는데 선지식의 법력이 무거운지, 가벼운지 저울질한다는 말입니다. 이날도 승호 선사와 이야기를 나누면서 '칭秤 가'라고 하였습니다.
승호 선사는 틈을 주지 않고,
"할!"
하고 벽력같은 소리를 내지르고는,
"이 할이 몇 근이고?"
하고 물었습니다.
이때 소동파는 승호 선사의 기세에 눌려서 한 마디 말도 못하고 무릎을 꿇었습니다. 임자를 만난 소동파는 비로소 겸손한 자세로 수행에 매진했다고 합니다.

이후 소동파는 귀종사歸終寺에서 불인요원佛印了元 선사를 친견하게 되는데, 다시 아만심이 발동합니다.
소동파는 평소 법담을 좋아하였기에, 이날도 선지식을 알아보

지 못하고 치기어린 법담을 던졌습니다.
"화상의 사대[四大, 곧 육신]를 빌어 의자倚子로 삼고자 합니다."
하고 요원 선사를 넌지시 어린아이 취급하듯이 말하였습니다.
그러자 요원 선사가 웃으면서 대답하였습니다.
"사대는 원래 공空한데 무엇을 가지고 의자로 삼겠느냐?"
소동파가 선사의 법문에 크게 감동하고 답례로 보배인 옥대玉帶를 바쳤습니다.
요원 선사가 다시 일러 주었습니다.
"일체 사량분별을 쉬거라, 다 쉬거라."
이로부터 소동파는 무섭게 정진을 하였고, 훗날 흥룡사興龍寺에서 상총常聰 선사를 친견한 후, 쏟아지는 폭포소리에 무정설법[無情說法: 무정물이 설법하는 도리]을 깨닫고 인가를 받게 되었습니다.

소동파의 예에서 보듯이, 정치인은 백성 가운데 어른을 무서워해야 합니다. 마찬가지로 가정에도 어른이 있어야 하는데, 가정에도 어른이 없다고 합니다. 남편의 실직으로 인해 경제적으로 곤란을 겪게 되면 남편을 무시하는 예가 있는데, 그렇게 되면 남편의 권위를 잃게 되는 것이고 가정이 무너지는 결과가 되는 것입니다.
절집안에도 큰스님들이 많이 계시고 그를 의지하여 수행하듯이, 여러분도 어른들을 모실 줄 아는 마음이 있어야 합니다. 무서운 사람, 스스로를 돌아보며 겸손해 질 수 있게 하는 선지식이 여러분 곁에 함께 하기를 축원합니다.

일상 · 일행삼매로 망념을 항복받으라

"부처님께서 수보리에게 말씀하시되 '모든 보살마하살은 응당 이와 같이 그 마음을 항복받을지니라[諸菩薩摩訶薩 應如是降伏其心].' 하셨다."
-《금강경》

우주와 내가 둘이 아닌 하나로 보고 항시 근본 진여당체에 마음을 두고 수행하는 이가 곧 보살마하살이며 마음을 항복받은 이라 할 수 있습니다. 모든 경계를 만나되 마음에 변하고 달라짐이 없으며 안으로 산란하지 않는 이가 바로 마음을 항복받은 이라 할 수 있는 것입니다.
또한 자비희사慈悲喜捨의 방편으로 중생들을 교화하되 교화하는 사람이나 교화 받는 이에 대해 마음에 집착함이 없는 것을 보살마하살이라 합니다. 자비희사란 모든 대상을 오직 내 몸과 하나라는 생각으로 차별 없이 대하며, 불쌍한 마음을 일으켜 구하고자 하는 마음을 내고, 남이 잘 되는 것을 함께 기뻐할 줄 알며, 특별히 사랑하고 미워하는 마음을 모두 버리는 것을 말합니다. 무량한 중생을 대상으로 하여, 그들에게 무량의 복을 주는 이타利他의 마음이기에 사무량심四無量心이라 합니다.
이러한 사무량심으로 마음을 일상삼매一相三昧에 두는 것을 마음을 항복받는 것이라 하고, 그에 마음을 두고 닦아가는 것을 일행삼매一行三昧 즉 반야바라밀이라 합니다.

일상삼매는 모든 존재의 뿌리를, 모든 존재를 하나로 보는 삼매라는 말입니다. 즉 모든 존재를 진공묘유眞空妙有로, 무량광명無量光明으로 본다는 말입니다. 천지우주를 한 덩어리로 보는 견해인 일상삼매를 끊어짐 없이 사뭇 이어가는 것이 일행삼매입니다. 일상삼매를 염념상속念念相續하여, 앞 생각 뒷 생각에 딴 잡된 생각이 안 끼이도록까지 사뭇 이어가는 것이 일행삼매인 것입니다. 일상삼매와 일행삼매가 되어야만 참다운 선禪이라 할 수 있습니다.

원 컨 대 나의목숨 마치려할때
온갖번뇌 모든업장 없애고나서
저아미타 부처님을 만나뵈옵고
지체없이 극락왕생 하려합니다
내가이미 저세계에 가서난다음
눈앞에서 이큰소원 모두이루어
온갖것을 남김없이 원만하여서
가이없는 중생들을 기쁘게하리
저부처님 모인대중 깨끗할시고
나는이때 연꽃위에 태어나리니
아 미 타 부처님을 친히뵈오면
그자리서 보리수기 내게주시리
부처님의 보리수기 받잡고나서
마음대로 백억화신 나타내어서
크고넓은 시방세계 두루다니며
이지혜로 모든중생 제도하리라
- 화엄경 보현행원품

제4부. 염불선의 깨달음과 법문

진여당체에 마음을 두고 보시하라

"수보리야, 보살은 법에 응당히 머문 바 없이 보시를 할지니[應無所住 行於布施], 이른바 색에 머물지 않고 보시하며 성향미촉법에도 머물지 않고 보시해야 하느니라[不住色布施 不住聲香味觸法布施]. 수보리야. 보살은 응당 이와 같이 보시하여 상에 머물지 않아야 되느니라[應如是布施 不住於相]."
-《금강경》

《금강경》의 이 구절은 무아사상과 자비를 내포한 구절로, 어떤 법이든 집착하는 마음 없이 보시해야 함을 이르고 있습니다. 즉 보시를 하되 바라는 마음이 있거나 주었다는 생각이 있으면, 이는 인연을 짓는 일일 뿐 진정한 복이 되지는 않습니다.

범부의 보시는 다만 몸의 단정하고 엄숙함과 오욕의 쾌락을 구하는 고로 과보가 다하면 곧 삼도[三道: 지옥, 아귀, 축생]에 떨어지므로, 세존께서 대자비로 무상無相보시를 행하게 해서 몸을 단장하거나 오욕·쾌락을 구하지 않고, 다만 안으로는 간탐심[慳貪心: 인색하고 탐욕스런 마음]을 깨뜨리고 밖으로는 일체중생을 이익케 하기 위함이니, 이와 같이 상응하는 것을 색에 머물지 않고 보시한다고 합니다.

245

따라서 근본 진여당체에 마음을 두고 보시행을 하는 것은 수행입니다. 근본 진여당체에 마음을 두게 되면 성품이 공하고, 일체가 한 몸이며, 중생제도衆生濟度란 본래 없는 것이고, 본래가 다 부처이고 무념無念이며, 법 아닌 것이 없습니다. 반면, 상相이 있게 되면 진정한 보살행이 아닙니다. 보통 사람들이 보시를 할 때는 보시에 의해 주어지는 인과를 바라는 마음이 있으므로, 그 과보가 다하면 다시 삼도[지옥, 아귀, 축생]에 떨어진다고 한 것입니다.

그러므로 세존께서 바라는 마음 없이 우주를 하나의 생명으로 보고, 다만 스스로 안으로는 탐심을 깨뜨리고 밖으로는 일체중생을 이익하게 하는 것을 '색에 머물지 않고 보시한다[不住色布施]'고 합니다. 고로 보시를 행하되 자신을 위해서 한다거나 어떤 과보를 바란다면 '색성향미촉법에 머무는 보시[住聲香味觸法布施]'가 됩니다.

'응당 이와 같이 보시한다[應如是布施]' 함은 마음 가운데 조금도 상이 없는 무상심無相心으로 보시함을 말하는 것으로, 보시한다는 마음도 없고 베푸는 물건도 보지 않으며, 주는 사람 받는 사람도 분별하지 않음을 말합니다. 여기서 '상相'이란 무엇인가를 바라는 마음, 있다는 생각, 없다는 생각, 받을 것, 줄 것, 자신을 위한 생각, 은혜를 갚기 위한 생각, 보시의 과보를 바라는 마음 등을 이릅니다.

'범소유상 개시허망 약견제상비상 즉견여래[凡所有相 皆是虛妄 若見 諸相非相 卽見如來: 무릇 형상 있는 바 모든 것은 허망한 것이니, 만약 모든 현상이 진실상이 아닌 줄을 보면 여래를 보리라]'라는 사구게가 있습니다. 일체 형상을 고정된 형상이 아닌 것으로 볼 때가 곧 진리를 보는 것이란 말입니다. 일체 형상은 망념妄念으로부터 변하여 나타났기 때문입니다. 망념 그 자체가 본래 공한 것인데, 그것이 변함이 어찌 실답겠습니까.

우리 마음 가운데 분별을 떠나면 일체의 상相이 없어집니다. 《기신론》에서는 이렇게 설하고 있습니다.

"깨달음이란 몸과 마음에서 모든 생각이 떠난 것이니, 관념의 상이 허공계와 같아서 곧 여래의 평등법신이라. 부처님께서 법신을 나타내고자 하므로 설하되 '일체의 모든 상이 모두 허망한 것이니 만약 일체 모든 상이 허망하여 실이 아님을 깨달으면 곧 여래의 무상한 이치를 보리라.' 하시니라. 유有에 집착하고 무無에 집착하는 것은 함께 사견을 이루는 것이니, 유·무 둘 다 없어야 한 맛으로 항상 나타나리라."

세상을 내 몸처럼 사랑하고 보살피라

"어리석은 사람은 자신을 돌보지 않고 남의 허물만 찾는다."
-《무희망경》

우리에게 제일 급한 일은 내 마음, 내 주인공을 찾는 일입니다. 목숨이라는 것은 영원한 것이 아닙니다. 이 육신은 사실 불안한 존재이죠. 그러니까 본래 마음자리를 찾는 데 소홀해서는 안된다는 말입니다. 아직도 우리가 남의 허물만 보고 있다면 참으로 어리석은 일입니다. 남의 허물을 보기 전에 내 자신을 비춰 본다면 부끄럽기 짝이 없는 것을 스스로 느낄 수 있을 것입니다. 정말로 내가 남의 허물을 말할 수 있는가 한번 돌이켜 보십시오. 남의 허물을 보기 전에 내 마음자리 찾는 데 마음을 모아야 합니다.

"이 몸은 괴로움의 근본이요, 재앙의 근원이다."
-《법구비유경》

육신은 업의 덩어리입니다. 마음에서는 공부를 하고 싶지만 육신이 안 따라 줍니다. 이 육신이라는 것은 편한 것만 추구해 왔기 때문에 환경이 조금 바뀌면 힘들어 합니다. 그러면 마음도 따라서 변덕을 부리지요. 그러나 분명한 것은 지금 이 순간에도 우리는 죽음을 향해서 부단히 가고 있다는 사실

제4부. 염불선의 깨달음과 법문

입니다. 항상 이 몸은 무상하다고 생각하셔야 합니다.
우리가 하루하루를 볼 때는 모르지만, 10년 전 사진과 10년 후의 사진을 보면 분명히 내 자신의 몸이 변한 것을 느낄 수가 있습니다. 육신은 시시각각 분명히 변하는 것임에도 우리는 평생 이 몸뚱이 하나 잘 먹이고 편하고 즐겁게 하기 위해서 산다고 해도 과언이 아니거든요. 아무리 이 몸뚱이를 잘 먹인다 해도 결국은 한 줌의 흙으로 돌아간다는 것을 잊지 마셔야 합니다. 아직도 이런 삶이 즐겁다는 분은 수행을 못합니다. 이 육신은 언젠가 망가지는 것이라 생각하시고, 조금이라도 몸이 성할 때 정진을 하셔야 합니다. 그래야만 여러분들이 나중에 죽음에 임해도 후회하지 않습니다.

"세속 사람들은 모두 자기 자신을 사랑하지만 막상 자신을 편안하고 이롭게 하지는 못한다. 하물며 이런 사람들이 남을 편안하게 하고 남을 이롭게 하는 사랑을 베풀 수 있겠는가. 보살[구도자]은 그렇지 않아서 자신에 대한 사랑을 버리고 오직 남만을 사랑한다." -《대승장엄경론》

세속 사람들이란 바로 여러분을 말합니다. 가정을 갖고 사는 분들은 모두 자기 자신을 사랑하지만 막상 자신을 편안하고 이롭게 하지 못한다는 것이죠. 여러분들이 세속에서 아무리 가족을 사랑해도 자기 참자신은 진심으로 사랑하지 못합니다. 다시 말해서 자기 본래의 참 부처님 생명을 모르고 사는 것을 지적하는 말이에요. 사람의 본래 참 마음자리는 우주를 벗삼아 살아가는 마음자리인데 그 위대한 마음을 우리가 등지고 있기 때문입니다.
서양에서는 물질 위주로 인간의 행복을 추구했지만 '물질로서는 우리가 추구하는 행복에 이를 수 없다.' 라고 결론을 내렸어요. 그러다 보니까 서양의 학자들이 동양의 정신적인 사상에 관심을 갖게 됐는데, 특히 대승사상인 부처님 가르침이 참으로 위대하다는 것을 인정했어요. 우주를 하나로 보는 견해에서 추구하는 세계니까요.
우리는 이 위대한 부처님의 가르침을 듣고 있으면서도 우주와 하나가 될 수 있는 그 행에 대해서는 무관심해요. 열심히 하시는 분도 많이 계시지만, 생각으로만 하면 안됩니다. 구도자 즉 보살은 자신에 대한 사랑을 버리고 오직 남만을 사랑한다고 하죠. 보살의 경지에서는 이미 형상을 초월했기 때문에 나와 너가 따로 없습니다. 나와 너가 따로 없으니까 우주를 그대로 하나로 보는 견해로 행동하는 것이죠. 그것이 진정한 부처가 될 수 있는 덕과 지혜를 갖춘 행위입니다.
이것은 사람들이 자식을 키우면서 똥, 오줌이 더럽지 않다 생각하고 보살피는 것과 같습니다. 그런데 보통 사람들은 내 자식이라고 하는 그 테두리 안에서만 가능하단 말이에요. 그러나 보살은 이 우주를 그대로 내 몸과 함께 하나로 보고, 자식이라 봅니다. 사람들이 자식을 키울 때 똥, 오줌 더럽다 생각하지 않고 즐거운 마음으로 대하듯이, 보살은 이 우주를 그대로 하나로 보고 생각하고 행하는 것입니다. 보살 경지에 들어간 사람은 그 행위 하나하나를 모두 즐거운 마음으로 하게 마련입니다.

"앞도 버리고 뒤도 버리고 중간도 버려라. 생존의 피안에 도달한 사람은 모든 이치에서 마음이 해탈되어 있어 다시 생로병사의 윤회를 받지 않는다."
-《소부경전》

'앞도 버리고 뒤도 버리고 중간도 버려라.' 라는 말은 중도 사상입니다. 우리는 아직도 눈에 보이는 것만 전부인양 살고 있지요. 그런데 눈에 보이는 물질이란 것은 사실이 아닌 것입니다. 꿈을 꿀 때 친구를 만나서 차를 마시고 많은 얘기를 하다 꿈 속에서 탁 깨고 나면 친구도 없고 꿈속에서 보았던 것이 순간적으로 없어져 버립니다. 마찬가지로 현실에서 느끼고 있는 대상이라는 것도 모두 사실이 아니란 말입니다. 즉 보살 경지에 들어간 사람이 모든 물질의 근본을 보면 다 마음으로 되어 있단 말입니다. 마음으로 되어있기 때문에 앞도 없는 것이고 뒤도 없는 것이고 또 중간도 없어요.
여러분이 어떤 일을 하시다 보면 시간 가는 줄 모르고 깊이 빠져 버리는 수가 있지요. 그 순간은 모든 것에서 벗어난 순간입니다. 굉장히 편안한 경지에 들어간 것입니다. 부처님 경지에 들어간 것은 바로 그런 경지에 있다는 것입니다. 사실은 그 순간이 제일 행복한 순간이예요. 그런데 우리는 지금 겉만 보고 너다, 나다 분별하기 때문에 괴로운 것임을 알아야 합니다.

문자나 형상에 휘둘리지 않는 정진

부처님은 우리들이 '본래 부처'란 말씀을 해 주셨어요. 참선은 쉽게 말씀드리면 본래의 마음자리를 참구하는 것을 말합니다. 우리는 누구나 본래 부처님자리를 갖추고 있지만 그 이치를 아는 사람과 모르는 사람은 하늘과 땅만큼 차이가 납니다. 염불 한 마디 한 마디가 수행자 본래의 청정한 마음자리를 드러나게 하고 나아가서는 세상을 맑혀줍니다.

그런 사실이 눈에 보이지 않는다고 해서 쉽게 받아들이지 못하는 경우가 있습니다만, 진리는 보는 것이 아닙니다. 진리는 보는 것이 아니라 깨닫는 것입니다. 이 진리를《천수경》에서는 '백천만겁난조우百千萬劫難遭隅'라 말하고 있어요. 진리란 쉽게 만날 수 있는 것이 아니라는 겁니다. 그러나 진리를 깨닫고 보면 마치 어둠 속에 횃불을 들고 가는 것과 같다고 했어요. 우리는 한치 앞도 알지 못합니다. 그래서 우리는 눈을 뜨고 있지만, 캄캄한 어둠 속에 있습니다.

절에 열심히 다녔는데, 재앙을 만났다고 부처님을 원망하는 불자들이 있는데, 그래서는 안됩니다. 부처님은 복을 지을 수 있는 길을 안내해 주시는 분이지, 복을 주는 분이 아닙니다. 수행자가 염불을 간절히 한 만큼 공덕을 이루고, 열심히 공덕을 지으면 그 만큼의 공덕을 다시 얻는 것이기 때문입니다.

우리의 본래 마음자리는 '불생불멸 불구부정 부증불감 不生不滅 不垢不淨 不增不減'이라고 《반야심경》에서 말씀하셨어요. 우리 본래의 마음은 보이지 않기 때문에 나고 죽음도 없고, 더럽고 깨끗함도 없으며, 조금도 두려울 것이 없습니다. 우리 앞에 핵폭탄이 떨어져도 우리의 불성자리는 조금도 멸하고 훼손되지 않으며, 일체의 두려움이 없는 것입니다. 그 소식을 아는 것이 진리를 보는 것이라고 할 수 있어요.

이 진리의 말씀은 우리에게는 꿈 같은 소식이지만 분명히 꿈은 아닙니다. 부처님 열반의 세계는 여러분이 직접 정진을 통해서만 체득할 수 있습니다. 스님들이 아무리 좋은 법문을 해도 여러분 자신이 정진하지 않으면 체득할 수 없는 세계입니다. 시간 있을 때 마다 틈틈이 10분, 20분 또는 그 이상 앉아서 정진하세요.

"언어는 이 형상의 세계를 떠나서는 존재하지 않는다. 지혜로운 이는 언어에 붙잡히지 않기 때문에 두려움이 없다. 왜냐하면 아무리 완전한 언어라 해도 거기에 집착하게 되면 영원히 그 언어의 속박에서 벗어날 수 없기 때문이다. 두려움이 없는 것, 이것이 바로 해탈이다."
-《유마경》

우리가 말을 하지 않고는 살 수 없잖아요? 말, 즉 언어라는 것은 우리의 본래 마음이 아니라 생각에서 비롯된 것일 뿐입니다. 그래서 언어나 문자라는 것은 진리와 통할 수가 없습니다. 그러나 본래의 마음자리에 마음을 두고 정진하여 깨닫게 되면 부처님이 말씀하신 팔만대장경을 다 읽지 않아도 그대로 통달하게 됩니다.

가끔 보살님들 가운데는 관세음보살님을 찾다가 지장보살님을 찾으니까 관세음보살님께 미안한 생각이 든다고 말씀하시는 분이 계십니다. 그것은 아직도 문자나 형상에 휘둘리고 있다는 이야기예요. 우리가 진정으로 본래면목, 본래 마음자리를 정확히 이해하고 정진할 때 깨달을 수 있는 공부가 되는 것입니다.

수행자의 제일 문제가 무엇이냐 하면 정진을 하고자 하는데, 집중이 안되어서 힘이 든다는 것입니다. 참선할 때 참선이 잘 되면 참선 자체가 즐거움이지만, 집중이 안되니까 오만가지 생각이 다 드는 겁니다. 하지만 처음엔 누구나 그렇습니다. 다만 매일같이 꾸준히 하다보면 차츰 익숙해지고 망상을 이길 수 있게 됩니다.

《무희망경》에 "어리석은 사람은 자신을 돌보지 않고 남의 허물만 찾는다."는 말씀이 있습니다. 자기 본래의 마음자리를 찾지 않는 사람, 남의 말만 하는 사람, 사실이 아닌 것을 사실인 양 믿고 사는 것이 가장 큰 죄이고 큰 병입니다. 우리 모두가 그런 소지를 가지고 있습니다. 자기의 본래 마음자리는 찾지 않고 다른 사람의 허물만 말하기 쉽습니다. 불자들이 초하루라고 절에 오셔서 방석 딱 깔고 앉아 그냥 옆에 사람하고 얘기만 하신다면 정말 시간이 아깝습니다. 절에 오시면 일단 오는 순서대로 앞에서부터 차례로 앉아서 참선하고 계십시오. 그 얼마나 보기 좋습니까?

이 몸은 괴로움의 근본이요 재앙의 근원입니다. 업의 덩어리이며 고통의 덩어리입니다. 하지만 여러분이 참선을 열심히 하면 몸이 유연해지고 특히 나이가 많으신 분들도 몸이 부드러워집니다. 집에서도 참선하시고 매일같이 몸을 풀어주세요. 허리운동도 하시고 발바닥을 자꾸 눌러 주세요. 앉아서 발바닥을 눌러보면 아픈 데가 있을 것입니다. 발바닥에 노폐물이 쌓여서 그렇습니다. 그 노폐물이 혈관을 압박하고 심장을 압박하고 풍도 오게 합니다. 틈틈이 참선하시고 중간 중간 몸을 풀어주셔서 수행자 스스로 건강한 몸과 마음을 만들어 가시기 바랍니다.

백 번 참고 한 번 생각하라

날씨는 우리가 살아가는 것과 똑 같습니다. 어느 날은 화창하고, 어느 날은 구름이 끼어 어두컴컴하고……. 우리 마음도 그렇지 않습니까? 똑같은 날씨라도 느끼는 감정은 각각 다릅니다. 낙엽이 지는 모습을 보고도 느끼는 감정이 각자 다릅니다. 나이 드신 분들은 푸르고 싱싱하던 나뭇잎들이 저렇게 가을을 맞이해서 일생을 마치는 모습을 보면 좀 서글프게 느끼시죠. 젊은 세대들은 낙엽 지는 모습도 즐겁게 느껴질지 모릅니다.

여러분도 아마 그런 마음을 가지고 살아오셨을 겁니다. 똑같은 생을 살면서도 개개인이 각기 다르게 느끼며 살아가는 것은 과거 생에 지은 업이 각각 다르기 때문에 그렇습니다. 업이 다르다는 것은 똑 같은 이 자리, 이 상황에서도 똑같은 생각을 하고 있지 않다는 것이죠. 각자 다르게 생각하고 있습니다. 그러니 지은 업도 다를 수밖에 없는 것입니다. 모습이 다를 수밖에 없고, 이 사람 저 사람 만나서 사는 것도 다 같을 수가 없어요.

마음이란 것이 원자 차원에서 1초에 99억 번 진동을 한다고 하니까 우리 생각이 얼마나 변덕스러운 것입니까? 그 변덕스런 마음을 다잡기 위해서는 우리가 부처님 가르침을 배워서 그 가르침대로 살고자 노력해야 합니다. 그런 의미에서 번뇌를 잠재울 수 있는 길을 배우셔야 하겠죠. 우리가 본래 부처임에도 불구하고 부처의 삶을 살지 못하잖아요. 그러니 부처 자리에 마음을 두고 닦아 가면 부처와 하나가 되는 순간만큼은 번뇌가 녹아 내려가는 것입니다. 번뇌가 녹아 내려가면서 우리의 청정불성을 감싸고 있는 탁한 기운이, 다시 말해서 업력이 정화가 되는 거예요. 그것이 정화되면 불성이 드러납니다.

눈에 보이는 것이 전부라는 집착 때문에 우리가 부처자리[佛地]로 돌아가지 못하는 것입니다. 그것을 우리가 빨리 깨달아야 합니다. 인생은 참으로 짧습니다. 겁[劫: 무수한 시간단위] 차원에서 보면 칠팔십을 살아도 굉장히 짧은 시간에 지나지 않아요. 여러번 말씀드리지만 이 현상세계는 사실이 아닌 것입니다. 사실이 아닌 것을 우리가 사실인양 휘둘려 가는 거예요. 그래서 속기도 하고, 상처받기도 하고, 눈물도 흘리고, 가슴을 치는 일이 생기는 거예요. 진실을 바라보지 못하기 때문에 그렇습니다.

그래서 우리 불자님들은 인과를 분명히 받아들여야 해요. 인과를 받아들이지 않으면 원망이 생겨납니다. 너 때문에, 누구 때문에 하고 말입니다. 어느 불교신문에서 불자를 대상으로 인과를 믿느냐, 안 믿느냐에 대해 여론 조사를 했는데, 60% 정도만 인과를 믿는다는 결과가 나왔답니다. 인과도 불교의 핵심에 속합니다. 정진을 많이 하면 많이 하는 만큼 빨리 깨우칠 수 있는 것도 그런 원리라고 할 수 있습니다. 부지런히 정진하십시오.

"실로 이 세상에 있어서 원한을 원한으로 갚는다면 원한의 고리는 영원히 끊어지지 않을 것이다. 인내만이 원한의 고리를 끊을 수 있다. 또한 원망은 원망에 의해 갚아지는 것이 아니다. 다만 잊어버림으로써 소멸하는 것이다. 이것은 영원한 진리다."
-《잡아함경》

우리는 항상 당한 것만 생각하지, 전생에 내가 행한 것은 생각 못해요. 같은 부부의 인연에 의해 평생을 사는 분들 가운데도 타의 모범이 될 만큼 잉꼬부부로 살아가는 분들이 있어요. 그런 부부는 보기에도 좋아 보이고 부러워할 만한 대상입니다. 반면에 평생 등 돌리고 사는 부부도 있습니다. 똑 같이 서로 안 지려고 하기 때문에 만나기만 하면 부딪히는 것입니다. 이런 경우는 전생의 악연 때문에 그렇습니다. 전생에 악연이었던 사람과 인연이 되면 만나기만 하면 싫은 거예요. 이것은 전생의 업이라 하고 받아 들여야 합니다. 그런데 지금 젊은 사람들은 절대 안 참으려고 하죠. 그것을 못 참고 그냥 부딪치기 때문에 쉽게 돌아섭니다.

대부분 미우면 복수하고 싶은 마음이 일어나지만, 그렇게 될 수밖에 없는 인연이 되었을 때, 그래도 그것을 참으면 전생의 업을 녹이는 일이 됩니다. 어떤 일로 분한 마음이 생기게 되었을 때 그 순간을 참지 못하면 더 큰 불길로 번져 나가게 됩니다. 결국 더 힘들어 지는 것입니다.

위 경전 법문에서도 "인내만이 원한의 고리를 끊을 수 있다."

제4부. 염불선의 깨달음과 법문

고 했지만, 한 삼일 정도만 참으면 대화를 하더라도 감정이 누그러진 상태에서 할 수가 있습니다. 어느 부대에 가서 보니까 "백번 참고, 한 번 생각하라."는 문구가 있던데, 쉬운 일은 아니지만 만약에 그 글귀대로만 행한다면 누구나 다 도인이 될 수 있을 것입니다. "원망은 원망에 의해 갚아 지는 것이 아니다." 라는 가르침을 항시 마음에 두고 살아가시길 바랍니다.

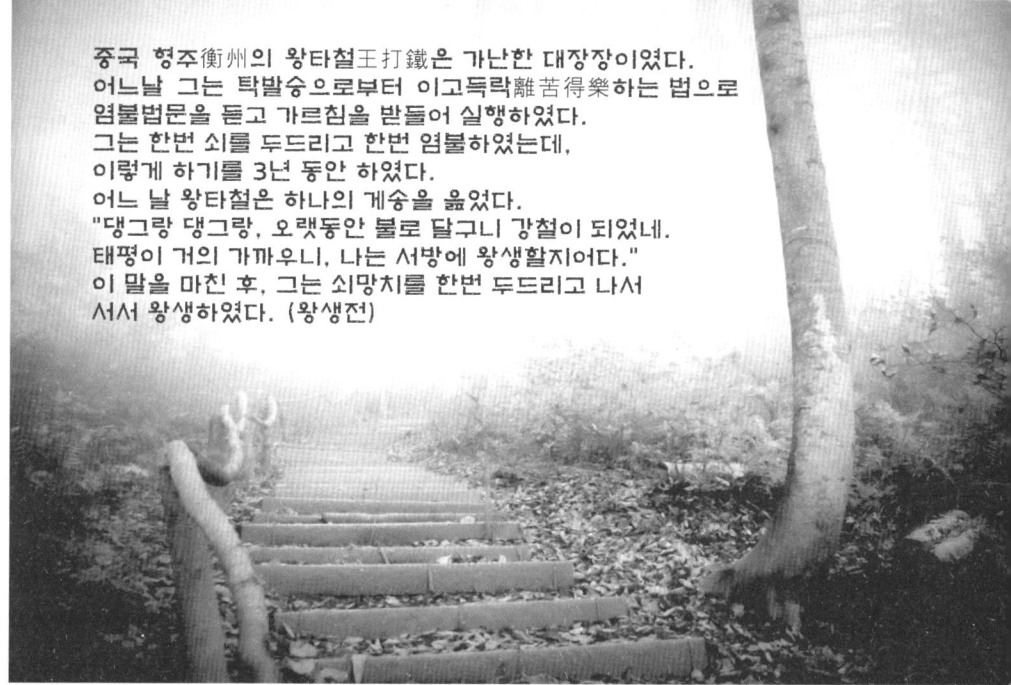

중국 형주衡州의 왕타철王打鐵은 가난한 대장장이였다.
어느날 그는 탁발승으로부터 이고득락離苦得樂하는 법으로
염불법문을 듣고 가르침을 받들어 실행하였다.
그는 한번 쇠를 두드리고 한번 염불하였는데,
이렇게 하기를 3년 동안 하였다.
어느 날 왕타철은 하나의 게송을 읊었다.
"댕그랑 댕그랑, 오랫동안 불로 달구니 강철이 되었네.
태평이 거의 가까우니, 나는 서방에 왕생할지어다."
이 말을 마친 후, 그는 쇠망치를 한번 두드리고 나서
서서 왕생하였다. (왕생전)

염불하는 이 뭣고

고삐 풀린 망아지를 염불과 화두로 묶어라

모든 고통은 자기 자신의 집착과 탐욕에 의해서 만들어진 것이기 때문에 결국, 자신의 마음을 통해 녹이는 것이 고통에서 벗어날 수 있는 유일한 길입니다. 내가 지은 것은 내가 내 스스로 소멸시켜야 합니다. 내 배가 배고프면 내가 먹어야 배고픔이 해결되듯이, 모든 부분은 내 마음에서 내가 지어낸 것이기 때문에 역시 내가 소멸 시켜야 된다는 이야기예요. 결국 모든 문제는 오직 정진을 통해서만 해결 될 수 있다는 말입니다.

정진을 잘 이어가기 위해서는 좋은 도반의 역할도 중요합니다. 부처님께서는 좋은 도반을 만나는 것은 이미 50%의 도를 이룬 것과 같다고 말씀하셨습니다. 놀기 좋아하는 도반과 어울리면 어쩔 수 없이 함께 놀게 되잖아요. 놀이 문화는 스트레스를 잠시 해소시켜 줄 수는 있겠지만, 근원적인 문제는 해결하지 못합니다. 주위에 열심히 수행하는 분들과 가까이 하시면서 부디 정진의 끈을 놓지 마시기 바랍니다.

"질투와 욕심을 떠나 마음으로 늘 보시를 좋아하는 사람은 매우 아름답게 살다가 죽은 뒤에는 곧 부호의 집에 태어나게 된다."
-《월릉삼매경》

질투와 욕심을 떠나 항시 남을 따뜻하게 포용하는 마음으로

제4부. 염불선의 깨달음과 법문

늘 보시를 좋아하는 사람은 곧 복이 된다는 말이에요. 다음 생에 꼭 좋은 집에 태어나기 위해 불교를 믿어서는 안 되겠지만, 열심히 정진하면 자연스럽게 좋은 인연을 만나게 된다는 이야기예요. 마음이 항상 따뜻하다는 것은 내 가족만을 위하는 마음이 아니라 이웃의 모든 사람을 위해 베풀 수 있는 마음을 이야기합니다. 사람들이 자식에게 조건 없는 사랑을 베풀듯이 일체의 중생에게도 조건 없이 베풀 수 있는 마음이라면, 죽은 다음에 훌륭한 가정에 태어나게 된다는 것입니다.

주위에 보면 절에 가서 정진을 좀 하고 싶어도 환경이 정말 그렇지 못한 사람들이 많습니다. 열심히 정진하고 싶어도 먹고 사는 일이 다급해서 또는 이것저것 걸리는 일이 너무 많아서 정진을 미룰 수 밖에 없는 것은 전생에 제대로 마음을 잘 닦지 못했기 때문입니다. 복을 짓는다고 해도 욕심을 많이 가지면 안 됩니다. 봉사를 해도 욕심이 없는 순수한 마음으로 우러나서 해야지, 마지못해 하면 그것은 욕심일 뿐입니다.

"일어나서 노력하라. 영원한 안락을 얻기 위하여 열심히 공부하라. 마음의 불안이나 방일, 나태, 이 모든 것들은 깨달음을 성취하는 데 장애가 된다. 그러므로 근본을 알고 규명하여 마음의 안정을 위해 노력하라."
-《소부경전》

'일어나서 노력하라.'는 말은 깨어서 발심하라는 말과 같습니다. 보통 불자들이 초하룻날 법당에서 다함께 정진하면 잘 되지만 가정에 돌아가서 혼자 해보면 잘 안됩니다. 정진은 되도록 여럿이 모인 상태에서 하는 것이 더 잘 됩니다. 참선할 때 연세가 드신 어르신들이 옆에 딱 버티고 계셔 보셔요. '나이 드신 분들도 저렇게 열심히 하는데…'하는 부끄러운 생각에 발심하게 되고 서로 경쟁하면서 열심히 정진하게 됩니다.

여기서 중요한 것은 '근본을 알고 규명하여 마음의 안정을 위해 노력하라.'는 것입니다. 먼저 부처에 대한 정확한 이해가 정립이 되어 있어야 해요. 맹목적으로 앉아있게 되면 그만큼 더디게 되어 있어요. 자기 자신을 자꾸 다독거려야 합니다. 우리 몸은 편한 것 위주로 자꾸 살아가고 있어요. 사람이 편하면 쓸 데 없는 생각을 하게 됩니다. 이 몸은 언젠가는 썩어 없어집니다. 자기 자신을 자꾸 추슬러서 잘 안되더라도 하루 10분이라도 습관을 들이시고 번뇌가 일어나도 자꾸 하다보면 됩니다.

소는 흔히 불성을 상징합니다. 소를 처음에 길들일 때는 끌고 다니면서 길을 들여 가르쳐야 합니다. 그와 마찬가지로 우리 마음도 여섯 가지 기관을 통해서 휘둘리며 살아가고 있어요. 그러니 고삐 풀린 망아지처럼 이리저리 오가는 마음을 염불이나 화두에 딱 묶어 놓아야 해요. 고삐 풀린 망아지나

제4부. 염불선의 깨달음과 법문

송아지를 묶어 놓으면 처음엔 난리를 치는 것처럼 흩어진 우리의 마음을 염불이나 화두에 묶어 놓으면 길들여진 것이 아니기 때문에, 처음엔 막 요동을 칩니다. 중요한 것은 자세가 편안해야 하는데, 몸이 굳어서 저리고 아프니 집중이 잘 안 되는 것입니다. 그러나 차츰 편안하게 안정을 하면 서서히 망상이 가라앉아 참선을 잘하게 되는 법입니다.

반야혜검 급히빼어 무명황초 베어내고
아미타불 외우다가 자기미타 친견하면
촌보도 옮지않고 극락세계 가옵나니
부는바람 요풍이요 밝은광명 순일이라
연화대에 높이앉아 조주청다 부어먹고
녹양천변 방초안에 백우거를 멍에하여
등등임운 임운등등 자재히 노닐면서
라라리 리라라 태평곡을 부르리라
나무아미타불 나무관세음보살
-서산대사

염불하는 이 뭣고

번뇌가 들어가지 않도록 빠르게 염불하라

마음과 육신을 '나'라고 생각하는 사람이 적지 않을 것입니다. 육신은 한 순간에 목숨을 다하게 되면 죽는 것입니다. 하지만, 마음은 육신과 함께 죽는 것이 아니고 육신을 끌고 다니다가 육신이 고장 나거나 문제가 생기면 그 육신에서 빠져 나오는 것입니다. 결국 육신의 주인은 마음입니다. 부처님께서도 "마음을 깨달으면 부처요, 마음을 모르면 중생이다." 라고 말씀하셨습니다. 생사도 없는 그 마음자리가 여러분 본래의 자리입니다. 마음을 부처님이라고 부르기도 하고, 자비하신 관세음보살님이라고도 하며, 원력의 차원에서는 지장보살님이라고도 하는 것입니다.
부처님께서는 왕자로 태어나서 왕이 될 수 있는 자격을 갖추셨지만, "인간은 왜 태어나면 늙고 병들며 죽음이란 것을 피할 수 없는가?"에 대해 고민을 하게 됩니다. 싯다르타 태자는 그 문제를 해결하고자 왕이 될 수 있는 자리를 버리고 스스로 고행을 택하셨습니다. 그런데 깨닫고 보니 놀랍게도 일체의 모든 중생에게 부처가 될 수 있는 성품이 있음을 보게 되었습니다. 그래서 성불하신 다음 45년 동안 맨발로 걸어 다니시면서 중생들에게 깨달을 수 있는 길을 일러주신 것입니다. 자비하신 부처님께서 우리에게 45여 년 동안 말씀하신 것은 바로 "우리는 누구나 본래 부처가 될 수 있는 성품을 가지고 있다."는 것이었습니다. 우리가 본래 부처이면서 부처가 될 수 있는 길을 말씀해 주신 것입니다.
부처님은 우리의 본래 마음자리에 계십니다. 의심하시면 안 됩니다. 부처님은 절대 우리 마음 밖에 따로 계신 것이 아니에요. 그 점을 꼭 아셔야 합니다. 불교는 참나를 찾는 종교이지 매달려서 구하는 종교가 아닙니다. 부처님은 "진리를 믿어라."고 말씀하셨지 당신을 믿으라는 말씀은 하지 않으셨습니다. 경전에도 기도라는 말은 절대로 없어요. 내가 본래 부처이기 때문에 부처자리로 돌아가기 위해서 다만 정진을 하는 것입니다.
세상에서는 종교를 갖지 않은 분들 가운데도 잘 사는 분들이 많습니다. 명문대에 가는 분도 많습니다. 종교를 믿는다고 해서 다 부자가 되고 성공하는 것은 아니라는 얘기죠. 왜냐하면 이미 각자가 전생에 뿌려놓은 씨앗이 다르기 때문입니다. 각자 살아온 업이 다르기 때문입니다. 복을 받기 위해서는 복을 받을 만한 일을 해 놓은 것이 있어야만 복을 받는 것입니다. 전국에 큰 불사佛事를 한 사찰을 보게 되면 꼭 큰 원력을 세워서 열심히 정진하시는 스님이 계십니다. 누구든지 열심히 정진을 하게 되면 좋은 인연을 만나 뜻을 이루게 됩니다. 스님들은 어떤 불사를 하기 위해 출가를 한 것이 아니라 깨닫기 위해서 출가를 한 것이기 때문에, 열심히 수행하다 보면 자연스럽게 좋은 인연이 지어지고, 그 인연을 통해 불사를 이루게 되는 것입니다.
여러분도 가정에서 열심히 정진을 하셔야 합니다. 남편이 하는 일, 자손이 하는 일, 걱정만 하시지 말고 열심히 염불하고 정진하면 그 가운데 맑은 기운이 나와서 가정의 탁한 기운이 정화됩니다. 가정이 정화되면 절 도량처럼 맑아지고 편안해집니다. 보살님들이 가정에서 열심히 정진하고 염불하시면 밖에서 스트레스와 피곤에 지친 남편이나 자식들이 가정으로 돌아 왔을 때 맑은 기운과 편안함을 느끼게 됩니다. 남편들이 집에 들어 왔을 때 편안해야 밖에 나가서 큰일을 할 수가 있습니다. 보살님들이 집안에서 하실 일은 가족을 편안하게 해주는 것입니다. 아내의 어원은 '집안의 해'라는 뜻의 '안해'에서 시작되었다는 말도 있어요.

죽음에 이르러서는 후회해도 소용 없습니다. 스스로 어떻게 살다 마지막 죽음에 이르러서 어찌 갈 수 있는가를 분명히 알 수 있어야 합니다. 부처님 가르침을 통해서 보면 우리 육신은 껍데기에 불과합니다. 그 도리를 알고 마음이 부처라는 것을 확실히 믿고 부지런히 정진을 한다면 죽음에 이른다고 해도 두려울 것이 없어요. 그것을 확실히 알고 정진을 하셔야지, 그렇지 않고 매달리는 마음으로 신앙생활을 하시면 안 됩니다.

인과로 보면 우리가 말하고 생각하는 것이 없어지는 것이 아니라 녹음기에 녹음이 되듯 하루하루 삶이 그대로 업이 되어서 쌓입니다. 그렇기 때문에 세상을 살아가는 모습들이 각기 다를 수밖에 없는 것입니다. 모두 다 똑같은 마음으로 사는 것이 아니니까요. 이 세상에 믿을 것은 아무 것도 없습니다. 여러분 자신이 부처라는 것, 본래 마음이 부처라는 것, 그 이외에는 믿을 것이 없다는 이야기입니다.

바로 여러분이 일생을 통해 얼마나 정진했느냐에 따라 사후 세계가 결정되고, 후손들에게 편안함을 줄 수 있을지 없을지 여부가 결정됩니다. 여러분 자신부터 먼저 영험 있는 불자가 되어야 합니다. 수행을 많이 해서 세포까지 맑아지고 좋은 기운이 나오면 심지어 영가들도 도망을 갑니다. 불자들이 어정쩡하게 살다 이런 저런 일에 충격 받고 힘들다 보면 삿된 기운이 들어오는 것입니다.

매일같이 아침마다 30분씩이라도 정진을 하시고 하루 일정을 미리 생각하시면서 뜻을 이루시기 바랍니다. 본래 마음자리에 마음을 두고 각자 염불을 하실 경우 관세음보살님을 찾는 분들은 관음, 관음, 관음을 빨리빨리 찾으시고 지장보살님을 찾는 분들은 지장, 지장, 지장을 빨리빨리 염하시면 다른 생각이 일어나지 않게 됩니다. 천천히 하시게 되면 온갖 번뇌가 찾아들게 되므로 빠른 속도로 지장, 지장, 지장…… 관음, 관음, 관음…… 아미타, 아미타, 아미타…… 빠른 속도로 하십시오. 이렇게 자기 자신을 고요히 비추어 보게 되면 아주 편안해 질 것입니다. 편안한 가운데 여기서 자기 자신을 뒤돌아보시고 앞으로 어떻게 살아야 될 것인가를 한번 생각해 보십시오. 어떻게 살아야 할 것인가? 지금 이 순간에도 우리는 죽음을 향해서 부단히 다가가고 있음이 사실입니다. 언제나 불명佛名을 불러주시고, '기도'라는 말 대신에 '정진'이란 말을 쓰시고, 불교를 바로 알고 참선합시다.

염불하는 이 뭐고

해인삼매에 들어야 우주를 굴린다

참선이라는 것은 진리의 당체가 무엇인가를 참구하는 것을 말합니다. 우리가 무아無我라 하기도 하고 혹은 불성, 법성, 진여, 주인공이라 하기도 하는 것이 모두 진리 당체의 자리를 말하는 것입니다. 그러나 진리 당체에 대해서는 무아라고 해도 맞지 않고 법성이라고 해도 맞지 않습니다. 진리에 대해서는 어떤 이름도 붙일 수 없기 때문입니다.

우리 육신을 예로 설명 드리면, 현대 의학에서는 우리 육신이 육십조 개 이상의 세포로 구성 되어 있다고 말합니다. 하나의 세포 내에도 수십조 개의 원자 생명이 들어있고, 또 그 원자 생명 안에도 소립자 생명이 들어있는데, 소립자를 더 세분하면 그것은 물질이 아니란 말입니다. 그것은 그저 생명입니다. 이 생명을 부처님께서는 마음이라고 하셨어요. 그러니까 지금 우리가 보고 듣는 것은 눈과 귀가 아니라 마음이 눈을 통해, 귀를 통해 판단하는 것입니다. 그러니 우리 육신을 구성하고 있는 세포 하나하나가 모두 생명, 즉 마음이라는 결론을 내릴 수 있습니다.

돌이나 나무, 그 밖의 모든 물질도 분석해 보면 본질이 마음으로 되어 있어요. 19세기의 저 유명한 독일의 철학자 니체도 '신은 죽었다', '돌도 맹목적 의식을 가지고 있다'고 주장했어요. 물론 그 시대 사람들은 니체의 말을 인정하지 않았지요. 그러나 그 후 물리학자 아인슈타인이나 하이젠베르그를 통해서 니체의 주장이 틀리지 않았음이 확인되었어요. 그러니까 현대물리학에서도 돌이나 모든 물질의 본질은 에너지, 즉 빛으로 되어 있음이 밝혀진 것입니다. 그 빛이 곧 마음, 생명을 이야기하는 것입니다.

모든 물질의 본질이 모양도 없고 나눌 수도 없는 마음으로 되어있다는 것은 우주가 하나의 생명, 즉 불성으로 되어 있다는 말과 다르지 않습니다. 그것을 《화엄경》에서는 '일체가 다 마음으로 되어있다' 고도 하고, 그것을 굳이 표현하면 원圓으로 표현하게 되는 것입니다. 모든 것은 인연에 의해서 이루어졌다고 생각하는 것은 잘못입니다.

《반야심경》에 색色이 곧 공空이요, 공이 곧 색이라는 구절이 있습니다. 진리의 차원에서 공은 마음입니다. 심즉시불心卽是佛, 즉 마음이 곧 부처님이고, 진여이고, 여러분 본래의 주인공 자리이며 우주의 근본 자리인 것입니다. 그러니까 부처님께서 손가락으로 불성을 가리킨 것이에요. '직지直指'란 곧 그런 뜻입니다. 우리가 바로 부처라는 것, 모든 것이 본래 부처라는 것, 부처란 다른 표현으로 마음이라 한 것입니다.

모든 존재는 마음으로 되어있고 모양이 없기 때문에 이름 붙일 수 없는 이것을 '제법무아諸法無我'라고 합니다. 반야의 자리에서 비춰보면 결국 모든 존재는 나라고 할 수 있는 것이 아무것도 없다는 것입니다. 그러나 우리가 보통 말하는 번뇌의 마음과 진여당체를 하나로 봐선 안 됩니다. 진여당체란 조금도 움직임이 없는 자리를 말합니다. 그래서 부처 경계에 든 것을 해인삼매海印三昧라고 합니다. 우리 마음에 미동조차

없는 경계가 부처님의 경계이고 해인삼매라는 것이죠. 우리가 해인삼매에 들어갔을 때, 비로소 우주와 하나 된 경지로 우주를 마음대로 쓸 수 있는 힘이 생기는 것입니다.

우리가 무시이래 익혀온 한량없는 습쩝이 쉽게 끊어질 순 없지만, 반야의 원리를 깨닫고 올바르게 정진하면 업이 빨리 맑아집니다. 정진한다고 해도 과거의 업이 남아 있기 때문에 끊임없이 노력해야 합니다. 내가 지어온 업은 자기 스스로 맑힐 수 밖에 없습니다.

"어떻게 그 마음을 항복받아야 하겠습니까?"
"나무아미타불" 마음속에 망상이 올라올 때
나무아미타불·나무아미타불 하면
망상이 끊어지고 항복받는다.

"어떻게 머물러야 합니까?"
마음을 어디에 안온히 머물러야 하는가?
"나무아미타불" 아미타 부처님께 안온히 머물러라.

한마디 나무아미타불은 수보리의 문제를 철저히 해결하였다.
그렇다면 번거롭게 『금강경』이 필요한가!
비로소 이 법문이 왜 제일이라고 하는지 알 것이다.
― 〈무량수경 심요〉(정공법사 강해) 중에서

제4부. 염불선의 깨달음과 법문

안심安心을 체험해야 수행의 힘을 얻는다

"신체로 인한 악행, 말로 인한 악행, 마음으로 인한 악행을 버려라. 신체로써 좋은 일을 하며, 말로써 좋은 일을 하며, 마음으로써 좋은 일을 하여라. 두려움 없는 무량한 선행을 하여라. 신체로써 좋은 일을 하고 말로써 좋은 일을 한다면 그 사람은 이 세상에서도, 또 저 세상에서도 행복을 얻을 것이다."
-《소부경전》

우리가 살아가면서 지은 업 가운데 입으로 지은 업이 가장 많습니다. 《천수경》이 '정구업진언淨口業眞言'부터 시작되는 것도 입으로 지은 업을 정화시키기 위해서입니다. 말로 인한 악행을 정화하고, 말로써도 좋은 일을 하는데 힘써야 합니다. 또 우리말에 '사촌이 땅을 사면 배가 아프다.'는 고약한 말이 있습니다. 이것은 마음으로 인한 악행을 말하는 것이죠. 마음으로 인한 악행 또한 참으로 무서운 것입니다.

마음에서 용서를 못하면 한恨이 맺혀요. 개인적으로 사사로운 일은 물론이고 국가적인 일에 있어서도 상호간의 시기와 질투로 인해 애써 투자하고 연구하며 혼신을 다한 사업을 망쳐 막대한 손해를 보는 경우가 많습니다. 서로 자신의 이익에 눈이 어두워 미래를 내다보지 못하기 때문이죠. 국가의 이익을 위해서라면 정치권의 여당과 야당이 끝까지 힘을 합해야 합니다. 국가나 단체의 이익을 위해 양보하고 마음을 비우고 서로를 위해 밀어주면 너와 내가 아닌, 국민 모두를 위한 이익이 되는 것입니다.

사찰 내에서도 갈등이 생기는 일이 간혹 있는데, 한 생각을 버리면 너의 일과 나의 일이 따로 있는 것이 아닙니다. 특히 우리 불자 여러분은 너와 내가 아닌 우주를 하나로 보는 공부를 하는 입장이기에 내가 손해를 보는 일이 있다고 하더라도 화합을 우선으로 해야 합니다. 모든 중생이 추구하는 행복이 여기에 다 있습니다.

그러니 여러분이 가족을 대할 때 관세음보살님처럼 대해 보세요. 행동으로써, 말로써, 마음으로써 관세음보살님을 대하듯이 해 보세요. 그러면 가족들이 바뀝니다. 여러분이 관세음보살님을 따르듯이 가족들이 여러분을 따릅니다. 마음이 바뀌어야 언어가 바뀌고 행위가 바뀝니다. 자신이 바뀌어야 남에게 부처님 말씀을 전할 수 있는 기본적인 불자의 모습으로 바뀌게 되는 것입니다.

"단순히 예쁘고 몸매가 날씬하다고 해서 미인이라 하지 않는다. 미인은 오직 마음이 단정하여 남에게 경애敬愛되는 자를 일컫는다."
-《옥야경》

부처님께 꽃 공양을 많이 하면 미인이 된다고 합니다. 그러나 겉모습이 아름답다는 이유만으로는 진정한 미인이라고 할 수 없습니다. 마음이 따뜻하고 고와야 진정한 미인이지요. 여러분이 상상을 해 보세요. 토끼가 순하고 귀엽지만 쥐를 잡아먹는다면 과연 예쁘게 보일까요? 끔찍하죠. 얼굴이 예쁜 사람이 술을 마시고 욕을 하면 아름답게 보이지 않는 것과 같습니다. 우리는 예쁜 외형 보다는 바르고 따뜻한 마음가짐으로 미의 기준을 삼아야 하겠습니다.

"바른 가르침을 믿는 것, 이것이 최고의 행복이다."
-《법구경》

바른 가르침이란 반야의 원리를 말합니다. 반야의 원리를 믿고 끊임없이 정진하는 길이 바로 최고의 행복이라는 것입니다. 근본이 밝혀지지 않은 상황에서는 아무리 나쁜 사람이라 할지라도 언제든지 바뀔 가능성이 있습니다. 우리는 모두 부처님 모습을 갖추고 있어요. 때문에 우리가 아직 중생놀음에서 벗어나지 못한다고 할지라도 끊임없이 정진한다면 부처자리로 돌아갈 수 있습니다.
기본이 중요합니다. 열심히 정진하는 것을 생명으로 삼고 생활하셔야 합니다. 매일 아침마다 일찍 일어나셔서 정진을 하세요. 부처님 공부는 깨닫는 것이 목적이니까, 형식에 휘둘리지 마시고 참선을 하세요. 좌선을 통해서 스스로의 마음자리를 바라보게 되면 여러분들도 안심安心에 들어갈 수 있어요. 안심을 체험해 보아야 수행의 맛을 보게 됩니다. 수행의 맛을 느끼게 되면 수행을 통해서 부처님 말씀처럼 행복을 느낄 수 있게 됩니다.

그래야 내가 바뀌고, 내 주위사람이 바뀌고, 여러분들이 주변 사람에게 큰 힘을 줄 수 있고, 행복을 줄 수가 있습니다. 가족을 진정으로 생각하고 걱정한다면 자신이 먼저 참 불자가 되어야 합니다. 자신이 먼저 부처님 말씀에 귀를 기울이며 정진의 끈을 놓치지 않고 영험 있는 불자가 되어야 남에게 도움을 줄 수 있기 때문입니다.

극락세계 보살의 마음은 한없이 넓어서 망념이 없기에
근심걱정이 전혀 없고, 그들의 행위는 자성본연에서
흘러나와 작위의 모습이 없으며, 그들의 마음은 허공과
같아 한 법도 세우지 않느니라. 생활에서는 담백하고
안온하여 어떤 욕망도 일으키지 않고 살아가되, 선한
원을 세워 온 마음 다해 선교방편을 모색하고, 대자
대비의 마음으로 중생들을 이롭게 할 생각뿐이니라.
중생들을 제도하는 방법은 세상의 예절과 의리에 모두
합치되고, 보살의 지혜는 세간과 출세간의 일체 사리를 싸서
뭉뚱그려 이로써 중생들을 제도하고 일생에 해탈을 얻게 하느니라.
-석가세존, 〈무량수경〉에서

제4부. 염불선의 깨달음과 법문

모든 분별을 내려놓는 순간 깨우친다

세존께서 니구율尼拘律 나무 아래에 앉아 계실 때, 상인 두 사람이 여쭈었다.
"혹시 수레가 지나가는 것을 보셨습니까?"
세존께서 답하셨다.
"보지 못하였다."
"그렇다면 수레가 지나가는 소리는 들으셨습니까?"
"듣지 못하였다."
"혹시 선정에 들어 계셨습니까?"
"선정에 들어 있지 않았다."
"주무시고 계셨습니까?"
"자고 있지 않았다."
상인들이 감탄하며 말하였다.
"참으로 거룩하십니다. 세존이시여! 깨어 있으면서도 보지 않으십니다."
그리고 나서 흰 모직천 두 필을 세존께 바쳤다.
[백운 선사가 평하길, 이는] "몸과 마음이 흙이나 나무와 같아져서 듣고 보는 것이 마치 눈멀고 귀먹은 것과 같았다."고 말하는 것과 같다.
-《불조직지심체요절》

《금강경》에 보면 "형상으로 나를 보려고 한다거나 소리로써 나를 알려고 하면 이는 삿된 도를 행하는 것이니, 능히 여래를 볼 수 없다."라는 구절이 있습니다. 부처님께서 나무 아래 앉아 계실 때 모든 경계가 끊겨 진리에 도달하셨기에, 부처님은 보지도 못하고 듣지도 못한 것이죠.
"선정에 들어 있지 않았다." 라고 말씀하신 것 또한 같은 이치입니다. 반야에서는 선정이 없어요. 선정이라고 이야기 하면 진리차원에서는 분별을 하고 있는 것입니다. "주무시고 계셨습니까?" 라는 질문에 "자고 있지 않았다." 라 하셨죠? 반야에서는 자고 안 자고가 없습니다. 이렇게 부처님이 조금도 동요함이 없이 어느 것에도 집착하지 않으니, 상인들이 감탄하는 것입니다.

한 때, 흑치범지黑氏梵志가 신통력을 부려 양손에 합환合歡 오동꽃나무 두 그루를 들고 와서는 부처님께 공양하려 하였다. 이에 부처님께서 선인仙人을 부르자 범지가 "예." 하고 대답하였다.
부처님께서 말씀하셨다.
"내려놓아라."
범지가 왼손에 들고 있던 꽃나무 한 그루를 내려놓자, 부처님께서 또 선인을 불러 "내려놓으라."고 하셨다.
범지는 오른손에 들고 있던 꽃나무 한 그루도 마저 내려놓았다. 그런데 부처님은 또 말씀 하셨다.
"선인이여, 내려놓아라."
그러자 범지가 여쭈었다.

"세존이시여, 저는 양손에 들고 있던 꽃을 이미 다 내려놓았는데, 다시 또 무엇을 내려놓으라는 말씀이십니까?"
이에 부처님께서 말씀하셨다.
"나는 네가 들고 있던 꽃을 내려놓으라고 한 것이 아니다. 너는 지금 내려놓되, 외부의 여섯 가지 감각의 대상[六境: 색·소리·냄새·맛·촉감·법]과 내부의 여섯 가지 감각기관[六根: 눈·귀·코·혀·몸·의지] 중 여섯 가지 마음 작용[六識: 眼識·耳識·鼻識·舌識·身識·意識]을 일시에 내려놓으라는 말이었다. 더 이상 버릴 것이 없는 경지에 이르러야 비로소 그대는 생사를 해탈할 수 있을 것이다."
범지는 세존의 말씀을 듣는 순간, 크게 깨닫고 물러났다.
-《불조직지심체요절》

여기서 부처님이 범지에게 내려놓으라는 것은 물건이 아닌 '분별하는 마음'입니다. 먼저 육근이라 함은 눈, 귀, 코, 혀, 몸, 생각의 여섯 가지 우리의 주관적인 인식능력을 말합니다. 마음의 눈을 통해서 보면 육근 가운데 안근眼根이 되는 것입니다. 마음의 귀를 통해서 보면 이근耳根, 마음의 코를 통해서 보는 것은 비근鼻根입니다. 마음의 혀를 통해서 맛을 보는 것은 설근舌根, 몸이 춥다, 기분이 나쁘다는 등 마음으로 느끼는 것은 신근身根, 마음이 분별하는 것은 의근意根이라 합니다.
육경이라 함은 눈, 귀, 코, 혀, 몸, 생각의 여섯 가지 인식능력으로 느끼게 되는 인식대상, 즉 색, 성, 향, 미, 촉, 법을 말합니다. 육근에 의해 외부로부터 사물을 받아들이는데, 육근의 대상으로서 육경이 있는 것이죠. 마음이 눈을 통해서 색을 보는 것을 색경, 마음이 귀를 통해서 소리를 듣는 것은 성경, 마음이 코를 통해서 냄새를 맡는 것은 향경, 마음의 혀를 통해서 맛을 보는 것은 미경, 마음과 마음이 생각을 통해서 몸을 통해서 아는 것을 촉경, 마음과 마음을 아는 것을 법경이라 합니다.

육식은 육근과 육경 사이에서 도출되는 인식작용을 말합니다. 마음이 눈을 통해서 아는 것은 안식, 마음이 귀를 통해서 아는 것은 이식, 마음이 코를 통해서 아는 것은 비식, 마음이 혀를 통해서 아는 것은 설식, 마음이 몸을 통해서 아는 것은 신식, 마음이 마음을 통해서 아는 것은 의식이라 하지요.

결국은 마음이 여섯 가지 창, 즉 육창六窓을 통해서 들락거리며 분별을 일으키는 것입니다. 육경과 육식, 육근이 작용하는 것이 결국 마음이 들락날락거리며 분별하는 것에 지나지 않는다는 이야기지요. 다시 말해서 실체가 없다는 것입니다. 위에서 부처님께서는 범지에게 '여섯 가지 기관을 통해서 분별하는 것을 내려놓으라.' 하신 것인데 그가 알아듣지 못한 것이지요. 부처님께서는 모든 분별을 놓는 순간에 깨우쳤습니다.

그러나 우리는 무시이래 익혀온 습 때문에 깨우치지 못합니다. 정진의 끈을 놓치지 마시고 새벽에 조금 일찍 일어나셔서 최소한 한 시간 정도 정진하셔야 합니다. 허리를 쫙 펴고, 생각이전의 자리가 우주의 자리이고 부처님 근본 자리라는 것을 의심하지 말고, 거기 마음을 두고 각자 화두를 들거나 염불하십시오.

자비가 관세음보살이니, 관세음보살이 따로 있다 생각지 마시고 본래의 마음자리가 관세음보살이라 생각하시고 관세음, 관세음을 줄여서 관음, 관음, 관음… 하며 염하세요. 원력보살인 지장보살을 염할 때는 지장, 지장, 지장… 을 많이 하세요. 길게 할 때는 번뇌가 자꾸 들어오니 지루하지 않고 하나가 되기 위해서, 삼매의 경지에 들어가기 위해, 집중도를 높이기 위해 그렇게 빨리 하라는 것입니다.

이렇게 정진을 하다가 한번쯤은 무아의 경지에 들어가야 모든 생각의 자리가 끊어지고, 그리고 나면 육바라밀六波羅蜜을 행하는 보살행을 할 수 있습니다. 힘들어도 한발 한발 디뎌 나가면 결국 이루어 낼 수 있습니다. 수행할 때는 어떤 마장魔障이 와도 그 고리를 풀어 나가야만 업력이 풀려 나갑니다. 꼭 새벽에 일어나 참선을 하셔서 업을 계속 맑혀 나가야 합니다. 정진은 생명입니다. 힘들다고 물러나지 마시고 힘들어도 어느 정도 하다 보면 나중에 트이게 됩니다.

아상我相을 넘어뜨려야 법을 본다

법法이란 법은 본래 법이니
법도 없고, 법 아닌 것도 없네.
어찌 한 가지 법 속에
법과 법 아닌 것이 있으랴.

가섭존자의 게송입니다. 우리가 깨닫기 위해서는 먼저 '마음이 부처요, 부처가 곧 마음이다[卽心卽佛].' 이렇게 알고 공부를 시작합니다. 마음이 부처라는 생각을 가지고 수행을 해서 마침내 깨닫게 되면 비로소 '마음도 아니고 부처도 아님[非心非佛]'을 알게 됩니다.
우리가 아는 법 가운데는 인과법도 있고 연기법도 있고 또 반야바라밀다라는 법이 있지요. 그러나 반야를 의지해서 깨닫고 나면 역시 반야바라밀다라는 법이 없어요. 그 원리와 같습니다. 그래서 '법이란 법은 본래 법'이라고 설명을 했다가, 깨닫고 보니까 '법이 없다'고 한 것입니다. 진여당체에서 볼 때에는 어떠한 표현도 할 수 없습니다. 진리당체에서 눈을 뜨고 보니까 딱 법이라고 고정되어 있는 것이 없는 거예요. 또한 '법 아닌 것도 없다'는 것입니다.
우주의 본래 당체는 물질이 아니라고 했어요. 모든 물질의 본질이 다 하나의 생명에서 인연을 통해 모양으로 잠시 잠깐 있는 것 같이 보이지만, 실은 있는 것이 아닙니다. 우리가 지금 마음이 있기 때문에 육신을 통해 보고 듣고 하지만, 그 마음은 모양이 없지 않습니까. 물질이 아니니까 있는 것도 아니고, 모양이 없다고 해도 아주 없는 것이 아니잖아요. 그러니 '법 아닌 것도 없다.' 라고 하는 것입니다. 결국 진리의 눈을 뜨고 보니까 '법은 본래 법이니 법도 없고, 법 아닌 것도 없다.' 라고 하는 것입니다. 법이란 고정된 것이 없고, 아주 없다고 해도 역시 아니다는 그런 이야기예요. 이것을 우리는 중도中道라고 합니다.

더 나아가서 진여당체에서는 '법과 법 아닌 것이 없다.'는 것입니다. 그러니 있다고 해도 맞지 않고 없다고 해도 맞지 않는 것이죠. 앞서 말씀드린 대로 반야에서 비추어 보면 이것을 다 이해할 수 있어요. 보통 우리가 마음이 부처라는 것을 믿고 수행을 하고 있다가 그 마음이 우주의 주인이라는 것에 눈을 딱 뜨고 보면, 그 마음까지도 없다는 것을 알 수 있습니다. 마음까지도 없다고 하는 도리를 알고 보면, 있다고 해도 맞지 않고 없다고 해도 맞지 않다는 중도에 눈을 뜨게 됩니다. 석가모니부처님께서 새벽 별을 보고 깨달으셨는데, '깨닫고 보니 별도 없더라.'는 이야기와 똑같은 이야기예요. 가섭존자가 깨우친 진리를 표현한 내용과 과거에 일곱 분의 부처님이 표현한 것이 같아요. 다르지 않습니다. 같은데 표현만 다를 뿐입니다.

가섭존자는 석가모니 부처님께서 열반하시자 반야의 도리에 눈을 뜬 500명의 아라한들을 동원시켜서 후대에 부처님 법을 전해야겠다는 생각을 합니다. 그런데 부처님 생전에 법을 가장 잘 들었던 아난존자가 도를 깨우치지 못한 것이 문제였어요. 그래서 가섭존자가 고민을 합니다. 그 때 아난존자는 부처님 생전에 부처님을 흠모하며 공양을 올리던 분들 앞에서 법을 설하곤 했는데, 많은 대중들이 석가모니부처님과 똑같이 법을 설하는 아난존자에게서 큰 환희심을 느낍니다. 그러자 아난존자 또한 거기에 심취합니다. 하지만 마음 한 구석에는 항시 마음의 고민이 있었지요.

그러던 어느 날 아난존자가 법을 설하고 잠시 쉬고 있는데, 한 젊은 스님이 자기를 비꼬는 게송을 읊는 거예요. '깨우치지도 못한 자가 원숭이 흉내를 내고 있다.'며 아난존자를 원숭이에 비교하는 게송이었어요. 아난존자는 크게 충격을 받았고 발심을 합니다. 어느 경전에는 아난존자가 7일간 용맹정진을 해서 도를 깨우쳤다고 하고, 어느 경전은 21일간 용맹정진을 해서 눈을 떴다고도 합니다.

그러자 가섭존자는 아난존자를 초청해서 그동안 부처님께 들었던 모든 경經을 암송하라고 합니다. 어느 때, 어느 곳에서 부처님이 하신 법문을 아난존자가 암송하여 오백 명의 아라한 모두가 생전의 부처님 말씀하고 조금도 다르지 않다고 인정을 하여야 경으로 인정받을 수 있었습니다.

보譜: 석가보에 "교教의 바다는 아난의 입으로 흐르게 하고, 선禪의 등불은 가섭존자의 마음에 붙이셨다"고 하였다.

그러므로 아난이 가섭에게
"세존께서 금란가사를 전해주신 것 외에 따로 어떤 법을 전해 주셨습니까?"
라고 물었을 때, 가섭이 아난을 부르자 아난이 "예" 하고 대답하였다.
가섭이 말하였다.
"저 문 앞의 찰간[刹竿: 깃대]을 넘어뜨려라."
-《불조직지심체요절》

아난이 깨우치지 못했기 때문에 가섭존자에게 '가사 외에 무엇을 또 받은 것이 없습니까?' 하고 물은 것이죠. 그만큼 아난존자는 큰 벽이 있었습니다. 화두에 꽉 차서 앞뒤가 꽉 막힌 것을 은산철벽銀山鐵壁이라 하는데, 그것을 뚫어버린 그 순간 우리는 확철대오廓徹大悟할 수 있습니다.
이 공안에 대해 백운 선사는 이렇게 평을 하고 있습니다.
"내가 말한다면 '두 분의 큰 스승이 동시에 세상을 교화하지 않는다. 부르는 곳이 분명하고 대답하는 곳이 진실하고, 그 속에 형상과 소리와 언어를 갖추었으니, 이것이 바로 최초의 선이다.' 라고 하리라."
가섭존자가 아난존자를 부르자 아난존자가 "예." 하고 대답했을 때, 모든 이야기가 이미 끝난 것입니다. 그런데 아난존자가 알아차리지 못했어요. 아난존자가 그것을 못 알아차렸기 때문에, 가섭존자가 그 못 알아 차린 부분의 찰간을 넘어뜨리라고 했던 것입니다. 아직도 남아 있는 아상我相을 넘어뜨리라는 것이죠. 우리가 공부를 못하고 깨치지 못한 것도 상相 때문에 그렇습니다. 상은 곧 업입니다. 우리가 느끼지 못하지만 무시이래로 살아오면서 지어온 업이 한량이 없거든요. 여러분들의 불성을 업이 꽉 가리고 있습니다. 일러줘도 그것을 알아차리지 못한 것은 업 때문에 그렇습니다. 그 업이 걷어지면 그대로 다 통할 수 있습니다.

아난존자의 예에서 알 수 있듯이 법은 스스로 깨닫는 것이지, 누가 대신 깨달아 주는 것이 결코 아닙니다. 경전을 아무리 많이 외운다 하더라도 깨닫고자 하는 의지 없이는 절대로 깨달을 수 없습니다. 불교는 철저하게 수행을 통해서 깨달을 수 있지, 이론만으로는 절대로 깨달을 수 없는 종교입니다. 여러분이 법문을 보고 들을 때는 이해가 가지만 돌아서면 금방 잊어버리는 것은, 스스로 한번도 진리 당체를 확인하는 체험이 없었기 때문이에요. 한 번쯤 그 체험을 꼭 해 보시기 바랍니다.

제4부. 염불선의 깨달음과 법문

극락세계의 보살들은 그 몸의 상호와 공덕과 변재를
원만하고 장엄하게 갖추어 어느 누구와도 비교할 수 없으며,
이 보살들은 헤아릴 수 없는 모든 부처님을 공경하고 공양하며,
또한 항상 모든 부처님들께서도 보살들을 칭찬하시어 마지않느니라.
그리고 보살들은 성불하는 모든 바라밀을 끝까지 밝히고
공空 무상無相 무원삼매無願三昧와 불생불멸한 모든 삼매를 닦아서
성문과 연각 등 소승의 경계를 멀리 여의었느니라.
-불설무량수경

마음은 항상 담백하고 고요하게

현대의 사회구조는 너무 복잡하고 현상은 너무 화려합니다. 그러기에 수행자들은 산속을 벗어나 대중포교를 하기 위해선 먼저 자기 공부가 확실히 되어 있어야 합니다. 연꽃이 흙탕물에 몸 담고 있지만 본래의 청정한 모습을 잘 지켜내듯이 수행자 또한 자기 수행이 확실히 되어 있어야 연꽃과 같은 자기 청정함을 유지할 수 있습니다.

우리 불자 여러분도 마찬가지입니다. 내가 먼저 바뀌어야 가족들에게도 설명할 수 있어요. 부처님 말씀에 귀 기울이며 자신을 낮추고 아상我相을 버리면 자기 불성이 더욱 더 드러나게 됩니다. 뭔가를 많이 알고 많이 들었다고 해서 남을 멸시하고 무시하면 안돼요. 벼가 익을 수록 고개를 숙이듯이 공부를 많이 한 사람일 수록 자기를 철저히 낮추고 비울 줄 압니다.

부처님 공부를 하게 되면 나가 본래 없다는 것을 알게 됩니다. 부처님 말씀을 통해서 보면 나라고 생각하는 이 몸뚱이는 인연과 업으로 이루어진 것이고 허망한 것입니다. 사람이 죽어 매장을 하거나 태우게 되면 한 줌의 흙이나 재가 되고 말지요. 이것은 진정한 나가 아닙니다. 진정한 나를 찾는 것이 마음 수행입니다.

마음은 볼 수 없지만 여러분 각자 안에 본래 갖춰져 있습니다. 그 마음을 찾는 것이 수행입니다. 그 마음이 진정한 나고 우주의 주인입니다. 대부분 우리는 참나를 찾기 보다는 마음으로 이루어진 이 몸뚱이에 집착을 하고 자기를 낮추지 못합니다.

"마음은 항상 담백하고 고요하게 가져라. 입은 삼가고 조심하여 아첨하고 속이는 일이 없어야 한다. 시끄럽거나 험악한 곳을 버리고 조용한 곳에 편안히 거처하여 그 육체를 청정하고 조화 있게 하라. 몸가짐을 항상 삼가고 설사 비방하는 소리를 듣더라도 참을지니라."
-《보살장정법경》

참선할 때는 묵언정진을 해야 합니다. 같이 정진하다가 공연히 말 한 마디 잘못해서 상대에게 상처를 주는 일이 있어선 안됩니다. 생전에 청화 스님께서는 대중들이 선방에서 정진하는 기간동안 말을 하지 않는 것을 원칙으로 했어요. 서로가 말을 하지 않기 때문에 오직 정진에만 몰두할 수 있는 거예요. 50분 정진하고 10분 쉬는 동안 말을 해서는 정진에 장애가 와요. 정진할 때는 오매일여를 해 봐야겠다고 하는 한 생각을 놓치지 않고 무서운 각오로 정진에만 몰두해야 합니다.
우리가 한번쯤은 자기 자신과의 싸움이 꼭 필요합니다. 지금 우리가 있는 것이 사실인양 집착하고 휘둘려 가다가 세월이 지나 돌아다 보면 아무 것도 아닌 것입니다. 진정으로 정진하는 사람은 어떠한 소리를 듣더라도 흔들리지 않아야 합니다.

"어리석은 사람은 항상 출세와 이익과 명예와 욕심 때문에 괴로워한다. 착한 사람은 가는 곳마다 그 모습이 아름답다. 즐거움을 만나도, 괴로움을 만나도, 허덕이거나 슬퍼하지 않는다."
-《법구경》

욕심은 모든 고통의 원인이란 것을 깨달아야 합니다. 그러나 여러분은 하나의 욕심은 꼭 있어야 합니다. 정진의 욕심, 깨달음의 욕심은 반드시 있어야 합니다. 깨달음의 욕심을 많이 가지고 정진의 끈을 놓지 말고 항상 깨어 있어야 합니다. 괴로움을 만나도, 즐거움을 만나도 그 마음의 변화가 없어야 합니다. 진정으로 착한 사람은 어떠한 환경에 처한다고 해도 흔들림 없이 한결같아야 합니다. 그것이 수행자의 바른 마음가짐일 것입니다.

제4부. 염불선의 깨달음과 법문

여러 가지 수행하는 문이 있지마는 염불보다 나을 것이 없으며, 삼보에게 공양하고 복과 지혜를 닦으라. 이 두 문이 가장 긴요하나니라. 왜냐하면 나는 지나간 겁에 부처님을 관하고 부처님을 염하고 부처님께 공양한 인연으로 지금 일체종지一切種智를 얻었노라. 그러므로 모든 법과 반야바라밀다와 깊은 선정과 내지 여러 부처님이 모두 염불로부터 낳느니라. 염불하는 것이 여러 가지 법 중에 왕이니라. 너는 마땅히 위 없는 법의 왕을 항상 염하고 쉬지 말라.
-문수・보현보살이 법조대사에게(문수성행록)

문수보살님의 상주도량인 오대산

4. 염불선 수행법 1문1답

쉽고 빠르고 삼매에 들어 깨닫는 법

▲ 염불과 염불선은 어떤 차이가 있습니까.
염불은 부처님을 생각한다는 뜻이지만, 만약 부처님이 어디에 따로 계신다고 생각한다면 그것은 외도의 수행법입니다. 본래 나의 '생각이전의 자리'가 부처자리이기 때문에 나의 본래자리가 우주의 진여당체인 것입니다. 때문에 생각이전의 자리를 관하며 아미타불이나 관세음·지장보살과 여타 불보살의 명호를 염하는 것이 염불선입니다.

▲ 최근 들어 염불선 수행에 대한 관심이 더욱 고조되는 것 같습니다. 염불수행법 관련 서적도 꾸준히 출간되어 읽히고 있으며, 온라인상에서도 염불 관련 카페활동이 활발합니다. 염불선 수행법이 불교계에서 지대한 관심을 얻고 있는 이유와 그 배경을 어떻게 봐야 하나요?
수행에 대한 재가 불자들의 높아진 관심에도 불구하고 선禪을 직접 체험하기가 어렵다보니, 많은 분들이 처음 선택한 수행법이 염불을 통해 선을 체험하는 염불선이라 생각됩니다. 염불은 누구나 쉽게 생각하고 이미 익숙해져 있는 수행법이라 생각하는 데다, 선수행에 대한 부담감에서 벗어나기 위해 자연스럽게 염불과 선 수행을 겸한 염불선에 관심을 갖게 됐다

고 봅니다.

▲ 기존의 염불 및 간화선 수행에 비해 염불선의 장점이 있다면 어떤 것인지요?
기존의 정토염불로는 자성을 깨닫기 힘든 것이 사실입니다. 또 간화선에서 '무無자'나 '이뭣고?' 화두를 들어도 의심이 잘 되지 않아 득력得力하는 것이 무척 힘든 것은 마찬가지입니다. 따라서 지속적인 염불정근으로 업을 녹이며 공부의 맛을 느낀 후 '염불하는 이놈이 무엇인가[念佛者是誰]?' 하는 의심을 챙기면 훨씬 수월하게 득력할 수 있습니다. 염불주력하는 그 놈을 의심하면 조사선과 다르지 않은 대신, 기존의 간화선보다 빨리 화두 의심에 들 수 있는 장점이 있습니다. 화두에 의심이 잘 들지 않는 참선 수행자들이 염불선을 닦으면 큰 이익이 있을 것이라 생각합니다.

▲ 정토관淨土觀에 따라 염불과 염불선이 그 성격을 달리하고 있습니다. 달리 말하면, 정토를 보는 입장이 '서방정토西方淨土'와 '유심정토唯心淨土'로 나뉘면서 파생된 문제라고 볼 수 있겠습니다. 양자의 모순을 해결할 수 있는 관점은 무엇인지요?
서방정토 즉 극락세계 또한 실존하는 세계입니다. 극락세계는 수행근기에 따라 수행처가 다릅니다. 극락세계 또한 성불을 위해 끊임없이 수행하는 곳이지 특별한 곳은 아니라는 것입니다. '삼계가 오직 마음[三界唯心]'이기에, 극락이 서방에 있다고 해도 그것은 마음 안에 있는 것이라 전혀 모순이 아닙

니다. 우리가 본래 부처이며, 이 우주가 본래 부처입니다. 그러므로 유심정토와 서방정토의 근본은 다르지 않습니다. 우주는 생명, 즉 우리 본래의 마음입니다. 둘이 아닌 하나의 도리에서 그대로 부처 세계입니다.

▲ 염불선에서는 '부처님'을 어떻게 보는가요?
부처님은 삼신불[법신, 보신, 화신]로 나뉘어 집니다. 그러나 삼신불 역시 방편으로 지어진 이름일 뿐 진리당체는 아닙니다. 진리당체는 '진여'라고도 하되 그 이름을 진여라 할 뿐 문자와 언어, 시간과 공간, 어떠한 분별이나 유有와 무無를 떠난 자리입니다. 이 자리는 석가모니 부처님, 아니 과거천불, 미래천불, 현재천불이나 역대 조사스님들도 이르지 못하거늘 그 누가 이 도리를 일러줄 수 있겠습니까.
진여당체는 물질을 떠난 자리이기 때문에 모양으로서 존재하는 것은 아니며, 그렇다고 모양이 없다 하여 아주 없는 것 또한 아니니, 모양이 없기 때문에 유가 아니며 또한 모양이 없다고 하여 아주 없는 것 또한 아니어서 이것을 있다고 해도 진리가 아니며 또한 없다고 해도 진리가 아닌 것입니다. 이 도리를 중도 곧 진여, 법성, 불성, 주인공, 부처님이라 합니다.

▲ 염불선을 선禪으로 볼 수 있는 까닭은 무엇인지요?
간화선의 경우 진여당체를 여의지 않고 화두를 참구할 때 바로 활구活句가 될 수 있습니다. '이 뭣고?' 할 때 그냥 '이 뭣

고'가 아니라 '이 뭣고'하는 그 당체를 여의지 않는 화두가 활구입니다. 염불 또한 염불하는 그 당체를 여의지 않고 염불할 때 염불선이 되는 것입니다. 주력이나 간경 또한 마땅히 진여당체를 여의지 않는 정진이 돼야 합니다.

▲ 염불선과 간화선에서 말하는 선禪을 풀이하신다면?
'교시불어教是佛語요 선시불심禪是佛心이라.' 경은 부처님 말씀이고 선은 부처님 마음이라는 뜻입니다. 교는 마음에서 나왔기에 선과 교는 둘이 아니지만, 선을 통해서 교를 이해할 수 있습니다. 경은 바로 선으로 돌아갈 수 있는 이정표와 같은 것이기에 길을 따라 선으로 돌아가야 합니다.
하지만 선禪은 부처님 마음이기에, 부처 자리로 돌아가는 것이 선입니다. 유·무를 떠난 자리, 나의 본래자리라 해서 즉 심시불即心是佛 즉 '마음이 부처'라 하지만 우리가 보고 듣고 분별하는 마음을 부처라 하지는 않습니다. 생각이전의 자리가 선이며, 부처자리인 것입니다. 그 자리는 우주의 근본 진여당체이며 시간과 공간을 떠난 자리로서 우주를 머금고 있는 자리입니다. 또한 과거천불, 미래천불, 현재천불, 역대 조사스님들과 조금도 다르지 않은 자리이며 산천초목 삼라만상의 본래자리인 것입니다. 이 자리를 조금도 여의지 않는다면 그 자리가 곧 선입니다.

▲ 염불선 수행을 하니 인간관계는 물론 세상사 모든 것이 연기적으로 얽혀있음을 느끼게 됩니다. 염불선 수행에 임하는 자세는

어떠해야 할까요?
연기법을 비롯해 삼법인三法印의 이해가 필수예요. 특히 제법무아諸法無我의 도리를 바로 알아야 해요. 이 가르침은 '내가 없다'는 말이 아니라, '나'라고 지칭할 수 있는 존재가 없다는 뜻이에요. 바로 무아의 가르침이 공空, 불성佛性, 진여眞如, 법성法性, 주인공 자리라고 할 수 있어요. 그래서 그것을 한 마디로 '마음'이라 하는 거죠. 염불선 수행을 하기 위해서는 무아가 곧 우주의 근본 진여당체 자리임을 깨닫고 이 자리와 하나가 되는 것이 중요합니다.

▲ 염불선 수행의 핵심 요체는 무엇입니까?
수행으로 삼매에 들기 위해서는 대단한 발심이 아니면 참으로 힘듭니다. 죽음 직전의 막다른 골목에서 비로소 발심이 가능한데, 간절한 발심이 수행의 핵심입니다. 한 마디로 백척간두百尺竿頭에서 진일보進一步하는 절박한 심정이 아니면 힘찬 정진이 어렵습니다. 하지만, 힘든 고비를 넘기고 정진에 대한 확신과 하면 된다는 자신감이 생기면 염불정근에 대한 새로운 원력으로 이어질 수 있습니다.

그리고 염불선 수행자는 무엇보다 현생과 극락에서의 수행이 다르지 않다는 점을 바르게 알고 수행을 해야 합니다. 내가 본래 부처임을 조금도 의심하지 말고 지금까지 해오던 정토염불이 아닌, 내 안의 부처님을 마음에 두고 염불을 해야 합니다. '아미타불' 또는 '지장', '관음'을 입을 움직이지 않고 아주 빠른 속도로 염하되 우주의 주인인 '염불하는 그 놈'에 마음을 두고 정진해 나가는 것입니다. 특히 잠이 드는 순간까지도 염불을 놓치지 않는 것이 중요한데, 잠자리에 아주 편안한 자세로 누워서 눈을 지그시 감고 빠른 속도로 속으로 정진하면 스스로 삼매 체험을 할 수 있습니다.

그런데, 생각 이전의 자리를 관하며 아미타불이나 관세음·지장보살 기타 불·보살님의 명호를 염할 때, 만약 아미타불, 지장보살, 관세음보살 그 외 많은 불·보살 명호가 각기 다르다고 생각한다면 이는 염불선이 아닙니다. 우주 현상계는 진여당체에서 다양한 인연에 의해 형상을 나투고, 이름이 붙은 것일 뿐 실은 하나에서 다양한 모습과 이름을 띠고 있는 것이기에 조금도 다르지 않은 하나의 자리입니다.

만약에 불·보살님이 각기 다르다 하면 이는 정도가 아니며 분별심을 내고 있는 것으로 선禪이라 할 수 없습니다. 물이 인연에 따라 다양한 이름과 모양을 나툰다 해도 본래는 물이듯이, 이 현상계도 다양한 이름과 형상을 띠고 있지만 본래 진여당체이기 때문에 의심하지 않고 한 분의 불·보살님의 명호를 염하면 됩니다. 다만 염불정진을 함에 있어 우리가 평상시에 하듯이 느리게 또는 소리 내서 한다면 염불선을 쉽게 느낄 수 없습니다. 진여당체에 마음을 두고 마음으로 아주 빠르게 끊어지지 않고 쉼 없는 정진을 통해서 선을 이룰 수 있습니다.

▲ 염불삼매를 얻기 위해서는 반드시 오매일여가 돼야 하나요?
오매일여寤寐一如란 진여당체에 마음이 끊어지지 않는 경지를

말합니다. 오매일여는 쉽게 이뤄지는 것이 아니라 끊임없이 정진을 통해서만 가능한 경지입니다. 밥을 먹거나 무엇을 하나 끊임없이 놓치지 않도록 해야만 득력하고 정진력이 생기며 오매일여가 가능하죠. 단, 육신에 끄달리는 평상시 습관을 끊어야 가능합니다. 육신은 무시이래 편안한 것을 찾아왔기 때문에 조금만 힘이 들어도 뒤로 미루는 마음이 일어나는데 이를 철저하게 물리쳐야만 해요. 하루 이틀, 아니 끊임없는 정진으로 오매일여의 경지에 도달해야만 비로소 바른 수행의 길이 보일 겁니다.

오매일여가 처음에는 쉽지 않기 때문에 천정과 사방 벽에 '오매일여'나 '용맹정진'과 같은 글자를 붙여두고 마음을 다잡는 것도 한 방법입니다. 이런 용맹심으로 정진하다 보면 삼매를 얻고, 마침내 우주만유와 둘이 아닌 진여자성과 계합하는 체험을 하게 됩니다.

▲ 삼매란 어떤 심적인 상태인지요. 일상삼매와 일행삼매에 들기 위한 방편을 말씀해 주십시오.

삼매는 우주와 하나된 경지를 말합니다. 모든 의문이 끊어진 경지, 다시 말해서 무명無名 무상無相 절일체切一切의 경지를 뜻합니다. 삼매를 통해 유와 무를 떠난 자리, 나의 본래자리, 생각 이전의 자리, 선禪이자 부처자리를 체험할 수 있습니다. 우주의 근본 진여당체는 시·공간을 떠난 자리로서 역대 불·조사와 조금도 다르지 않은 자리이며 산천초목 삼라만상의 본래자리입니다.

제4부. 염불선의 깨달음과 법문

이러한 본래면목을 깨닫기 위해서는 일상삼매一相三昧와 일행삼매一行三昧를 함께 닦아야 합니다.

일상삼매란 천지 우주를 오로지 하나의 부처로 보는 이른바 실상관實相觀입니다. 모든 존재의 뿌리를, 모든 존재를 하나로, 진공묘유眞空妙有로, 아미타불의 무량광명無量光明으로 보는 삼매입니다. 그리고 천지우주를 하나의 덩어리로 보는 그런 견해를 끊어짐 없이, 앞생각 뒷생각에 잡생각이 안 끼이도록 염불하거나 화두를 들고 염념상속念念相續으로 이어가는 것이 일행삼매입니다.

염불정진 할 때 평상시에 하듯 느리게 하거나, 소리 내서 한다면 이러한 삼매를 얻기 힘듭니다. 진여당체에 마음을 두고 마음속으로 아주 빠르게 끊어지지 않는 쉼 없는 정진을 통해서 삼매를 이룰 수 있습니다. 가령 관세음보살은 '관음! 관음!'이라고 [아미타불은 '아미타', 지장보살은 '지장' 등으로] 줄여서 마음속에서 아주 빠른 속도로 염하십시오. 그러다 보면 스스로 번뇌가 끊어짐을 경험하게 되며, 바로 그 순간 '수행이 이런 거로구나' 하고 알게 됩니다. 이렇게 꾸준히 하다보면, 스스로 법미法味를 맛볼 수 있게 돼 수행력을 얻게 되고, 궁극적으로는 염불하는 자성을 깨닫게 됩니다

▲ 진리의 당체는 부처님과 역대 조사들도 문자나 말로써 표현할 수 없는 자리라 하는데, 스님께서는 '진여당체'를 어떻게 보십니까.

진여당체는 문자와 언어, 시간과 공간, 어떠한 분별이나 유,

무를 떠난 자리입니다. 진여당체는 물질을 떠난 자리이기 때문에 모양으로 존재하는 것은 아니며, 그렇다고 모양이 없다 하여 아주 없는 것 또한 아닙니다. 모양이 없기 때문에 유가 아니며 또한 모양이 없다고 하여 아주 없는 것이 아니어서, 이것을 있다고 해도 진리가 아니며 없다고 해도 진리가 아닙니다. 이 도리를 중도 곧 진여, 법성, 불성, 주인공, 부처라고 방편상 이름 지을 뿐입니다. 진여를 문자와 언어로 표현할 수 없어 중생 근기에 따라 여러 가지 이름을 쓰는 거죠. 즉 진여 당체는 우리들의 본래면목인 것입니다.

우리는 순간순간 몸의 기관을 통해 밖의 경계들과 접촉하죠. 그러면서 분별심을 일으키고 번뇌를 만들어내죠. 여기서 진여 당체는 바깥 경계와 접촉이 일으키기 이전의 자리예요. 이것이 우리들의 주인공이고 청정한 불성입니다.

▲ 본래의 진여당체가 드러나면 수행자에게 어떤 변화가 나타납니까?

진여당체가 드러나면 실상을 바로 볼 수 있는 반야가 열리게 됩니다. 경전과 선어록을 보면 바로 이해가 되지요. 그리고 지혜가 열려야 보살행을 바로 할 수 있습니다. 본래 나의 참모습을 보았더라도 곧바로 늘 당체와 하나가 되어 생활할 수 있는 것은 아닙니다. 내 본래자리를 확인한 뒤에는 의심이 끊어진 자리에서 익혀온 습을 녹이는 [부처님께서 500생 동안 보살행을 닦았듯이] 보임保任 공부를 철저하게 해야 합니다.

제4부. 염불선의 깨달음과 법문

▲ 깨달음 이외에, 염불선을 통해 얻는 이익은 무엇인지요?
염불은 근본 진여당체에서 나오는 에너지이기 때문에 맑은 파장입니다. 특히 삼매경지에서 나오는 에너지는 무거운 업도 맑힐 수 있는 파장입니다. 그러나 삼매에 들지 않더라도 염불자체가 맑은 파장이기 때문에 계속하면 업이 점점 맑혀져서 결국은 밝아지는 것입니다. 나의 본래 진여당체가 드러나면 실상을 바로 볼 수 있는 지혜가 열리게 됩니다. 만약 염불선을 바르게 한다면 업을 맑히는 속도는 매우 빠르고 결국 우주와 하나가 되는 열반에 들 수 있을 것입니다.
그러기에 염불에 익숙해진 염불행자는 조금도 자기의 본래 진여당체를 의심하지 말고 부단한 정진을 통해서 선禪을 이뤄야 합니다. 일반 재가자 또한 가정에서 염불선을 바르게 한다면 먼저 스스로의 업을 맑히고 가정을 맑히며 세상을 맑히고 우주를 맑히는 일이 될 것이며, 나아가서 우주와 하나가 되는 길이 될 것입니다.

▲ 염불선을 닦다 보면 몸과 의식이 명료해져 한없이 가벼워지거나, 정신은 또렷해져 자신의 장·단점을 잘 알게 된다고 합니다. 인간관계는 물론 세상사 모든 것이 연기적으로 얽혀있음을 깨닫게 된다고도 하는데, 이는 다른 수행법 수행자들도 공통적으로 체험하는 불교 수행법의 특징이라 할 수 있겠습니다. 그럼에도 불구하고 자칫 타력수행으로 흐를 가능성이 있어서 수행에 임하는 주의사항이 필요할 것 같습니다.
우선 연기법을 비롯해 삼법인三法印의 이해가 필수적입니다.

특히 제법무아諸法無我의 도리를 바로 알아야 해요. 이 가르침은 '내가 없다'는 말이 아니라, '나'라고 지칭할 수 있는 존재가 없다는 뜻이에요. 바로 무아의 가르침이 공空, 불성佛性, 진여眞如, 법성法性, 주인공 자리라고 할 수 있어요. 그래서 그것을 한마디로 '마음'이라 하는 거죠. 염불선 수행을 하기 위해서는 무아가 곧 우주의 근본 진여당체 자리임을 깨닫고 이 자리와 하나가 되는 것이 중요합니다.

특히 염불선 수행시 주의할 점은 상기병上氣病입니다. 가령 누워서 눈을 감고 염불을 빠르게 욀 때, 염불 소리를 잘 받아들이지 못하게 되면 곧장 쉬어야 해요. 그렇지 않으면 열이 나고 어지럼 증세도 생기며, 심지어 구역질까지 하게 됩니다. 자칫 잘못하면 평생 동안 수행을 못하게 될 수도 있습니다. 상기병이 생기면, 먼저 찬물을 마셔 열을 식히고 단전호흡 등을 통해 기를 내려야 합니다.

▲ 염불선이 다른 수행법에 비해 쉽다고는 하지만 역시 뜻하지 않은 장애가 생기기도 합니다. 호흡법이 서툴러 몸에 열이 나거나, 염불하면서 몸이 붕 뜨는 것 같은 착각을 경험한 이야기 등을 종종 들을 수 있습니다.

사실 염불선 수행은 보통의 염불정근과는 달리 쉽지가 않습니다. 똑같이 염불은 하되, 진여당체에 마음을 두고 정진해야 하기 때문이죠. 그런데 대부분의 초심자들은 조급한 마음으로 한두 번 하다가 포기하는 경우가 많아요. 특히 아미타불, 관세음보살, 지장보살 등의 명호를 그대로 길게 외면 틈이 생기게 됩니다. 깊은 삼매체험을 못하게 되는 거죠. 가령 금방 코 뚫은 소를 곧장 농사일에 쓸 수 없는 경우와 같습니다. 처음엔 소가 이리 저리 날뜁니다. 하지만 어느 정도 시간이 지나면 스스로 알아서 주인의 말에 따라 움직입니다. 우리의 마음도 바깥 경계에 끄달려 분별하는 마음을 써왔습니다. 그 마음으로 염불선 수행을 한다고 해서, 바로 염불선 수행의 경지에 곧장 들어가는 것이 아니죠. 어떠한 좋거나 나쁜 경계가 나타나더라도 거기에 매이거나 집착하지 말고 '내가 본래부처'임을 의심하지 말고, 계속 정진하는 것이 중요합니다.

▲ 재가 불자들이 일상 속에서 할 수 있는 구체적인 행법을 설명해 주십시오.

염불정진 할 때 평상시에 하듯 느리게 하거나, 소리 내서 한다면 삼매를 얻기 힘듭니다. 진여당체에 마음을 두고 마음속으로 아주 빠르게 끊어지지 않는 쉼 없는 정진을 통해서 선을 이룰 수 있기 때문입니다.

현대인들은 따로 시간을 내어 수행하기 힘들기 때문에 잠들기 전에 공부하는 방법을 예로 말씀드리겠습니다. 잠들기 전에는 아주 편안 자세에서 눈을 지그시 감으십시오. 생각 이전의 자리가 본래 주인공 자리임을 알고, 내 마음에 본래 갖추고 있는 불·보살의 명호를 처음에는 10분씩 빠른 속도로 외우십시오. 다만 수월한 방법으로 알려드리면, 우선 명호를 줄이십시오. 가령 관세음보살은 '관음! 관음!'이라고 소리 내지 말고, 마음속 아주 빠른 속도로 부르십시오. 그러면 번뇌가 끼어들 틈이 없게 됩니다. 그러다 보면 스스로 번뇌가 끊어짐을 경험하게 됩니다. 바로 그 순간에 '수행이 이런 거로구나' 하고 알게 되죠. 이렇게 꾸준히 하다 보면, 스스로 법미法味를 맛볼 수 있게 돼 수행의 큰 힘을 얻게 됩니다.

오직 원하옵건대

천하가 화순하고, 해와 달이 청명하며, 비바람이 때에 맞추어 불고, 재난이 일어나지 않으며, 나라는 풍요롭고 국민은 편안하여 병사와 무기를 쓸 일이 없게 하옵소서. 또한 사람들은 도덕을 숭상하고, 인자한 사랑을 베풀며, 힘써 예절과 겸양을 닦아, 나라에 도적이 없으며, 원망하고 억울한 사람이 없으며, 강한 자가 약한 자를 능멸하지 않고, 각자 자신의 자리를 잡게 하옵소서.

또한 이 불서를 인쇄한 공덕을 역대 부모님, 스승과 어른, 역겁동안의 원친채주로 태아에 떨어진 영가, 진허공·변법계의 일체중생에게 회향하오니, 모두 법력에 의지하여 빠짐없이 해탈을 얻고, 현재 살고 있는 사람들은 복덕과 지혜가 날로 늘어나고 업장이 소멸하며, 보리심을 발하여 청정하게 염불하길 진심으로 성실하고[노실老實]·가르치신 말씀을 듣고 그대로 따르고[청화聽話]·진정으로 실천하여[진간眞幹] 이른 시일에 불도를 원만히 이루어지이다.

나무아미타불 나무아미타불 나무아미타불

염불하는 이 뭣고?

1판 1쇄 펴낸날 2018년 11월 22일

편저 덕산 스님
발행인 김재경 **편집·디자인** 김성우 **교정·교열** 이유경 **마케팅** 권태형 **제작** 재능인쇄
펴낸곳 도서출판 비움과소통(blog.daum.net/kudoyukjung)
경기 파주시 하우고개길 151-17 예일아트빌 103동 102호(야당동 191-10)
전화 031-945-8739 팩스 0505-115-2068
이메일 buddhapia5@daum.net
출판등록 2010년 6월 18일 제318-2010-000092호

© 덕산
ISBN 979-11-6016-044-4 03220

※ 전법을 위한 법보시용 불서는 저렴하게 제작·보급해 드립니다.
다량 주문시 표지·본문 등에 원하시는 문구(文句)를 넣어드립니다.